111 GRÜNDE, TISCHTENNIS ZU LIEBEN

JAN LÜKE

111 GRÜNDE, TISCHTENNIS ZU LIEBEN

EINE LIEBESERKLÄRUNG AN DIE GROSSARTIGSTE SPORTART DER WELT

Mit einem Vorwort von Tischtennis-Profi Dimitrij Ovtcharov

SCHWARZKOPF & SCHWARZKOPF

INHALT

VORWORT 8

1. DIE KURIOSITÄTEN 11
Weil eine deutsche Fußball-Nationalmannschaft ohne Tischtennis undenkbar wäre – Weil Tom Hanks der bekannteste Tischtennisspieler der Welt ist – Weil Tischtennis innovativer ist als jedes Start-Up – Weil Tischtennisspieler einfach Sexsymbole sind – Weil Tischtennis dafür zahlt, in die Medien zu kommen – Weil aus der Kreisliga über Nacht auch mal die Bundesliga werden kann – Weil Tischtennis seine ganz eigene Sprache spricht – Weil die Modewelt ohne Tischtennisspieler heute anders aussehen würde – Weil man sich vor chinesischen Hausmeistern in Acht nehmen sollte – Weil Tischtennis eine hochpolitische Dimension besitzt – Weil Timo Boll es sogar mit Robotern aufnehmen kann – Weil man es mit nur einem Ballwechsel in die Geschichtsbücher schaffen kann – Weil im Tischtennis erfolgreich geklont wurde – Weil sich Liz Taylor die »Ping Pong Diamonds« erspielte – Weil Tischtennis bald mit einer Deo-Kugel gespielt werden könnte – Weil Tischtennis auch Prominente in seinen Bann zieht – Weil der Weg in die Champions League kurz sein kann – Weil sogar die Sportfreunde Stiller Tischtennis dem Fußball vorzuziehen scheinen – Weil Ping Pong auch Pink Pong sein kann

2. DIE AUSNAHME-KÖNNER 49
Weil nicht nur die klassische Musik ihren Mozart hatte – Weil Timo Boll ein Jahrhunderttalent ist – Weil Marty Reisman das Marlboro-Massaker verübte – Weil die Schöler-Peitsche immer wieder zuschlug – Weil die Ungarn die erste Tischtennis-Ära überhaupt prägten – Weil keiner einen David Beckham braucht, wenn er einen Michael Maze haben kann – Weil Rossi und Speedy die Westfalenhalle in einen Rausch versetzten – Weil Hameln nicht nur für einen Rattenfänger berühmt ist – Weil der Werner sie alle schlug – Weil es

einen FC Bayern München des Tischtennis gibt – Weil es die Chinesen Europas gibt – Weil das Welttischtennis von einem rebellischen Showman dominiert wird – Weil ein Grieche seinen Gegnern den Zahn ziehen kann – Weil die Super League genau das ist: eine super Liga – Weil man zum Spielen nicht einmal Arme benötigt – Weil das ›Legendary Pair‹ einen legendären Hype auslöste – Weil es die Lendls, Beckers und Edbergs auch im Tischtennis gibt – Weil Timo Boll beim World Cup reihenweise Sternstunden erlebte – Weil Schweden mehr können als Knäckebrot und Möbel

3. DIE REGELN 95
Weil es nicht zu lange dauern darf – Weil es nicht immer über das Netz gehen muss – Weil Tischtennis eine ziemlich farbenfrohe Angelegenheit ist – Weil es im Tischtennis so schön formlos zugeht – Weil man immer die Qual der Wahl hat – Weil man sich auch mal eine Auszeit gönnen kann – Weil es nicht nur gesperrte Spieler, sondern auch gesperrte Schläger gibt – Weil Tischtennis ein Sport für Pazifisten ist – Weil es nichts zu verheimlichen gibt – Weil doppelt manchmal besser hält – Weil es mittlerweile auch ohne Flugball geht – Weil Tischtennis einst mit einer Bastelstunde verbunden war – Weil man sich nie sicher sein kann, wann Schluss ist – Weil ein Holz auch aus Holz sein muss – Weil im Doppel jeder mitmachen ~~darf~~ muss – Weil es eben doch auf die Größe ankommt – Weil Tischtennis ohne Zollstock und Wasserwaage eigentlich nicht möglich ist – Weil der Dress-Code beim Tischtennis strikter ist als in jedem Nachtclub

4. DIE FREIZEIT 137
Weil die Steinplatte ihre eigenen Gesetze hat – Weil Tischtennis manchmal reine Kopfsache ist – Weil Dr. Pong jeden heilen kann – Weil Clickball das neue Darts ist – Weil Tischtennis einen vor so manchem Kater bewahren kann – Weil einer der angesagten New Yorker Nachtclubs eine Tischtennis-Bar ist – Weil es auch im Schwarzlicht

geht – Weil der Konferenztisch der beste Tischtennis-Tisch ist – Weil Tischtennis zwar noch Ping Pong genannt wird, aber eigentlich gar kein Ping Pong mehr ist – Weil Tennis und Tischtennis manchmal doch nicht mehr als eine Silbe auseinander liegen – Weil Rundlauf mehr ist als nur eine Runde laufen

5. DIE BASICS 159
Weil zwar nicht der Fußball, dafür aber das Tischtennis seine Wurzeln in England hat – Weil Tischtennis nicht weniger ist als die schnellste Rückschlagsportart der Welt – Weil man den Dreh raushaben muss – Weil die Ausrüstung handlich ist – Weil Petrus nur machtlos zuschauen kann – Weil Tischtennis in Deutschland ein Volkssport ist – Weil man die Händeschüttler und Stiftehalter unterscheidet – Weil im Tischtennis besondere Kräfte wirken – Weil Tischtennis Mannschafts- und Einzelsport zugleich ist – Weil Spielstärke ~~einen Namen~~ eine Zahl hat

6. DER SCHLÄGER UND DIE SCHLÄGE 181
Weil man auch mit dem Ballon zum Erfolg fahren kann – Weil es eine Allzweckwaffe gibt – Weil es nicht immer anatomisch sein muss – Weil im Tischtennis mittlerweile geschmettert werden darf – Weil man auch mal halblang machen sollte – Weil Bananen und Schnitzel nicht jedem schmecken – Weil es nicht nur heilige Musikinstrumente gibt – Weil das moderne Tischtennis in einem Keller in der österreichischen Provinz geboren wurde

7. DER KÖRPER UND DIE GESUNDHEIT................. 199
Weil Tischtennisspieler die Adler unter den Sportlern sind – Weil man nie zu jung dafür sein kann – Weil Tischtennis eine ziemlich linke Sache ist – Weil Eisen mehr ist als nur ein Schwermetall – Weil Geschlechterduelle im Tischtennis den Frauen durchaus Hoffnung machen dürfen – Weil Tischtennisspielen eine effektive Diät ist – Weil Tischtennis Gesundheitssport ist – Weil man nie zu alt dafür sein

kann – Weil im Tischtennis nicht jeder eine Hand hat – Weil es Beidhänder nicht nur im Tennis gibt

8. DIE BESONDERHEIT **223**
Weil Tischtennis wie Heimatkunde für Fortgeschrittene ist – Weil Zelluloid nicht nur beim Film verschwindet – Weil das Einspielen ein beinahe meditatives Ritual ist – Weil im Tischtennis mit Titeln nicht gegeizt wird – Weil nicht der gewinnt, der etwas kann, sondern der, der weiß, wie er es zeigen kann – Weil Fairplay keine Worthülse ist – Weil man vielen Tischtennisspielern einen Putzfimmel attestieren könnte – Weil »Stopp!« mehr als nur ein Wort ist – Weil man beim Tischtennis seine verdammte Ruhe genießen kann – Weil die Chinesen nicht nur die Besten in ihrem, sondern auch für ihren Sport sind – Weil Falkenberg mehr ist als ein Fleckchen in der schwedischen Provinz – Weil man immer eine Mannschaft zusammenbekommt – Weil nicht nur Hotels eine Sache von Sternen sind – Weil im Tischtennis noch immer der Kaiser regiert – Weil Tischtennis lehrt, sich zu entschuldigen

9. DAS WICHTIGSTE **257**
Weil es noch ein bisschen besser ist, es zu spielen, als darüber zu lesen

VORWORT

9:9. Ich merke, wie mir Adrenalin in den Körper schießt. Eigentlich immer. Ob in einem entscheidenden Match bei den Olympischen Spielen oder in irgendeinem nicht übermäßig wichtigen Training. Jetzt kann eine Bewegung, eine besonders präzise oder besonders unpräzise, einen ganzen Wettkampf entscheiden. Ich horche in mich hinein – und frage mich, was ich als Nächstes vorhabe. Welche Taktik ich gehen möchte. Welche meiner Waffen ich einsetzen möchte. Ich schaue rüber zu meinem Gegner – und frage mich, was er als Nächstes vorhat. Welche Taktik er gehen möchte. Welche seiner Waffen er einsetzen möchte. Den Ball habe ich dabei immer im Fokus, meine Augen sehen fast nur noch diese 40 Millimeter leuchtendes Weiß. Ich finde für einen kurzen Moment zur Ruhe, nehme fast nichts mehr um mich herum wahr – und dann geht es plötzlich wieder los. Mit aller Dynamik und Power. Alles in einem höllischen Tempo. Daran muss ich gleich denken, wenn ich an Tischtennis denke. An *mein* Tischtennis.

Das ist der Sport, den ich schon seit über 20 Jahren mit vollkommener Hingabe betreibe. Und damit eigentlich so lange, wie ich denken kann. Wenn ich heute verletzt bin, wenn Weihnachten ist oder sogar wenn ich im Urlaub bin und ich zwei, drei Tage nicht spiele, dann kriege ich schon ein ungutes Gefühl. Weil mir etwas fehlt. Weil ich unbedingt wieder an den Tisch möchte. Weil ich mich verbessern und mein Bestes geben möchte. Weil ich weiß, dass die Konkurrenz nicht schläft. Weil ich weiß, dass gerade China so bärenstark ist. Und weil ich den unbedingten Willen habe, besser zu werden und so gute Ergebnisse wie möglich zu erzielen. Das hat gar nicht mal nur damit zu tun, dass Tischtennis mein Beruf ist. Tischtennis ist für mich viel mehr als das. Es ist für mich auch Berufung und Liebe.

Eigentlich mache ich mir permanent Gedanken über mein Spiel, über meine Fitness, über meine mentale Einstellung. Ich interessiere mich für alles, was mit Tischtennis zu tun hat: Was machen die anderen Spieler? Die Europäer? Die Asiaten? Was machen gerade die Chinesen? Ich schaue gerne zurück in die Vergangenheit: Was ist da passiert? Was haben die großen Schweden um Jörgen Persson und Jan-Ove Waldner in den Achtzigern und Neunzigern gemacht? Was hat der Ungar Tibor Klampár den Siebzigern gemacht? Ich kenne mich im Tischtennis wirklich aus dem Effeff aus. Ich sauge alles auf, was ich finden kann.

Tischtennis ist für mich ein einzigartiger Sport, den so viele Sachen besonders machen. Nur ein Beispiel: Ich bin mit Vladimir Samsonov und Timo Boll sehr gut befreundet. Ich kämpfe mit ihnen mittlerweile schon jahrelang Seite an Seite – in der Nationalmannschaft mit Timo gegen die Chinesen, im Verein mit Vladi gegen die besten Klubs in Europa. Die beiden sind über die Jahre gute Freunde und Vertraute geworden. Und trotzdem sind sie an manchen Tagen meine ärgsten Rivalen und schwersten Gegner, gegen die ich die großen Titel und Medaillen ausspiele. Eine solche Konstellation gibt es sehr, sehr selten im Sport. Da spielst du entweder immer alleine oder immer im Team. Das ist bei uns Tischtennisspielern besonders. Wir sind der Mix aus Tennis und Fußball. Wir spielen in der Mannschaft – mit all dem Spirit, der dazugehört. Wir spielen aber auch Turniere und Ranglisten, bei denen wir ganz mit uns und unserer Performance sind.

Was mich auch immer wieder fasziniert: Es gibt so viele verschiedene Arten, Tischtennis zu spielen. Jeder kann auf seine eigene Weise spielen – und auf seine eigene Weise erfolgreich sein. Wenn ich nur an meine Gegner denke: Joo Se-hyuk ist Vize-Weltmeister als Abwehrspieler geworden, Samsonov mit einem überragenden passiven Spiel die Nummer eins der Welt, Werner Schlager hat sich mit seinem unnachahmlichen Stil zum Weltmeister gemacht. Dann gibt es die Penholder-Spieler, bei denen wieder der Chinese Wang

Hao ganz anders spielt als Olympiasieger Ryu Seung-min. Das kennt jeder, der schon mal am Tisch gestanden hat. Kein Gegner ist wie der andere – und dadurch ist auch kein Spiel wie das andere.

Natürlich auch neben all den wundervollen Erfolgen, die ich in dieser Sportart feiern durfte und die mir einzigartige Erlebnisse beschert haben, gibt es für mich fast unendlich viele weitere Gründe, warum mich Tischtennis immer wieder aufs Neue begeistert und warum ich diesen Sport liebe.

Jan Lüke hat als Autor dieses Buches 111 genauso unterhaltsame wie informative Gründe gesammelt, es mir gleichzutun – und Tischtennis zu lieben. Viel Spaß dabei, diese zu lesen, wünscht

Dimitrij Ovtcharov
(mehrfacher Olympiamedaillengewinner, mehrfacher Einzel-
Europameister und Vize-Weltmeister mit der Mannschaft)

Düsseldorf, Januar 2016

1. KAPITEL
DIE KURIOSITÄTEN

1. GRUND
Weil eine deutsche Fußball-Nationalmannschaft ohne Tischtennis undenkbar wäre

Uli Hoeneß, der ehemalige Manager und Präsident des FC Bayern München, hatte sich so richtig schön in Rage geredet. Nicht zum ersten Mal. Diesmal ging es um das Aus der deutschen Nationalmannschaft bei der Fußball-Europameisterschaft 2012. Und das klang dann so: Kurz vor der EM, so Hoeneß gegenüber dem Nachrichtenmagazin *DER SPIEGEL*, sei im Kreis der Nationalmannschaft »ja nur noch darauf geachtet worden, zu welchem Formel-1-Rennen man noch alles fahren sollte, damit die Spieler bei Laune gehalten wurden. Ständig ging es in der Vorbereitung darum, welche Tischtennisplatte wohin geflogen werden musste, möglichst noch auf den Mont Blanc«[1]. Rumms. Das saß. Und rückte Tischtennis für ein paar Tage in den medialen Fokus – wenngleich auf eine etwas andere Art und Weise, als dem Tischtennissport wohl lieb gewesen wäre.

Dabei lief Hoeneß mit seinen Aussagen Gefahr, mit einer ewig währenden Tradition des Deutschen Fußball-Bundes (DFB) und dessen Männer-Nationalmannschaft zu brechen. Denn Fußball und die DFB-Kicker, das passt seit Anbeginn der Zeiten wie die Faust aufs Auge. Helmut Schön, der Jogi Löw der Jahre 1964 bis 1978, früher selbst ambitionierter Tischtennisspieler und in der Jugend Sachsenmeister im Einzel, erklärte Tischtennis vor dem EM-Turnier 1972 zur beliebtesten Freizeitbeschäftigung seiner Auswahl. In der Vorbereitungsphase auf das Turnier gab es einen Tischtennis-Tisch im DFB-Lager, an dem Klaus Hölzenbein, ein weiterer ehemaliger aktiver Vereinsspieler im Tischtennis, als kaum zu schlagen galt. Am Tisch jedenfalls wurde Mannschaftspolitik gemacht – nicht am runden Tisch, sondern am Tischtennis-Tisch. Ein schlechtes Omen kann das nicht gewesen sein: Deutschland gewann seinerzeit die EM.

Zugegeben: So rund lief es nicht immer, wenn die Nationalmannschaft zum Schläger griff. Seine schwärzeste Stunde erlebte das Tischtennis im Kreise der Nationalkicker 1982 in Spanien. Der Tischtennis-Tisch im DFB-Quartier hatte damals schon längst Tradition, nur die Risiken der beliebten Freizeitaktivität waren scheinbar noch nicht vollends ausgelotet worden: Uwe Reinders, der als hoffnungsvoller Stürmer kurz vor dem Turnier sein Debüt mit dem Adler auf der Brust gegeben hatte, hatte sich falsch besohlt an den Tischtennis-Tisch begeben. Er knickte in seinen Badelatschen um – und fiel für das anstehende Turnier aus. Ob er sonst der entscheidende Faktor im verlorenen Finale gegen Italien gewesen wäre? Man weiß es nicht. Falls ja, hätte Tischtennis dem DFB dieses Mal einen Europameisterschaftstitel gekostet. Vermutlich aber war Tischtennis daran unschuldig – und es hätte auch mit Reinders nicht gereicht.

Verpönt war das Treiben beim Tischtennis trotz dieses Missgeschicks auch in der Folgezeit nicht. Es erlebte gar eine viel beachtete Renaissance in der Ära unter den Trainern Jürgen Klinsmann und Joachim Löw. »Wahrscheinlich wird hier irgendwo eine Platte rumstehen, weil wir eigentlich immer eine dabei haben«[2], ließ der spätere DFB-Kapitän Philipp Lahm etwa in Sönke Wortmanns WM-Dokumentationsfilm *Deutschland. Ein Sommermärchen* verlauten. Man darf Lahm glauben, dass er es ganz genau wusste, denn er gilt nicht nur als guter, sondern auch als passionierter Spieler. Im Kreise der Nationalmannschaft jedenfalls gab es den Überlieferungen nach keinen besseren. Zumindest nachdem Sebastian Kehl, als Kind ebenfalls Vereinsspieler, immer seltener nominiert worden war und Lahm irgendwann den früheren Klassenprimus Arne Friedrich abgelöst hatte. Die Wachablösung übrigens musste Friedrich selbst verkünden: Lahm hatte DFB-Mediendirektor Harald Stenger beauftragt, Friedrich bei einer Pressekonferenz nach dem aktuell besten Tischtennisspieler im DFB-Kader zu fragen. Friedrichs mürrische Antwort: »Hiermit kann ich sagen, dass Philipp Lahm die Nummer eins im Tischtennis ist«[3] Er hatte zuvor im mannschaftsinternen Wettstreit den Kürzeren gezogen. Mario Gomez hatte gegen die Teambesten am Tisch zwar vermutlich nicht viel zu melden, er nutzte Tischtennis stattdessen eher als therapeutische Maßnahme: In Verletzungspausen stand (oder – je nach Verletzung – saß) Gomez am Tischtennis-Tisch und schmetterte, was das Zeug hielt. Die Begründung: um beim krachenden Schläger wieder diesen Abschluss zu spüren, den er als Stürmer brauche und gewohnt sei. Nun ja. Man muss an seine Heilmethoden schließlich vor allem selbst glauben. Das schien Gomez zu tun.

Und dann war da ja noch die WM 2014 in Brasilien. *Die* WM! Das viel diskutierte Campo Bahia, das luxuriöse Quartier der Deutschen mit WG-Atmosphäre, in dem es den deutschen Ballartisten an nichts mangelte – natürlich auch nicht, daran hatte die Hoeneß-Kritik zwei Jahre zuvor nichts geändert, an einem Tischtennis-Tisch. An dem musste sich Lahm des talentierten Emporkömmlings Thomas Müller erwehren.

Ob der Tisch vorher auf dem Mont Blanc war, ist zwar nicht bekannt. Dafür aber Lahms Konter gegen Hoeneß zwei Jahre zuvor: »Aber ich habe bei der Nationalmannschaft schon länger nicht mehr gespielt. Ich verstehe die Debatte sowieso nicht ganz. Ich spiele bei Bayern auch Tischtennis.«[4] Vielleicht war es der einzige Unterschied zwischen dem Titeljahr 2014 und dem Beinahe-Erfolg bei der EM 2012: dass Philipp Lahm einfach wieder öfter und ohne schlechtes Gewissen am Tischtennis-Tisch stand – und mit dem dort gewonnenen Selbstvertrauen Deutschland als Kapitän zum Weltmeistertitel führte.

2. GRUND

Weil Tom Hanks der bekannteste Tischtennisspieler der Welt ist

Tom Hanks ist Schauspieler. Weiß ja jeder. Der Mann hat mehr Filmpreise in der Vitrine stehen als andere Leute Sammeltassen oder Überraschungs-Ei-Figuren. Er hätte verdient, dass ihm zu Ehren ganze Bücher und epochale Abhandlungen geschrieben werden. Mit Titeln wie »111 Gründe, Tom Hanks zu lieben«. Nur mal als Idee. Kurzum: Hanks ist ein ganz Großer in einem noch größeren Business. Ein Global Player auf zwei Beinen. Mann, was für ein Typ, dieser Hanks!

Und so ganz nebenbei, irgendwo zwischen *Panische Angst*, 1980 der erste Streifen seiner Filmografie, und *Saving Mr Banks*, dem bisher letzten (dem Hanks in der Zeit, in dem man diese Zeilen auch nur lesen kann, vermutlich schon wieder drei preisverdächtige Filme hinzugefügt hat), ist Hanks noch etwas geworden: der gottverdammt bekannteste Tischtennisspieler des Planeten. Also genau genommen ist es nicht Hanks selbst. Es ist eine Figur. *Seine* Figur: Gump – Forrest Gump.

In dem gleichnamigen, 1995 erschienenen Hollywood-Streifen, einer dieser Tom-Hanks-Oscar-Gewinner-Filme, mimt der Schauspieler die Figur des zutiefst liebenswürdigen Trottels Forrest Gump, dessen tragischer und zugleich rührender Werdegang ihn immer wieder ins Zentrum der bedeutendsten Ereignisse der amerikanischen Geschichte rückt. Eine Station: die Ping-Pong-Diplomatie zwischen den USA und China. Nachdem Gump im Lazarett des Vietnam-Kriegs anfängt, Tischtennis zu spielen und mit natürlichem Talent (»For some reason ping-pong came very natural to me.«) und viel Beharrlichkeit (»So I started playing it all the time. I played ping-pong even when I didn't have anyone to play ping-pong with.«) schnell zu einer beachtlichen Spielstärke und Aufmerksamkeit kommt, wird er in ein amerikanisches Nationalteam berufen, das die Vereinigten Staaten von Amerika bei einer Reise in die Volksrepublik China vertritt. Mit seiner Teilnahme an diesem Ländervergleichskampf im April 1971 wird die Figur Gump ein Teil der sogenannten Ping-Pong-Diplomatie, die zur Annäherung von China und den USA führt: »We were the first Americans to visit the land of China in, like, a million years or something like that, and somebody said that world peace was in our hands. But all I did was play ping-pong. When I got home, I was a national celebrity«, beschreibt Gump im Film seine historische Reise, die ihn unter anderem an die Seite von US-Präsident Richard Nixon bringt. Alles, was er getan hatte, war eines: Ping Pong zu spielen.

Die Filmszenen, in denen Tom Hanks als Forrest Gump in irrsinnigem Tempo, teilweise mit beiden Händen gleichzeitig oder gegen eine hochgeklappte Tischhälfte spielend, seiner Leidenschaft Tischtennis nachgeht, machten ihren Weg um die Welt. Und führten bei Laien nicht selten zu der Frage, ob man denn überhaupt so Tischtennis spielen könnte. Die klare Antwort: Nein, kann man natürlich nicht. Und erst recht nicht Tom Hanks. Die Szenen wurden per Computer nachbearbeitet. Nachdem Hanks bei den Aufnahmen nur mit dem Schläger in der Hand Trockenübungen abgeleistet hatte, wurden die Bälle nachträglich in die Bilder geschnitten – und dann noch einmal ordentlich an der Geschwindigkeit gedreht. Dennoch: Für einen nicht unwesentlichen Teil der Weltbevölkerung, vor allem für die, die sich eher für Hollywood-Filme als für Tischtennis interessieren, ist Tom Hanks seither der bekannteste und vielleicht gar beste Spieler, den dieser Planet jemals gesehen hat.

Dies hält sich bis in die Gegenwart: Im millionenfach geklickten Video zu Carly Rae Jepsens Popsong *I Really Like You* spielt Hanks als Protagonist des Videos niemand Geringeren als: sich selbst. In dieser ehrenhaften Rolle wird er von Passanten auf der Straße angesprochen. Sie möchten ein Autogramm vom Superstar. Und was halten sie ihm zum Signieren hin? Einen Tischtennisschläger.

3. GRUND

Weil Tischtennis innovativer ist als jedes Start-Up

Wer es im renommierten amerikanischen Magazin *TIME* ins weltweit beachtete Ranking »The 50 Best Inventions of the Year«, die Rangliste der besten Erfindungen des Jahres, gebracht hat, gehört zu den Machern und Meistern seiner Zunft. Gelistet werden Ideen und Erfindungen quer durch alle Lebensbereiche, die die Welt »better, smarter and – in some cases – a little more fun« machen. Eine bessere, smartere und manchmal einfach nur spaßigere Welt. Kein geringer Anspruch. 2007 etwa hat es Apple mit dem *iPhone* dort nach ganz oben geschafft. Oder 2014 das *Hendo Hoverboard*, ein Skateboard, das wie ein fliegender Teppich knapp über der Erde schwebt. Zahlreiche bahnbrechende Erfindungen in der Medizin oder der Wirtschaft zählen auch dazu. Um mal die Dimensionen dieser Rangliste aufzuzeigen. Die ist nämlich ziemlich gewaltig.

2008, im Jahr der Olympischen Spiele von Peking, stand ein Tischtennisspieler inmitten dieser illustren Aufzählung: Der Deutsche Dimitrij Ovtcharov belegte Platz 36 zwischen einem Sonnenschutz für Pflanzen, einer Kamera für Blinde und dem Schwimmanzug des Rekord-Olympioniken Michael Phelps. Womit hatte der damals erst 20-Jährige seinen Weg ins Ranking geschafft? Mit einem bloßen Tischtennis-Aufschlag.

Doch Ovtcharovs prämiertes Service ist alles – außer gewöhnlich, schlicht und simpel. Erst recht nicht nach der Beurteilung der Redaktion der *TIME*: Der Deutsche verharrt bei seinem Aufschlag lange tief in der Hocke, den Kopf gesenkt bis knapp über dem Tisch. Dort fixiert er den Ball bei voller Konzentration für einige Sekunden, starrt ihn regelrecht an, als wolle er ihn beschwören, ehe er sich in die Senkrechte katapultiert und den Ball ins Spiel bringt. Ist der Bewegungsablauf zwar nahezu identisch, variieren Rotation, Platzierung und Tempo mitunter erheblich. Kein anderer Spieler serviert auch nur annähernd so wie Ovtcharov mit der Rückhand. Für die *TIME* ist nicht Kraft, sondern vielmehr Verwirrung die Waffe des mehrmaligen Europameisters, der mit seinem einzigartigen Prozedere beim Aufschlag einen Gegner hinterlässt, der »zu verblüfft ist, um darauf zu antworten«[5]. Denn Ovtcharovs Aufschlag ist nicht zuletzt auch eines: ziemlich effektiv.

Nach einigen Jahren internationaler Wettkampftour ist der Überraschungseffekt bei Ovtcharovs preisgekröntem Rückhand-Aufschlag, der zu seinem Markenzeichen aufstieg, zweifelsohne zurückgegangen. Doch wer ein echter Innovator ist, der bleibt der Konkurrenz mit der nächsten Idee immer einen Schritt voraus. Ovtcharovs neuester Clou: Seit einiger Zeit agiert er mit einem kaum weniger spektakulären Vorhand-Aufschlag mit hohem Ballwurf und der sogenannten Stip-Technik, die über Jahre und Jahrzehnte als veraltet galt – ehe sie Ovtcharov für den Spitzensport wiederbelebte und seine Gegner abermals vor eine unübliche Prüfung stellte. Wenn es mit der neuesten Innovation auch nicht für die nächste Auszeichnung reichen sollte, hat sie sich doch längst bewährt: mit zahlreichen Punktgewinnen und mit dem Ruf, nicht nur einer der besten Aufschläger der Welt zu sein, sondern auch einer der kreativsten Köpfe – und das über die Grenzen des Tischtennis hinaus. Sagt zumindest die *TIME*. Und die muss es wissen.

4. GRUND

Weil Tischtennisspieler einfach Sexsymbole sind

Kreischende Mädchen hängen in den Bäumen und gaffen durch die meterhoch gelegenen Fenster, wenn er sich in den Räumen eines Gebäudes umzieht. Bei Veranstaltungen braucht er Geleitschutz, der ihn vor den Avancen des schönen Geschlechts schützt, das nichts lieber möchte, als ihn auch nur einmal zu berühren, als ihm nur einmal nah zu sein. In seiner Fanpost finden sich täglich Liebesbekundungen und Heiratsanträge. Er ist ein Frauenschwarm und Sexsymbol für einen ganzen Kontinent. Die Rede ist nicht von Johnny Depp oder George Clooney, auch nicht Cristiano Ronaldo oder Justin Timberlake. Zumindest diesmal nicht. Die Rede ist von Timo Boll. Ja genau, richtig gelesen: einem Tischtennisspieler. Einem waschechten Sexsymbol.

Na gut, na gut. Vielleicht sollte man die Geschichte auch besser erst einmal andersherum erzählen. Aus Betroffenenperspektive quasi. Wer Tischtennis seine Sportart nennt, erreicht bei seinen Balzbemühungen meistens irgendwann den Punkt, an dem er mitleidige Blicke erntet. »Ah, du machst Sport?« – »Ja klar, Tischtennis.« – »Ach, cool. Haben wir früher auch immer zu Hause im Garten oder auf dem Schulhof gespielt. Aber machst du auch noch *richtigen* Sport? Schwimmen, Fußball oder so?« Rumms! Das sitzt! Jemand, der Tischtennis spielt, weckt in vielen Fällen etwa so viele Begehrlichkeiten wie jemand, der mit 35 Jahren noch bei Mama und Papa wohnt oder in der Bettwäsche seines Lieblingsfußballvereins schläft, die er zur Einschulung geschenkt bekommen hat. Handballer sind die bärtigen Männer, Basketballer die breitschultrigen Riesen, Fußballer sind eben Fußballer. Und Tischtennisspieler sind die, die das alles nicht sind. Es gibt nicht wenige, die die Silbe »Tisch« vor dem »Tennis« weghusten, wenn sie denn beim Erstkontakt nach ihrem Parade-Sport gefragt werden.

Aber mal langsam! Aufgepasst! Hergehört! Es gibt Hoffnung. Ein chinesisches Medium wählte im Jahr 2007 den damals 26 Jahre alten Boll zum attraktivsten Sportler der Welt – an der Spitze des durch die Bank weit abgeschlagenen Verfolgerfelds: David Beckham. Ein anderes Magazin machte Boll gleich zum *Sexiest Man in the World*. Diesmal im Verfolgerfeld: na, alle anderen Männer der Welt eben. Der Deutsche ist in China nicht nur aufgrund seiner sportlichen Erfolge gegen die Landsleute derart beliebt, sondern auch wegen seiner freundlichen und höflichen Art, die der chinesischen Mentalität durchaus ähnelt. Und natürlich, das muss jetzt auch mal klipp und klar gesagt werden: aufgrund seines Aussehens.

Ganz ähnlich geht es im Übrigen einem anderen Tischtennisspieler von Weltklasse-Format in dessen Heimatland Dänemark: dem langjährigen europäischen Topmann Michael Maze. Der großflächig tätowierte Modellathlet inszeniert sich – anders als Boll – allerdings als modelnde Tischtennis-Edition des besagten Beckhams. Was seiner Beliebtheit in seinem Heimatland allerdings keinen Abbruch tut, ganz im Gegenteil. Nur hat Dänemark eben nicht die Dimensionen Chinas. Dennoch: Dem findigen Otto-Normal-Tischtennisspieler liefern Boll oder Maze für das nächste Gespräch in Kneipe oder Straßenbahn allerdings immerhin einen Hoffnungsschimmer. Und wenn es nur der Trost ist, dass in China alles so viel einfacher sein könnte.

5. GRUND

Weil Tischtennis dafür zahlt, in die Medien zu kommen

5,136 Milliarden Pfund. Umgerechnet 6,9 Milliarden Euro. Das ist der Betrag, den die Fernsehsender British Telecommunications (kurz: BT) und Sky, die sich zuvor einen illustren Bieter-Wettstreit geliefert hatten, an die Premier League, die erste englische Fußballliga, überweisen. Dafür bekommen die beiden Sender für drei Jahre – von 2016 bis 2019 – das Recht, live aus den Stadien zu übertragen. Das sind 13,75 Millionen Euro pro Spiel. Im ohnehin verrückt anmutenden Streit um Übertragungsrechte von Premium-Sport setzte der Deal der englischen Premier League dem Irrsinn die Krone auf. Doch so viel besser sieht es anderswo auch nicht aus: Ob NBA oder NHL, ob Fußball-WM oder -EM, ob Bundesliga oder Champions League. Überall dort streichen die beteiligten Ligen, Verbände und Vereine schier unglaubliche Summen dafür ein, dass ihnen die ganze Welt beim Sporttreiben zuschauen könnte. Was unschwer zu erraten ist: Im Tischtennis liegen die Dinge da etwas anders.

Seit der ersten Tischtennis-Übertragung im deutschen Fernsehen, einem Länderspiel zwischen Deutschland und der Schweiz, das der Südwestfunk 1954 noch in Schwarz-Weiß übertrug, hat zwischenzeitlich eine bemerkenswerte Entwicklung eingesetzt. Im Jahr 1997 floss das Geld dort nämlich nicht von den Fernsehanstalten zu Vereinen und Verbänden – sondern genau andersherum. Für die Übertragung durch den privaten Sportsender DSF, dem Vorgänger von Sport1, berappten sechs Vereine der ersten Tischtennis-Bundesliga in jener Spielzeit jeweils 50.000 Euro. Weitere 300.000 Euro wurden durch Sponsoren finanziert. In der Fachsprache hieß das dann: Beteiligung an den Produktionskosten. Dafür gab es pro Woche ein Live-Spiel. Freitagsabends. Zur besten Sendezeit. Einen ähnlichen Deal schlossen zu dieser Zeit Rekordmeister Borussia Düsseldorf und Eurosport für eine Partie der Champions League ab. Auch da ging das Geld an den Sender, nicht an den Verein.

Die Verantwortlichen hatten es sich mit den Deals zum Ziel gesetzt, einen Teufelskreis zu durchbrechen, in dem Randsportarten so oft eingeschlossen sind – und in dem auch der Tischtennissport damals längst gefangen war: ohne TV-Präsenz keine Sponsoren, ohne Sponsorengeld keine sportliche Qualität, ohne sportliche Qualität kein Erfolg, ohne Erfolg keine TV-Präsenz. Und so weiter und so fort.

Zwar zeigte sich die Tischtennis-Bundesliga mit ihrem Versuch als Vorreiter und Innovator. Sogar andere Sportarten schlossen sich dem Modell an, einzig der Erfolg der Maßnahme blieb beim Tischtennis aus. Die Einschaltquoten waren verhältnismäßig gering, lagen selten über 100.000 Zuschauern. Die Kosten-Nutzen-Rechnung schien nicht aufzugehen. Und den Verantwortlichen auf Seiten des deutschen Tischtennis-Sports ging die Puste (in diesem Fall ein anderes Wort für: das Geld) aus. Zwar schaffte es die Tischtennis-Bundesliga als Low-Budget-Übertragung in den Folgejahren immer mal wieder ins Programm des DSF, langfristig etablieren konnte sich Tischtennis in der Senderlandschaft des deutschen Fernsehens allerdings seither nie. Mittlerweile versucht es die Tischtennis-Bundesliga (TTBL) ohnehin ganz anders – nämlich auf eigene Faust. Auf einer eigenen Plattform im Internet bringt die TTBL ihre Spiele. Und der schnöde Mammon fließt schneller denn je in den Fußball.

6. GRUND

Weil aus der Kreisliga über Nacht auch mal die Bundesliga werden kann

Es sah alles nach einem ziemlich gewöhnlichen Bundesliga-Match aus, als es im Januar 2008 zum Aufeinandertreffen zwischen dem deutschen Serienmeister Borussia Düsseldorf und Müller Würzburger Hofbräu kam. Die favorisierten Düsseldorfer um Timo Boll waren nach den Doppeln zu Beginn nicht unerwartet 2:0 in Führung gegangen und hatten gleich Fahrt aufgenommen Richtung Gesamtsieg. Was sich dann allerdings vor den Augen der Düsseldorfer Mannschaft und den 700 Zuschauern abspielte, sollte in die Bundesliga-Geschichte eingehen: Die Würzburger Spieler packten in aller Ruhe ihre Taschen, schritten dann gruß- und kommentarlos aus der Halle. Wichtige Anmerkung: ohne an diesem Tag noch einmal aufzukreuzen. Stattdessen traten in den anschließenden Einzeln vier Spieler für das Gäste-Team an die Tische, die ansonsten in den Kreisklassen-Mannschaften der Würzburger aufschlugen.

Ein Versehen war das natürlich keines. Sondern genau das Gegenteil: kühle Berechnung. Herrschte zunächst unter den Anwesenden, zumindest unter denen, die in der Halle verblieben waren, Irritation und Unklarheit, änderte sich das, als sich der Verein Müller Würzburg später zu den Vorfällen erklärte – und die Einzelaufstellung »als Protestnote gegen die, nach unserer Bewertung, außergewöhnlich skandalösen Vorgänge im letztjährigen Rückspiel des ETTU-Pokalfinales in Düsseldorf«[6] interpretierte. Was war einige Monate vorher an selber Stelle also passiert, dass die Würzburger eine derartige Maßnahme für nötig hielten? Im Finale des ETTU-Pokals, gewissermaßen der Europa League des Tischtennis, waren dem Würzburger Spieler Leung im Einzel gegen den Borussia-Mann Petr Korbel »nach massiver Intervention durch Düsseldorfer Spieler und Offiziellen«, so das Statement der Würzburger dazu, Aufschläge vom Schiedsrichter abgezählt und als Punkte für Korbel gewertet worden. Das kann zwar bisweilen äußerst ärgerlich für einen Aktiven sein, weil die Schiedsrichter-Entscheidungen nicht selten fragwürdig oder gar falsch sind, ist im Spitzentischtennis allerdings mitnichten unüblich. Für die Würzburger aber war die Sache klar: Für die Niederlage verantwortlich waren einige handelnde Personen von Borussia Düsseldorf, allerdings nicht im sportlichen Sinne, sowie ein manipulierbarer Schiedsrichter, mitnichten aber die eigenen Spieler. »Diese Vorgänge führten zum Verlust des zu diesem Zeitpunkt praktisch sicheren ETTU-Pokaltitels«, ließ der Verein verlauten. Sonstige Gründe? Gab es aus Vereinssicht scheinbar keine nennenswerten.

Eng verbunden war die Protestaktion, wie ohnehin alles im Verein Müller Würzburg, mit dem Namen seines Mäzens: Frank Müller Er, nicht der Verein, der natürlich in Immobilien macht, wie sich das für diese Art von Geldgeber gehört, war mit seiner Immobilienunternehmung Hauptsponsor des Klubs – und scheute sich nicht, sich auch mal selbst zu Einsätzen zu verhelfen, in denen der alles andere als austrainierte Materialspieler Müller (nicht mehr als ein Hobbyspieler) zumeist auf die Mütze bekam. Zwar eine der umstrittensten Figuren im deutschen Tischtennis, verhalf er mit seinem Investment und Engagement dem Verein allerdings zu ansehnlichen Erfolgen. So wurde Würzburg 2005 unter anderem Deutscher Meister mit der Mannschaft. Und Würzburg war eben im April 2007 ins Endspiel des zweitbedeutendsten internationalen Mannschaftswettbewerbs gekommen, an dessen Ende Frank Müller sich mit dem Satz verabschiedete: »Ich werde nie wieder mit einer Mannschaft, die meinen Namen trägt oder von mir gesponsert wird, in Düsseldorf antreten.«[7] Es war der Vorbote des Eklats, den er nicht einmal ein Jahr später in die Tat umsetzen sollte. Und dementsprechend übte Müller Würzburg, angeführt von seinem exzentrischen Spieler-Manager und Geldgeber, sich im Zuge seiner subjektiv wahrgenommenen Benachteiligung in Selbstjustiz und Kleinkind-Logik – und sorgte für den vielleicht größten Skandal der Geschichte der Tischtennis-Bundesliga. Als Gewinner dieser Aktion aber waren mitnichten die im Anschluss arg gescholtenen Würzburger herausgegangen, erst recht nicht als sportliche. Sie verloren in Person ihrer Kreisklassen-Spieler von zwölf gespielten Sätzen in den folgenden Einzeln an diesem Tag ganze fünf mit 0:11 Punkten. Während der etatmäßige Kader im Übrigen, so ließ Müller später verkünden, sich aufmachte in sein hauseigenes Schwimmbad. Wer hat, der kann.

Was wäre bloß passiert, wenn einer wie Müller in der englischen Fußball-Nationalmannschaft gestanden hätte, die 1966 bei der Weltmeisterschaft gegen Deutschland das Wembley-Tor kassierte? Es wäre wohl das letzte Fußball-Länderspiel zwischen beiden Nationen geblieben.

7. GRUND

Weil Tischtennis seine ganz eigene Sprache spricht

Das Problem tritt dort zutage, wo das eine Universum auf das andere prallt. Dort, wo Tischtennisspieler auf Nicht-Tischtennisspieler treffen – und ins Gespräch kommen. Oder noch schlimmer: dort, wo Nicht-Tischtennisspielern ein Gespräch von Tischtennisspielern zu Ohren kommt. Wenn das nämlich passiert, könnte es knifflig werden. Sie, die Nicht-Tischtennisspieler, mögen ihnen geläufige

Worte in einer ihnen bekannten Sprache hören, aber Sinn wird das alles für sie beim besten Willen nicht ergeben. Kann es aber auch gar nicht. Sie sprechen diese fremde Sprache schließlich nicht. Denn Tischtennisspieler verwenden ihr ganz eigenes Vokabular. Beispiele gefällig? Gerne – allerdings ohne Anspruch auf Vollständigkeit. Das Tischtennis-Vokabular ist nämlich ausladend genug für ein ganzes Wörterbuch.

Abstechen: Klingt martialischer, als es ist. Obwohl, vielleicht doch nicht. Als einen abgestochenen Ball wird ein Schlag bezeichnet, bei dem ein ankommender Topspin- oder Konter-Schlag mit einer Schlagbewegung von oben nach unten, daher der Name, abgestochen wird – und unerwartet für den Gegner mit Unterschnitt versehen wird.

Attrappe: Ein Ball, der so gespielt wird, dass er den Gegner glauben lässt, er besitze Rotation – und dadurch gefährlich wird, dass er eben keine besitzt. Das trojanische Pferd unter den Schlägen gewissermaßen.

Banane: Eine Flip-Variante, die durch ihre enorme Seitenrotation eine bogenförmige und krumme Flugkurve nimmt, die einer Banane ähnelt. Je krummer die Banane, desto mehr Rotation hat der Ball. Und desto wahrscheinlicher führt sie zum Punktgewinn.

Bauer: Ein Netz- oder Kantenball, vorwiegend ein unerreichbarer, die wiederum vorwiegend der Gegner hat.

Ei: Ein unrundes Spielgerät, das meist schnell ausgetauscht wird.

Einwurf: Ein schwacher Aufschlag, der dem Rückschläger einen erfolgreichen Return erleichtert.

Eisen: Wenn es in den Wettkampf geht oder dort knapp wird, wenn also der Druck steigt, sein Leistungsvermögen abzurufen, dann wird der Schlagarm bei vielen Spielern schwer. Nicht schwer wie Blei. Sondern schwer wie Eisen. Spielen lässt sich damit dementsprechend nicht mehr so gut.

Fauler: Siehe »Bauer«.

Fuchs: Siehe »Bauer« und »Fauler«.

Giftige Aufschläge: »Gift« meint natürlich »Rotation«. Und die hat man gerne im Aufschlag – zumindest als Aufschläger selbst. Umgebracht hat dieses Gift aber noch niemanden.

Kelle: Wem »Schläger« ein wenig zu langweilig klingt, der greift eben zur »Kelle«. Denn so heißt das Spielgerät vor allem unter Freizeitspielern.

Leerer Ball: Ein Schlag ohne Rotation.

Mäuschen oder Häschen: Ein ängstlicher, vorsichtiger Schlag ohne viel Tempo.

Nasser: Siehe »Bauer«, »Fauler« und »Fuchs«.

Rohr: Wahlweise ein besonders schneller Schläger (»ein Rohr geklebt«) oder ein besonders schneller Schlag (»ein Rohr gezogen«).

Schnibbeln: Einen Ball mit Schnitt, sprich: mit Rotation, versetzen.

Schnitt: Meint natürlich schlichtweg die Rotation im Ball.

Schrauber: Ein Spieler, der mit ziemlich gefährlichen Aufschlägen aufwartet.

Seitenwind: Ein Schlag mit Seitenschnitt, bei dem der Ball fliegt, als würde er von einem seitlichen Wind gelenkt.

Sense/Sichel: Natürlich geht es auch hier um Schnitt, und zwar um Unterschnitt, und zwar um richtig viel. Meist in einem Abwehrball eines Defensivkünstlers, der »die Sense auspackt«.

Sound: Ein Begriff, der weitestgehend der Tischtennis-Vergangenheit angehört, aber jahrelang regen Gebrauch fand für das Geräusch, das ein frischgeklebter Schläger beim Balltreffpunkt verursacht.

Spinat: Man erkennt es an den ersten vier Buchstaben: Gemeint ist der Spin. Spinat hilft also nicht nur Popeye.

Strahl: Auch das ist so ein multifunktioneller Begriff. Gemeint sein kann ein ziemlich schneller Schlag (»Was für ein Vorhand-Strahl!«), aber auch ein Lauf in einem Spiel (»Der hat heute einen Strahl«).

Rakete: Eine Rakete ist schnell, wuchtig und gefährlich. Das ist im Tischtennis nicht anders.

Rollomat: Ein Schlag, der am Netz vorbei gespielt wird und auf der gegnerischen Tischhälfte mehr rollt, denn auftickt.

Ziehen: Einen Topspin spielt man nicht, einen Topspin zieht man. Oder man zieht einen Ball, wenn man einen Topspin spielt. Jedenfalls wird im Tischtennis viel gezogen – und immer dann ist die Rede vom Topspin.

8. GRUND

Weil die Modewelt ohne Tischtennisspieler heute anders aussehen würde

Fred Perry oder Lacoste? Für viele Mode-Narren, gerade für die mit einem Faible für exklusive Piqué-Polohemden, ist das eine Grundsatzentscheidung, die ebenso grundsätzliche Debatten auslösen kann. Die einen tragen nur dies, die anderen nur das. Das ist kein Feld für Kompromisse. Dabei liegen Perry und Lacoste gar nicht mal weit auseinander – zumindest nicht ihre Gründer: Frederick John Perry und Jean René Lacoste. Beide erlangten Berühmtheit als Tennisspieler, weit bevor die von ihnen entworfene Kleidung berühmt wurde. Sie gehörten auf dem Tennisplatz zu den weltweit besten Aktiven ihrer Zeit. Aber beide waren auch, was zu jener Zeit nicht unüblich war, gleichzeitig erfolgreiche Tischtennisspieler.

Perry war gar mehr als nur erfolgreich am Tisch, er war der Beste der Welt. 1929 gewann der Engländer die 3. Weltmeisterschaften im Tischtennis, bei denen unter anderem die ungarische Legende Victor Barna erstmals international ebenso in Erscheinung trat wie die beiden ersten Weltmeister der Geschichte, Roland Jacobi und Zoltán Mechlovits, ebenfalls beide Ungarn. Sie alle landeten hinter Perry im Feld der Geschlagenen, fein säuberlich aufgereiht. Perry sorgte ganz nebenbei dafür, dass der Weltmeistertitel im dritten Anlauf erstmals eben nicht an einen Ungarn ging, indem er im Endspiel Miklós Szabados besiegte, der später in die Geschichtsbücher seines Sports eingehen sollte, weil er sechsmal in Folge Weltmeister im Doppel an der Seite seines Landsmannes Barna wurde. Der Höhepunkt von Perrys Tischtennis-Karriere war aber gleichsam deren Ende: Perry siedelte als Weltmeister im Tischtennis, also direkt im Anschluss an die so erfolgreichen Titelkämpfe, über zum Tennis. Und der Sohn eines Baumwollspinners, durchaus etwas ungewöhnlich für das elitäre Tennis dieser Zeit, sollte diese Entscheidung nicht bereuen. Er gewann alle vier der heute als Grand-Slam-Turniere bekannten Großveranstaltungen im Tennis, darunter auch das Turnier von Wimbledon. Sein Triumph von 1936 sollte für den britischen Tennissport lange Fluch und Segen zugleich bleiben, denn bis ins Jahr 2013 blieb der ehemalige Tischtennisspieler Perry der letzte Wimbledon-Sieger aus Großbritannien. Dann beendete der Schotte Andy Murray die beinahe skurril anmutende Sieglos-Serie. Da hatte es Perry, dessen Wimbledon-Triumph 1936 im Übrigen bereits der dritte seiner Karriere war, aber längst zur Legende gebracht. Seine Mode, mit der er sich Ende der Vierzigerjahre auf seine Wurzeln besann, die Baumwolle, wurde bereits in den Fünfzigerjahren zum Teil der Popkultur. Sein Label steht noch heute für Helden, die von unten kommen und es nach oben schaffen. Wie Perry selbst: über das Tischtennis zum Tennis ins millionenschwere Unternehmertum.

Lacostes sportliche Vita liest sich kaum weniger beeindruckend. Sie erlebte ihren Höhepunkt, als Perry sich noch dem kleinen, weißen Ball widmete: in den Zwanzigerjahren. Zu der Zeit gehörte Lacoste zu den besten Tennisspielern der Welt, vermutlich war er für einige Jahre gar der Beste überhaupt gewesen. Er gewann mehrmals die French Open, die US Open und auch das Turnier von Wimbledon. In der Rückschau betrachtet, ist es ein mehr als skurriler Zufall, dass Lacoste ausgerechnet in dem Jahr von seinem Sport abließ, nämlich 1929, als Perry wiederum zum Tennis überlief. Auch Lacoste wechselte die Sportart – aber in die andere Richtung: vom Tennis zum Tischtennis. 1933 meldete Lacoste für die Tischtennis-Weltmeisterschaften in seiner französischen Heimat, in der Hauptstadt Paris. Konnten es Lacostes Erfolge auf dem Tennisplatz zwar mit denen Perrys durchaus aufnehmen, sah das an der Platte anders aus: Lacoste scheiterte in Paris gleich in Runde eins. Eine große Tischtennis-Karriere blieb ihm verwehrt, eine große Unternehmer-Karriere dagegen nicht: Schon 1933 begann Lacoste, der seinen Spitznamen *le crocodile* zum Wahrzeichen seiner Marke erhob, sich mit Mode zu versuchen. Heute ist er aus diesem Markt nicht wegzudenken – und er ist damit nicht der einzige Tischtennisspieler.

9. GRUND

Weil man sich vor chinesischen Hausmeistern in Acht nehmen sollte

Es gibt diese Legende, deren Wahrheitsgehalt bis heute nie schlussendlich geklärt werden konnte. Warum sie sich trotzdem so lange gehalten hat? Weil sie so viel aussagt über die Kräfteverhältnisse auf der Landkarte des Tischtennis. Und weil sie obendrein recht unterhaltsam ist.

Sie dreht sich um Peter Engel, einen der besten deutschen Tischtennisspieler der Achtzigerjahre, Deutscher Meister im Einzel, der später als Nationaltrainer verschiedener Länder durch das Welttischtennis touren sollte. Engel war mit der deutschen Nationalmannschaft Mitte der Achtziger zu einem Trainingsaufenthalt nach China aufgebrochen. Solche Trainingswochen mit den nimmermüden Chinesen waren damals wie heute beliebt bei Topspielern aus dem Ausland, wenn sie die Gelegenheit dazu bekamen. Als Engel während dieser Fortbildungsreise auf seine Mannschaftskameraden in der Sporthalle wartete, kam der Hausmeister angetrottet – und fragte Engel nach einem Trainingsspiel. Ja gut, soll Engel gedacht haben, schaden kann es ja nicht. Und wenn er schon fragt … Ein paar schweißtreibende Sätze später hatte Engel die erste Niederlage seines Trainingsaufenthalts hinnehmen müssen. Nur waren seine eigentlichen Trainingspartner da noch immer nicht in der Halle. Sondern eben nur der Hausmeister.

Ganz gleich, ob ein deutscher Nationalspieler nun wirklich gegen einen chinesischen Hausmeister verloren hat oder nicht, ob die Anekdote vom geschlagenen Engel der Wahrheit entspricht oder nicht, ist die Botschaft unzweifelhaft: In China spielt jeder Tischtennis – und das sehr gut. Schätzungen zufolge gibt es in China circa 300 Millionen Menschen, die regelmäßig zum Tischtennisschläger greifen. Selbst bei einer Grundgesamtheit von 1,3 Milliarden Menschen ist das eine stattliche Quote. Satte vier Millionen davon sind Turnierspieler im organisierten Sport. Zum Vergleich mit einem Nicht-Tischtennis-Land: In den USA gibt es circa 4.000 Turnierspieler. Wenngleich Basketball und Fußball einen immer stärkeren Boom erleben: Tischtennis ist in China noch immer eine Volkssportart von einer kaum greifbaren Dimension.

In diesem schier unglaublich großen Pool an Aktiven tummeln sich – was nur logisch ist – auch ziemlich viele spielstarke Aktive. Das Leistungsniveau im chinesischen Tischtennis nimmt auch unterhalb der Nationalmannschaft mitunter skurril anmutende Züge an. Viele Aktive fallen in bestimmten Altersklassen aus den Förderungsmaßnahmen des Verbandes, obwohl sie in fast allen anderen Ländern der Welt Nationalspieler wären. Auch viele bessere Hobbyspieler würden in anderen Ländern zur erweiterten nationalen Spitze gehören. In China sind sie eben: ja, nur Hobbyspieler. Kommen gut ausgebildete Chinesen nach Europa, die es in ihrem Heimatland nie zu einer Profi-Karriere gebracht hätten, stehen ihnen hier meist Tür und Tor offen. Nicht wenige Länder importieren gar regelrecht chinesische Spielerinnen und Spieler für ihre Nationalmannschaften, indem sie ihnen Staatsbürgerschaften verschaffen. So wird Europas Frauentischtennis seit Jahren von gebürtigen Chinesinnen bestimmt.

Im Hobbysport gibt es das übrigens auch. Wenn dort personelle Not am Mann ist, fällt nicht selten der Satz: »Einen neuen Spitzenspieler finden wir sonst sicherlich noch im China-Restaurant um die Ecke.« Peter Engel würde sich vielleicht zunächst auf die Suche nach dem Hausmeister machen. Man weiß ja nie …

10. GRUND

Weil Tischtennis eine hochpolitische Dimension besitzt

Seine Teamkollegen waren weg. Als Glenn Cowan eines Nachmittags aus der Trainingshalle in Nagoya kam, wo 1971 die Weltmeisterschaften ausgetragen wurden, war sein Mannschaftsbus bereits auf dem Weg zum Hotel. Ohne ihn. Daraufhin wurde der langhaarige US-Amerikaner von einem ihm fremden Athleten zu dessen Bus gewunken und folgte dem Ruf spontan. Ob wohlüberlegt oder nicht: Plötzlich stand er im auffälligen Trainingsanzug seines Heimatlandes inmitten des Mannschaftsgefährts der chinesischen Delegation. Das wäre ja alles nicht so besonders gewesen, wären es nicht ausgerechnet die Chinesen gewesen. Zwischen den USA und dem kommunistischen China herrschte seit Jahren eine diplomatische Eiszeit. Die Warschauer Gespräche hatten nach zweijähriger Funkstille im Jahr 1970 zu keiner Annäherung beider Seiten geführt, die USA standen nach wie vor im Vietnamkrieg auch chinesischen Truppen gegenüber. Und jetzt landete Cowan, der US-Amerikaner, ausgerechnet bei genau diesen Chinesen, die als Folge der chinesischen Kulturrevolution erstmals seit sechs Jahren überhaupt wieder an einer Weltmeisterschaft teilnahmen.

Was folgte, waren die Augenblicke, von denen später die weltberühmte Ping-Pong-Diplomatie ausgehen sollte: Zhuang Zedong, der Anfang der Sechzigerjahre bereits dreimal Weltmeister im Einzel geworden war, stand aus der letzten Reihe des Busses auf und sprach den Amerikaner an. »Obwohl die amerikanische Regierung nicht freundlich gegenüber China war, sind die Menschen in Amerika immer die Freunde der Chinesen gewesen«[8], soll Zhuang zu Cowan über einen Übersetzer gesagt und ihm als Aufmerksamkeit ein traditionelles chinesisches Seidentuch überreicht haben. Die Szene blieb den Fotografen vor Ort nicht unbemerkt – und schaffte es am nächsten Tag auf zahlreiche Titelseiten.

Es kam, wie es kommen musste: In den Tagen der Titelkämpfe kam Cowan wiederum auf Zhuang zu, ebenfalls mit einem Geschenk – ein T-Shirt mit einem weiß-rot-blauen Peace-Zeichen und dem Claim »Let it be!«. Auch dieses Mal ging ein Foto um die Welt. Die Angelegenheit wurde binnen weniger Stunden von einer persönlichen zu einer politischen: Noch in Nagoya sprach Sung Chung, der Generalsekretär des chinesischen Tischtennisverbands, natürlich längst in Rücksprache mit dem chinesischen Staatsoberhaupt Mao Zedong, dem Team USA eine Einladung nach China aus. Als erste amerikanische Delegation überhaupt nach dem Ende des Zweiten Weltkriegs machten sich die US-Tischtennisspieler direkt aus Japan auf den Weg nach China. Am 10. April 1971 erreichte die 15-köpfige Vertretung, darunter neun Spieler, die Volksrepublik. Dort spielten sie in den kommenden Tagen Show-Wettkämpfe, bereisten das Land und trafen hochrangige chinesische Staatsmänner.

Die Tischtennisspieler hatten den Weg für die Politiker geebnet: Nur zwei Monate später im Jahr 1971 reiste der spätere US-Außenminister Henry Kissinger nach China, im Jahr darauf folgte mit Richard Nixon der damalige US-Präsident zu Gesprächen mit Mao. Steht zwar außer Frage, dass es früher oder später auch ohne Zhuang und Cowan zu einer diplomatischen Annäherung der beiden Weltmächte gekommen wäre, waren es doch die besten Tischtennisspieler beider Länder, die diesen Prozess ins Rollen gebracht und massiv beschleunigt hatten. Sie liehen der Weltpolitik dieser Tage ihre Gesichter und gaben ihr einen Anstrich von Menschlichkeit. Die Ping-Pong-Diplomatie war geboren. Und schuld daran war nicht mehr als ein verpasster Mannschaftsbus.

11. GRUND

Weil Timo Boll es sogar mit Robotern aufnehmen kann

Garri Kasparow war sich ziemlich sicher: Niemals, aber auch wirklich niemals werde er, der Dominator der Schachwelt, der seit 1985 amtierende Weltmeister, der vielleicht beste Spieler in der Geschichte seines Sports, sich einer Maschine, einem dieser unsäglichen Schach-Computer, beugen müssen. Das zumindest hatte er in den Achtzigerjahren behauptet. Und es sah so aus, als solle der russische Großmeister Recht behalten. 1989 versuchte der von IBM gebaute Computer *Deep Thought*, es mit Kasparow aufzunehmen. Ohne Erfolg. Im Duell Mensch gegen Maschine gewann Kasparow in beiden gespielten Partien mit Turnierbedenkzeit. Auch 1996 siegte Kasparow in einem solchen Duell, diesmal gegen den IBM-Nachfolger *Deep Blue*, doch fiel das Ergebnis mit nunmehr 4:2 Partien schon deutlich knapper aus. Erstmals hatte ein Computer gegen einen Schach-Weltmeister eine Partie für sich entscheiden können. Es war mehr als nur ein Fingerzeig: Es dauerte nur ein weiteres Jahr – und Kasparow war gefallen. Am 11. Mai 1997 unterlag er ebenjenem *Deep Blue* 2,5:3,5. Die Maschine hat den Menschen besiegt. Und nicht irgendeinen Menschen. Den vermutlich besten Schachspieler eben, den es damals gab und vielleicht je gegeben hat.

Na gut, ist ja auch nur Schach, mag jetzt der ein oder andere denken. Da sind die Leistungen auch mehr kognitiv als motorisch. Da sind die Spieler ja ohnehin Rechner auf zwei Beinen. Wäre so woanders nicht möglich. Und dann, gestatten, kam ein gewisser *KR Agilus* von KUKA. Die KUKA AG, das ist ein deutscher Hersteller von Industrierobotern mit Sitz in Augsburg. Der machte im März 2014 auf der Video-Plattform YouTube mit dem Clip *The Duel: Timo Boll vs. KUKA Robot* auf sich aufmerksam. Und wie! Zu sehen war ein einarmiger KUKA-Präzisionsroboter, nämlich eben jener namens *KR Agilus*, der gegen Timo Boll am Tischtennis-Tisch stand – und den ehemaligen Weltranglistenersten und zigfachen Europameister herausforderte. Nach einem zwischenzeitlichen 0:6-Rückstand siegte Boll – mit Netzrollern, Kantenbällen und 11:9 nach Punkten allerdings richtig knapp – gegen die imposante Maschine, ausgestattet mit sechs Achsen, einer Reichweite von fast einem Meter und einer Bewegungspräzision von 0,03 Millimetern. Dazu gab es einen Countdown, der runterzählte auf den 11. März 2014, während der Hersteller auf seiner Facebook-Seite verkündete: »Man against machine. The unbelievably fast KUKA robot faces off against one of the best table tennis players of all time. Who has the best technique? Who will win the first ever table tennis duel of human versus robot? Watch this thrilling preview of table tennis and robotics performed at the highest level.«[9] Tischtennis-Fans und Technik-Freaks überall auf der Welt fragten sich dementsprechend: eine Vorschau auf was? Auf ein Live-Match zwischen *KR Agilus* und Boll etwa? Und das Rätseln und Fachsimpeln begann – und endete erst wieder am 11. März 2014.

Die klare Antwort: nein! Das Video war in keiner Weise eine Preview auf einen echten Tischtennis-Wettkampf zwischen Mensch und Maschine, wie ihn sich etwa Kasparow und *Deep Blue* im Schach geliefert hatten. Es war schlichtweg gute PR zum Eröffnungstermin der neuen KUKA-Fabrik in Shanghai, bei der die hochwertig produzierten Bewegtbilder einem weltweiten Publikum präsentiert wurden. Timo Boll, KUKA-Markenbotschafter, war zwar vor Ort – allerdings nicht, um den Schläger zu schwingen, sondern um fleißig Hände zu schütteln. Technik- wie Tischtennisfans zeigten sich enttäuscht, denn viele von ihnen hatten auf einen waschechten, sportlichen Wettstreit hingefiebert. Den hatte KUKA nie liefern wollen – und auch noch nicht können. Bei den zweitägigen Dreharbeiten im bulgarischen Sofia hatte Boll stattdessen sein schauspielerisches Talent ausgepackt – und dem programmierten und nicht spontan agierenden Roboter mit Schattenbewegungen die Vorlage für die spektakulären Ballwechsel geliefert, die in der Nachbearbeitung entstehen sollten. KUKA feierte dementsprechend zwar keinen Erfolg am Tischtennis-Tisch, Preise gab es aber trotzdem: Etliche Awards der Werbe- und Marketing-Branche gingen für das millionenfach und weltweit geklickte Spektakel nach Augsburg.

Alles ein Schauspiel fernab der Realität? Nicht ganz. Die Robotik nähert sich der Herkulesaufgabe einer Tischtennis spielenden Maschine zum Beispiel mit Visionssystemen an. Wenn es an Garri Kasparow (der als russischer Oppositioneller mittlerweile aber wohl andere und nicht gerade kleinere Sorgen mit sich herumschleppt) wäre, den Tischtennis-Eliten einen gut gemeinten Rat zu geben, dann wäre es wohl der, nicht nur ihre Gegner aus Fleisch und Blut ernst zu nehmen. Der Tag wird kommen, an dem ein konkurrenzfähiger Roboter mehr als ein Werbegag sein wird. Und Kasparow weiß: Solche Tage können schmerzhaft sein.

12. GRUND

Weil man es mit nur einem Ballwechsel in die Geschichtsbücher schaffen kann

Ein durchschnittlicher Ballwechsel im modernen Wettkampftischtennis dauert zwischen drei und vier Sekunden und hat insgesamt etwa drei Ballkontakte. Aufschlag, Rückschlag, erster Ball. Schluss, Aus, Ende. Das ist alles. Meist ist ein Tischtennis-Ballwechsel also schneller vorbei, als man sich vorstellen kann. Wie heißt es so schön: Ausnahmen bestätigen die Regel. Und Ausnahmen gibt es in der Geschichte des Sports so manche. Hier die berühmtesten, von denen man eines mit Sicherheit behaupten kann: Sie hätten den Durchschnitt ordentlich nach oben getrieben, wenn sie mit in die Erhebung eingegangen wären.

🏓 **Jackie Bellinger und Lisa Tomas:** Einundzwanzig, zweiundzwanzig, dreiundzwanzig. In diesen drei Sekunden hätten die beiden Britinnen Jackie Bellinger und Lisa Tomas einen Tischtennisball fast neunmal über das Netz geschossen. Bellinger und Tomas halten seit dem 7. Februar 1993 den Rekord für die meisten Kontakte in einem Ballwechsel pro Minute. Das Duo brachte es in den nur 60 Sekunden auf insgesamt 173 Schläge – und löste damit zwei prominente Landsleute ab: die damaligen Nationalspieler Allan Cooke und Desmond Douglas, die es im Rahmen der Internationalen Britischen Meisterschaften am 28. Februar 1986 in Newcastle lediglich auf 170 Kontakte pro Minute gebracht hatten. Bellinger und Tomas besaßen einen Wettbewerbsvorteil gegenüber der Konkurrenz: Sie sind Schwestern – und hatten familiär bedingt wohl schon die eine oder andere gemeinsame Trainingsstunde mehr bestritten.

🏓 **Daniel Ives und Peter Ives:** Steht der Rekord von Bellinger und Tomas seit etlichen Jahren wie in Stein gemeißelt, ist auf einen anderen in der jüngsten Vergangenheit wieder ein wahrer Ansturm auszumachen: auf den Rekord für den längsten Ballwechsel. Am 23. März 2014 schraubte das Duo Ives und Ives, schon wieder zwei Briten, auf unglaubliche 8 Stunden, 40 Minuten und 10 Sekunden. Bereits im Jahr zuvor war die Marke in Amerika gleich mehrfach überschritten worden. Daniel und Peter Ives spielten bei ihrem Rekord fast 32.000 Schläge. Eigentlich hatten sie die Zehn-Stunden-Marke ins Visier genommen und sich dafür mit Energy Drinks und Schmerztabletten für die lädierten Schultern eingedeckt – ehe Peter Ives einen Ball nur mit dem Finger erwischte. Ob es zu einem Familienstreit geführt hat? Möglich. Daniel und Peter Ives sind Sohn und Vater.

🏓 **Aloizy Ehrlich und Farkas Paneth:** Meinten es Vater und Sohn Ives bei ihrer Rekordjagd in allem Einvernehmen gut miteinander, konnte man das von Aloizy »Alex« Ehrlich und Farkas Paneth nun wahrlich nicht behaupten. Denn der Pole und der Rumäne waren nicht auf Rekordjagd. Sie waren auf Titeljagd. Bei den Weltmeisterschaften im Jahre 1936 in Prag. Dort bestritten die beiden in den Mannschaftswettkämpfen den längsten Ballwechsel der Tischtennis-Geschichte in einem offiziellen Wettkampf – um den sich bis heute diverse Mythen ranken. Sicher scheint nur eines: Der Punkt, der erste im Spiel überhaupt, dauerte zwei Stunden und zwölf Minuten – und ging an Ehrlich. Zuvor hatten die Kontrahenten den Ball fast ausnahmslos von Rückhandseite zu Rückhandseite gespielt – laut verschiedenen Angaben zwischen 9.000 und 12.000 Mal. Nach 132 Minuten schien Paneth überrascht, als Ehrlich den Ball in seine Vorhand platzierte. Die beiden Protagonisten schildern die entscheidende Szene, die zum 1. Punkt nach 132 Minuten führte, allerdings unterschiedlich. Während Ehrlich zu Protokoll gab, den Ball mit dem Finger auf Paneths Vorhand gespielt zu haben, beklagte sich Paneth darüber, abgelenkt worden zu sein – durch eine Bananenschale, die von der Empore auf einen Nebentisch fiel. Nicht nur die Spieler gingen während des Ballwechsels an ihre Grenzen: Innerhalb des Ballwechsels soll zehnmal der Schiedsrichter ausgetauscht worden sein. Zudem soll Ehrlich währenddessen auch noch ein paar Würstchen mit Brötchen und Senf gegessen und eine Partie Schach gespielt haben.

Auch zum Ausgang der Partie gibt es keine einheitliche Darstellung. Ganz im Gegenteil. Nach der einen überlieferten Version habe Ehrlich mit dem Punkt zum 1:0 im ersten Satz die Moral Paneths vollkommen gebrochen. Es folgte ein kurzes und schnörkelloses 21:6 und 21:8 gegen einen erschöpften Gegner. Der anderen Version nach ging es zunächst so weiter, wie es angefangen hatte: Der zweite Ballwechsel dauerte weitere 20 Minuten – und ging abermals an Ehrlich. Darauf soll Paneth seinen Schläger nach dem Polen geworfen und entnervt die Halle verlassen haben. Spielabbruch beim Stand von 2:0 im ersten Satz! Ehrlich und Paneth werden ihren Rekord im Übrigen bis in die Ewigkeit behalten. Seit der Einführung des Zeitspiels ist die Dauer eines Spiels arg begrenzt. Getreu dem Motto: Ehrlich währt am längsten.

13. GRUND

Weil im Tischtennis erfolgreich geklont wurde

Mancher Klon hat es schon zu Weltruhm gebracht. 1996 etwa. Da sorgte ein walisisches Bergschaf für Aufmerksamkeit rund um den Erdball. Dolly wurde als erstes geklontes Säugetier der Historie geboren – und löste in Wissenschaft und Ethik zahlreiche Debatten aus. Sein Name und seine Geschichte gingen um die Welt. Von anderen Klonen kann man das nicht behaupten. Von Tischtennis-Klonen nämlich. Genau, richtig gelesen: Tischtennis-Klone.

Wie fast immer, wenn es im Tischtennis innovativ wird, spielt auch diese Geschichte in China. Die Geschichte der Tischtennis-Klone. Die erlangten in Deutschland besondere Bekanntheit und Aufmerksamkeit nach der Jahrtausendwende, just als Timo Bolls Karriere so richtig Fahrt aufnahm. Schon früh hatte das damals noch junge Ausnahmetalent aus Deutschland den Ruf als chinesischer Staatsfeind Nummer eins inne. Denn er bedrohte – und das ausgerechnet wenige Jahre vor den Olympischen Spielen 2008 in Peking – die schon damals eigentlich fest zementierte Vormachtstellung der Chinesen in ihrer Nationalsportart. Beim World Cup 2005 im belgischen Lüttich etwa spielte Boll das wohl beste Turnier seiner Karriere, schlug auf dem Weg zum Titel die drei besten Chinesen Wang Liqin, Ma Lin und Wang Hao der Reihe nach. Auch in der Weltrangliste schob sich Boll an allen Chinesen vorbei auf die Spitzenposition. Die aber hatten längst einen Plan geschmiedet, wie sie dem Deutschen beikommen könnten: indem sie tagtäglich gegen ihn spielten.

Das Besondere am Modell der Chinesen: Sie mussten Boll selbst noch nicht einmal dazu bewegen, sich mit ihnen in die Halle zu stellen. Die Chinesen hatten sich nämlich längst ihre eigenen kleinen Bolls geschaffen. Sie hatten Spieler ausgebildet, die Bolls besonderen Spielstil fast perfekt kopiert und seine charakteristischen Schläge im Repertoire hatten. Seinen Aufschlag, seine kurze Bewegung beim Vorhand-Topspin mit enorm viel Rotation – und das alles mit der linken Hand, Bolls Schlaghand. Die Boll-Klone dienten den Nationalspielern fortan als Sparringspartner, um sich besser auf ihren immer stärker aufkommenden Kontrahenten vorzubereiten.

Die Gerüchte, dass Boll-Duplikate durch die Sporthallen Chinas sprangen, nahm das Original selbst mit Humor. Er sagte, er gehe davon aus, dass er gegen seine eigenen Kopien gute Siegchancen habe – schließlich kenne ja niemand seine Schwächen so gut wie er selbst, wie er der »Welt« in einem Interview einst verraten hatte.[10] Scherze wie diese waren seinerzeit bei Boll an der Tagesordnung. Tatsächlich war es Bolls Ritterschlag, dass sich die Chinesen derart intensiv seiner widmeten. Es war das Signal: Wir nehmen dich jetzt richtig ernst, Freundchen! Fraglich ist, wie viel die Boll-Klone dazu beitragen konnten, dass ihr Original den Chinesen die ganz großen Titel fast nie vor der Nase wegschnappen konnte. Fraglos hingegen ist, dass es den Chinesen nicht geschadet haben kann, sich tagtäglich mit einem halb echten, halb falschen Boll im Training messen zu können.

Der Erste, dem diese besondere Form der Wertschätzung zuteil geworden war, war Boll allerdings bei Weitem nicht. Schon einige Jahre und Jahrzehnte zuvor kopierte China seine ärgsten Widersacher aus dem Ausland – in den Siebzigerjahren etwa den begnadeten Jugoslawen Dragutin Šurbek. An das Klon-Schaf Dolly war damals noch längst nicht zu denken.

14. GRUND

Weil sich Liz Taylor die »Ping Pong Diamonds« erspielte

Diamanten, Rubine, Smaragde. Jeder hat ja so seine Schwächen. Elizabeth Taylor hatte gar eine sündhaft teure Schwäche: Die US-amerikanische Schauspielerin, eine der Ikonen ihrer Zeit, liebte nichts mehr als luxuriöse Brillanten. Taylor hatte obendrein durchaus günstige Voraussetzungen, um an solche Kronjuwelen zu gelangen: Die attraktive Oscar-Preisträgerin, deren schauspielerisches Werk sich über ein halbes Jahrhundert erstreckt, übte eine starke Faszination auf die Männerwelt aus – und diese wiederum auf Taylor. Ungeachtet von einer Vielzahl an überlieferten Liebschaften – mögen sie sich alle wirklich zugetragen haben oder zum Reich der Fabeln gehören –, brachte es Taylor auf nicht weniger als acht Eheschließungen, womit sie in dieser Kategorie sogar Koryphäen wie Lothar Matthäus, Joschka Fischer oder Gerhard Schröder chancenlos hinter sich zurücklässt. Nun ja, aber was haben Brillanten und Männer denn nun mit Tischtennis zu tun?

Ganz einfach! Taylor musste sich manch einen ihrer Klunker mit harter, körperlicher Arbeit verdienen. Zwischen Taylor und ihren neuen Brillis stand nämlich kein Geringerer als ihr Mann – und zwar an einem Tischtennis-Tisch. Der britische Schauspieler Richard Burton forderte seine Frau regelmäßig zu Wettkämpfen heraus, meistens im Tischtennis. Doch was wäre so ein Wettkampf ohne Einsatz? Und da kamen die Brillanten ins Spiel.

Um das Jahr 1970 herum wettete Burton eines Tages im gemeinsamen Haus im schweizerischen Gstaad, dass Taylor in einem Spiel gegen ihn keine 10 Punkte erzielen würde. In seiner Siegesgewissheit oder vielleicht auch in dem bloßen Wunsch, seine Frau üppig beschenken zu wollen, stellte Burton ihr einen perfekten Diamanten in Aussicht, wenn sie es doch zu 10 Punkten bringen würde. Ob Burton damit gerechnet hatte, dass sie dieser Anreiz zu wahren

Höchstleistungen treiben würde? Denn Taylor punktete nicht zehnmal, sie punktete nicht zwanzig Mal. Sie punktete dreißig Mal! Der Rest war simple Mathematik: Wenn es für 10 Punkte einen perfekten Diamanten gegeben hätte, dann gab es für 30 Punkte nach Adam Riese natürlich: drei perfekte Diamanten. Kaum hatte sich das Paar nach dem Spiel darauf verständigt, waren Taylor und Burton auch schon auf dem Weg zum Juwelier vor Ort. »Ich habe Liz das Biertrinken nahegebracht und sie mir Bulgari«[11], sagte Burton einst über seine Beziehung zu Taylor. Für die, die es nicht wissen: Bulgari ist einer der größten und edelsten Hersteller von Luxusgütern und damit natürlich auch von Schmuck.

In Gstaad jedenfalls fand Burton für seine Wettkönigin Taylor drei Diamanten, die im Nachhinein weltbekannt werden sollten als *Ping Pong Diamonds*. Es handelte sich um drei diamantbesetzte Ringe. Das Set sollte Taylor in der Folgezeit vor allem mit dem teuersten Stück der Taylor-Burton-Liaison tragen, dem 69-karätigen Taylor-Burton-Diamant, der für über eine Million US-Dollar von dem Schauspieler-Paar erstanden worden war. Dagegen entpuppten sich die nur einige tausend Dollar teuren Ping Pong Diamonds beinahe als Schnäppchen. Jahrzehnte später aber hatte sich der Preis für die Ping Pong Diamonds aus dem Nachlass der Taylor vervielfacht: Für 134.500 US-Dollar wechselten die drei Mini-Diamanten ihren Besitzer. Ein durchaus üppiges Preisgeld also, das sich Taylor da einst mit 30 läppischen Punkten am Tischtennis-Tisch erspielt hatte.

15. GRUND

Weil Tischtennis bald mit einer Deo-Kugel gespielt werden könnte

Sie ist der wichtigste Bestandteil eines formvollenden Deo-Rollers: die Deo-Kugel. Fest, formstabil, weiß, gleichmäßig rund und glatt. Wenn man sich die Deo-Kugel genauer anschaut, sieht sie aus wie ein ... na, ist der Groschen gefallen? Wie ein handelsüblicher Tischtennisball. Bevor irgendjemand zum Sprint Richtung Patentamt ansetzt: zu spät! Das haben sich die Verantwortlichen der Weener Plastik GmbH nämlich auch gedacht.

Die Weener Plastik GmbH ist ein Unternehmen aus Niedersachsen an der holländischen Grenze. Knapp 2.000 Mitarbeiter arbeiten weltweit für die Ostfriesen – an Verpackungen, aber auch sonst an allem, was aus Kunststoffen ist. Wie eben die beiden Halbkugeln, die für die Produktion eines Deo-Rollers als Deo-Kugel von Nöten sind. Und in der Tat ähnelt die Vorgehensweise, die bei der Fertigung einer Deo-Kugel angewendet wird, stark daran, wie seit Jahren und Jahrzehnten der Großteil der Tischtennisbälle hergestellt wird. Zwar gibt es auch nahtlose Bälle, die dementsprechend in einem Stück gefertigt werden, der überwiegende Rest aber wird aus zwei Halbkugeln mit einer Naht zusammengesetzt.

Auf diese Spur kam auch Weener Plastik – und ging ihr nach. Denn die Zeiten, um in das Geschäft mit Tischtennisbällen einzusteigen, sind so günstig wie selten zuvor. Noch sind zwar die Tage der Spielgeräte aus Zelluloid, die jahrzehntelang benutzt wurden, nicht gezählt, aber das wird sich ändern: Auf internationaler Ebene, so legte es der Weltverband fest, wird seit Juli 2014 mit Bällen aus Plastik gespielt, die nach und nach auch Einzug halten werden im weltweiten Amateur-Tischtennis. Dementsprechend wird auch der Bedarf an Plastikbällen immer weiter steigen, weshalb sich der Markt verändern könnte. Der wird bislang dominiert von asiatischen Herstellern aus Japan und vor allem aus China, aus dem nicht nur die besten Spieler, sondern bislang auch die besten Bälle für die besten Spieler kamen. Seit dem Jahr 2015 hat sich zu den vier vom Weltverband zertifizierten Unternehmen, denen ein Erlass für die Produktion der Plastikbälle vorliegt, erstmals auch ein europäisches gemischt: Weener Plastik, das bereits mit seinem Produkt am Markt ist.

Das Projekt »Tischtennisball« wird für das Unternehmen zu einem Langzeitunterfangen. Es gibt rechtliche Hürden zu überbrücken, die ein Patent für Tischtennisbälle ohne Zelluloid betrifft. Aber auch die Produktion der sensiblen Tischtennisbälle, die perfekt ausgehärtet und formvollendet rund sein müssen, wenn sie den Anforderungen und Belastungen im Tischtennis genügen sollen, wird dem neuen Wettbewerber am Markt über Jahre einiges abverlangen. Bisher nämlich war für die Deo-Kugel aus dem Hause Weener Plastik eines wirklich vollkommen egal: das Flugverhalten. Das hat sich geändert.

16. GRUND

Weil Tischtennis auch Prominente in seinen Bann zieht

Tischtennis ist ein Sport für jedermann – ganz klar. Das meint natürlich auch, dass so manche Berühmtheit und so manches Sternchen oft und gerne zum Schläger greift, um am Tisch Bälle über das Netz zu feuern. Hier eine Auswahl der Hobby-Spieler, allerdings ohne Anspruch auf Vollständigkeit und ohne Gewähr der tatsächlichen Leistungsstärke. Denn nicht jeder Promi lässt sich bei seinen Freizeit-Vorlieben gerne in die Karten schauen. Oder sollte man sagen: auf den Schläger?

- James Dean, US-amerikanischer Schauspieler
- Bobby Fischer, US-amerikanischer Schachspieler und Schach-Weltmeister

- Bill Gates, Gründer von Microsoft und reichster Mensch der Gegenwart
- Norbert König, deutscher Sportmoderator
- Mao Zedong, ehemaliger Staatspräsident Chinas und einer der einflussreichsten Politiker der Geschichte
- Dariusz Michalczewski, ehemaliger Boxer und Weltmeister im Halbschwergewicht
- Henri Miller, US-amerikanischer Schriftsteller
- Kai Pflaume, deutscher Fernsehmoderator
- Otto Schily, deutscher Politiker und ehemaliger Bundesminister
- Kevin Spacey, US-amerikanischer Schauspieler und mehrfacher Oscar-Gewinner
- Elizabeth Taylor, US-amerikanisch-britische Schauspielerin und mehrfache Oscar-Gewinnerin
- Günter Wallraff, deutscher Journalist und Autor

… und sicherlich viele, viele mehr, die es heimlich machen.

17. GRUND

Weil der Weg in die Champions League kurz sein kann

Es ist der Traum eines jeden Mäzens, der den einen oder anderen Euro, Dollar oder Yen zu viel hat und ihn in sportliche Erfolge ummünzen möchte. Und dieser Traum geht so: Man nehme (»nehmen« im Sinne von »sich etwas kaufen«) eine Mannschaft aus dem Tabellenkeller der Bundesliga, verpflichte nicht mehr als drei absolute Top-Spieler – und schon zieht man, ohne in der Zwischenzeit aktiv Sport getrieben zu haben, in die Champions League ein.

Für alle steinreichen Oligarchen und sonstigen Großinvestoren, die ihre Moneten bisher in Paris, Manchester oder Machatschkala investiert haben und gerade mitlesen, eine kleine Einschränkung: Es geht um Tischtennis, nicht um Fußball. Dort aber könnte so die Realität aussehen. Möglich machen es die Regularien des europäischen Tischtennis-Verbands ETTU für seinen Wettbewerb, der European Champions League. Die sehen – natürlich nebst Vorgaben zum Finanzhaushalt der Klubs – seit einer Reform im Jahr 2005 nur zwei Bedingungen vor, die den Start in der europäischen Königsklasse einschränken können: Eine Mannschaft muss in der höchsten nationalen Liga antreten und sie darf nur einer von maximal vier Startern eines Landes sein. Von 16 startberechtigten Teams bekommen nur die Halbfinalisten des Vorjahres einen fixen Platz, die übrigen zwölf Plätze werden unter den anderen Bewerbern vergeben. Das einzige Auswahlkriterium, das dann noch bleibt: Die Anzahl der Weltranglistenpunkte der drei besten Akteure.

Nun verhält es sich mit der Champions League im Tischtennis allerdings anders als mit der Champions League im Fußball. Sie ist für die Vereine weniger attraktiv, weil weniger lukrativ. Wohingegen sich im Fußball viele Vereine um verhältnismäßig wenige Plätze streiten, verteilen sich im Tischtennis wenige Vereine auf verhältnismäßig viele Plätze. Es kam in der Vergangenheit sogar nicht selten vor, dass der Deutsche Tischtennis-Bund, der DTTB, sein Kontingent von vier Startplätzen nicht ausschöpfte, weil sich nicht genug Vereine fanden, die sich für den Wettbewerb meldeten. Und das, obwohl es allen frei gestanden hätte. Ähnlich skurril war der Fall des Deutschen Meisters der Spielzeit 2004/05, der Müller Würzburger Hofbräu. Die Würzburger schafften es als amtierender Meister nicht in die Champions League, weil die ETTU nach ihrer Champions-League-Reform und der Aufstockung auf 16 Vereine alle Klubs mit ins Starterfeld überführte, die sich im Vorjahr auch dort fanden. Darunter waren bereits vier deutsche Vereine, mit denen die maximalen Starter eines Landes erreicht waren. Würzburg ging als nationaler Titelträger trotz aller Bemühungen und Beschwerden leer aus. Immerhin: In diesem Punkt wurde das Regelwerk nachgebessert – und der Weg ins Starterfeld der Champions League für viele Vereine weitestgehend barrierefrei gestaltet.

Abschließend noch einmal der Hinweis an alle liquiden Spender: Es ist zwar kein Fußball. Aber es ist immerhin Tischtennis.

18. GRUND

Weil sogar die Sportfreunde Stiller Tischtennis dem Fußball vorzuziehen scheinen

Ja mei, die Sportfreunde Stiller haben die eine oder andere Fußballhymne geschrieben. Ob nun für das gesamtdeutsche Fußballvolk (*'54, '74, '90, 2006* und in vierjährigen Abständen diverse Nachfolger) oder über einzelne Protagonisten des Spiels (*Ich, Roque* über den ehemaligen Bayern-Kicker Roque Santa Cruz) – die Indie-Rock-Gruppe aus Germingen bei München zeigte sich immer auf Ballhöhe und schmetterte ihre eingängigen Hits für die Fans. So kann bisweilen vergessen werden, dass sich die »Sportis« eigentlich einer ganz anderen Sportart verschrieben haben: dem Tischtennis. Zumindest in einem ihrer Songs. In *Mag Tischtennis* stehen die Münchener dem Hörer mit Rat und Tat bei der Sportarten-Auswahl zur Seite. Zugegeben: Er ist mit einem Augenzwinkern zu hören. Das lyrische Ich beschreibt aus der Retrospektive die Bemühungen seiner besorgten Eltern, die ihren Spross inständig bitten, sich nicht diesem Fußball, dem all die anderen unverständlicherweise hinterherrennen, hinzugeben. Diesem »Lümmelspiel«, wie die Sportfreunde Stiller texten, »so animalisch und debil«. Deshalb der gut gemeinte Rat, den Sänger Peter Brugger im Song zum Besten gibt: »Mag doch lieber Tischtennis, mein Kind, schau' wie gut Chinesen darin sind.« Ein Anspieltipp also: *Mag Tischtennis*[12]. Auch wenn es den Nachwuchs wohl doch König Fußball in die Arme treibt. Denn so ganz ernst meinen es die Sportfreunde Stiller mit ihren Ratschlägen doch nicht. Sie bleiben eben stärker dem Fußball verbunden.

19. GRUND

Weil Ping Pong auch Pink Pong sein kann

Die schwul-lesbische Community ist bekannt dafür, mit Selbstironie nicht unbedingt zu geizen. Es gibt schwul-lesbischen Fußball oder Handball, natürlich gibt es auch schwul-lesbisches Tischtennis – nur heißt das meist nicht so. Die schwul-lesbische Tischtennis-Gemeinschaft hat für ihren Sport kurzerhand einen eigenen Namen kreiert: *Pink Pong*.

Wie in jeder anderen Sportart auch hat sich im Tischtennis mittlerweile eine schwul-lesbische Gemeinschaft von achtbarer Größe versammelt, die sich regelmäßig zu einem sportlichen Kräftemessen trifft. Tischtennis ist ebenso Teil der Gay Games, der offiziellen Schwulenolympiade, wie der EuroGames, der größten europäischen Sportveranstaltung der schwul-lesbischen Gemeinschaft, und findet sich auch bei nahezu allen anderen sportlichen Großereignissen der Szene.

Etliche Vereine haben eigene Tischtennis-Abteilungen – wie das TeamMünchen, der größte schwul-lesbische Sportverein der bayrischen Landeshauptstadt, oder Abseitz Stuttgart, dessen Pendant in Baden-Württemberg. Zudem bilden sich zunehmend öfter unabhängige schwul-lesbische Tischtennis-Vereine wie der TTC Pink! Berlin in der Bundeshauptstadt. Der TTC Pink! Berlin schickt im Berliner Tischtennis-Verband sowohl Herren- als Damen-Teams ins Rennen. Und es käme nicht überraschend, wenn die Berliner auch die Auswahl ihrer Trikot-Farbe mit einem Augenzwinkern getroffen hätten.

2. KAPITEL
DIE AUSNAHME-KÖNNER

20. GRUND

Weil nicht nur die klassische Musik ihren Mozart hatte

Man stelle sich Folgendes vor: Da spielt einer die wahrlich nicht schlecht besetzten nationalen Meisterschaften seines Heimatlandes – und weil ihm das Ganze nicht genug abverlangt, ihn nicht genug antreibt, der Reiz nicht groß genug ist, geht er her und stellt sich selbst eine Zusatzaufgabe. Natürlich nicht die, dass er gewinnt, das versteht sich ja von selbst. Sondern die, dass er gewinnt, obwohl er nur lange Aufschläge serviert. Zur Erklärung: Ein langer Aufschlag, ein Aufschlag also, der keine zweimal auf der gegnerischen Hälfte aufkommen würde, ist im professionellen Leistungstischtennis seit jeher verpönt, weil er dem Gegner gleich beim Return die Möglichkeit gibt, mit einem Topspin in den Angriff überzugehen und die Initiative zu ergreifen – und demzufolge die Chancen des Aufschlägers, zum Punktgewinn zu kommen, enorm reduziert. Jan-Ove Waldner war das egal. Er hat es, so eine der Anekdoten aus seiner unglaublichen Laufbahn, trotzdem gemacht. Und er hat die schwedischen Meisterschaften natürlich trotzdem gewonnen.

Einen Jan-Ove Waldner hat es irgendwann eigentlich in fast jeder Sportart gegeben. Im Basketball war das Michael Jordan, im Eishockey Wayne Gretzky, im Tennis Roger Federer. Waldner ist für die überwiegende Mehrheit der Tischtennis-Gemeinde, genauso wie Jordan & Co. für die ihrer Disziplinen, der beste Spieler in der Geschichte seiner Sportart. Über sein Spiel und sein Training, seinen Werdegang und seine Person gibt es Abhandlungen in allen Sprachen dieser Welt. Waldner ist *das* Gesicht seiner Sportart.

Die Grundlage dafür legte Waldner vor allem durch sportliche Erfolge. Er gewann alles, was der Tischtennis-Sport an Siegen hergibt. Bei den Olympischen Spielen. Bei den Weltmeisterschaften. Dort 1997 in Manchester gar ohne einen einzigen Satzverlust. Bei den Europameisterschaften, bei denen er erst 1996 und im Alter von 30 Jahren in Bratislava den letzten ihm noch fehlenden großen Titel seiner Karriere einfuhr. Er führte die Weltrangliste über Jahre an. Er war der letzte Spieler, der mehrere Generationen der chinesischen Topspieler nicht nur herausforderte, sondern sie dauerhaft besiegte, teilweise gar düpierte und demütigte.

Doch es war nicht bloß die Tatsache, dass Waldner Erfolge feierte, die ihn besonders machten. Es war die Art und Weise, wie er seine Erfolge feierte. Das Spiel des in sich gekehrt wirkenden Schweden hatte eine Eleganz und Leichtigkeit, einen Witz und eine Kreativität, beinahe eine Art Magie, die ihn über all seine Konkurrenten hob. Als »Waldi«, wie einer seiner Spitznamen lautet, zu seiner besten Zeit am Tisch stand, schien er schon zu wissen, was der Gegner vorhatte, bevor dieser es selbst auch nur erahnte. Er kreierte neue Schlagvarianten. Er war Inspiration und Vorbild für beinahe alle Aktiven. Er war das Genie mit Ball und Tischtennisschläger. »Mozart des Tischtennis« hat ihn die Fachpresse deshalb einst genannt.

Und Waldner, auch das ist Teil des Hypes um den Jahrhundertspieler, wusste um seine Klasse. Im Finale des Mannschaftswettbewerbs der Weltmeisterschaften 1989 war es kein Geringerer als der zweimalige Einzelweltmeister Jiang Jialiang aus China, der aufgrund von vermeintlich regelwidrigen Aufschlägen in einen heftigen Disput mit dem Schiedsrichter geriet. Waldner, auf dem Papier der Underdog in der Partie, kommentierte das Geschehen mit dem ihm eigenen Selbstbewusstsein: »Gib ihm doch den Punkt, ich schlage ihn sowieso.« Tja, genau so kam es.

Auch abseits des Tischtennis-Tischs erinnerte Waldners Auftreten an das vieler anderer vermeintlich hochveranlagter Genies aus Kunst, Wissenschaft oder Sport. Der Schwede gewann zwar regelmäßig hohe Preisgelder und auch Autos, absolvierte aber nie erfolgreich eine Führerscheinprüfung. Stattdessen hatte er lange Jahre mit seiner Spielsucht zu kämpfen, bei der es ihm gelang, sie schließlich erfolgreich zu therapieren. Genauso wie einen Mittelfußbruch im Jahr 2002, der ihn zu einer mehr als einjährigen Wettkampfpause zwang und nach dem viele Experten das Ende seiner Karriere vermuteten. Zugezogen hatten sich Waldner die Verletzung allerdings nicht etwa bei Bergsprints oder unter der Hantelbank, sondern in der Kneipe des befreundeten Profi-Fußballers Tomas Brolin. Dort war Waldner vom Barhocker gefallen.

Im Übrigen: Noch immer ist Jan-Ove Waldner des Tischtennisspielens nicht müde. Mit 50 Jahren an Alter und ein paar Kilogramm zu viel auf der Waage spielt er beim Spårvägens BTK in der ersten schwedischen Liga. Dort ist er zwar noch immer konkurrenzfähig, eine sportliche Laufbahn wie die seine aber hätte ein rühmlicheres Ende verdient gehabt.

21. GRUND

Weil Timo Boll ein Jahrhunderttalent ist

Welchen Einfluss Timo Boll eines Tages auf das deutsche Tischtennis würde nehmen können, das offenbarte sich schon, als bei dem gebürtigen Hessen noch längst nicht an EM-Triumphe oder Olympia-Medaillen zu denken war. Gerade einmal 14 Jahre alt war Boll, als er zum Zweitligisten TTV Gönnern wechselte. Das war gewiss nicht gewöhnlich, konnte bei einem veranlagten Teenager aber schon mal vorkommen. Der Clou an der Sache war ein anderer: Genau genommen wechselte nämlich gar nicht Boll. Eigentlich wechselte vielmehr seine Mannschaft. Getreu dem Motto: Wenn das Supertalent nicht zur Mannschaft kommt, kommt die Mannschaft eben zum Supertalent. Soll heißen: Boll blieb in seinem Heimatort Höchst im Odenwald bei seiner Familie und seinen Freunden wohnen, seine neuen Mitspieler aber mussten qua Vertragswerk ihre Zelte in Gönnern abbrechen und auch ins 170 Kilometer entfernte Höchst ziehen. Um täglich mit Boll am Tisch stehen zu können.

Die Idee zu diesem Projekt hatte Helmut Hampl, der in seiner Funktion als hessischer Verbandstrainer zu einer Art Mentor für Boll wurde, ähnlich wie es Holger Geschwindner für den deutschen Basketball-Superstar Dirk Nowitzki ist. Der sensible Boll, so Hampls Überlegung, sei nicht gemacht für die Internatsstrukturen, in denen der Verband ansonsten seine Besten ausbildet. Boll war anders. »Er spielte mit wenig Kraftaufwand, seine Bewegungen waren flüssig und akkurat«[13], hatte Hampl im Nachhinein über den Moment gesagt, als er Boll zum ersten Mal bei einem Sichtungslehrgang in Aßlar sah. Das war 1989. Boll war damals gerade acht Jahre alt – und Hampl ahnte wohl schon damals, dass ihm dort nicht irgendein großes Talent unter die Augen gekommen war, sondern das vielleicht größte seiner jahrzehntelangen Trainerkarriere.

Beim Deutschen Tischtennis-Bund wird man Hampl, der sich als Entdecker und Förderer von Jörg Roßkopf in Deutschland bereits vorher zur Trainer-Legende gemacht hatte, heute danken für seine Überlegungen und seinen Mut, gegen viele Widerstände dieser Entscheidung anzukämpfen. Er brachte damals eine Karriere in die Spur, die im deutschen Tischtennis bis heute beispiellos ist. Auch wenn Vergleiche zu seinen großen Vorgängern Eberhard Schöler und Jörg Roßkopf schwer zu ziehen sind, darf man Boll wohl als den besten deutschen Tischtennisspieler aller Zeiten bezeichnen. Er gewann so viele Deutsche Meisterschaften wie nie ein Spieler zuvor, er wurde so oft Europameister wie nie ein Deutscher zuvor. Er enterte mit 15 Jahren bereits die Bundesliga. Er gewann zweimal den Weltcup, das nach den Weltmeisterschaften und Olympischen Spielen drittwichtigste Turnier der Welt – Bolls Lieblingsturnier. Und er führte – vor all diesen schier unbezwingbaren Chinesen – die Weltrangliste an. Er war die Nummer eins. Ein Novum für einen deutschen Spieler. Wenngleich Boll für einen Mann seines Kalibers für manche Kritiker als Unvollendeter gilt, weil er nie Weltmeister oder Olympiasieger wurde, blieb nicht viel auf der To-do-Liste eines Weltklassespielers, das Boll nicht mit einem Häkchen versehen konnte.

Sportlich ist Boll ein Phänomen. Als Spieler verfügt er über ein enormes Ballgefühl und auch über ein enormes Körpergefühl. Seine Fähigkeiten, Bewegungen zu erlernen und umzustellen, sich extrem schnell auf neue Spielsituationen einzustellen, sind selbst im Welttischtennis unvergleichlich. Das kombiniert Boll mit einer immensen Eleganz und Leichtigkeit. Mit seiner kurzen Vorhand-Topspin-Bewegung erzeugt er so viel Rotation wie vor ihm kaum ein anderer Spieler in der Geschichte seines Sports. Doch Boll hat noch eine andere Waffe: sein Charakter. Selbst wenn bei vielen Prominenten, gerade bei bekannten Sportlern, oft deren Bodenständigkeit hervorgehoben wird: So bodenständig wie Boll, in China ein frenetisch gefeierter Superstar, sind die wenigsten. Seine Attitüde wurde über die Jahre immer wieder mit der eines Sparkassen-Azubis beschrieben. Nicht zu unrecht. Bescheiden, höflich, zurückhaltend, zuvorkommend, bar jeder Begierde nach Aufmerksamkeit und großem Trubel. So gibt sich Boll. Wann immer er die öffentliche Bühne betritt, er durch Fernsehshows tingelt, wirkt er ungelenk, weder sonderlich charismatisch noch eloquent. Boll verkauft sich nicht, spielt keine Rolle oder Show. Als er einmal gefragt wurde, ob er sich als Star sehe, gab er eine Antwort in bester Timo-Boll-Manier: »Nö. Ich bin halt ein guter Tischtennisspieler. So wie andere gute Bäcker sind, ihren Beruf beherrschen, aber dann ist man ja kein Star.«[14] Er ist, wie er eben ist: freundlich, nett, aber eben ein bisschen fad. Es klingt komisch, aber: Diese Zurückhaltung und Sachlichkeit macht Boll in China zu dem Idol, das er ist. Seine Mentalität ist der chinesischen durchaus ähnlich.

Und sie hilft ihm im Wettkampf: Er wird nie hektisch, lässt sich nie von Emotionen, vor allem nicht von negativen, leiten. Wie kaum ein anderer kann Boll Niederlagen abhaken, ohne sich etwas vorspielen zu müssen. Ich bin mit meiner Leistung zufrieden, der Gegner war heute besser. Abgehakt ist das Ding. Zwischen all den Zauderern im Profisport personifiziert Boll eine der wichtigsten Charaktereigenschaften: Er richtet seinen Blick nach vorne auf das, was kommt und was er beeinflussen kann. Und er sieht davon ab, große Forderungen zu stellen, was er sich als lebende Legende seiner Sportart durchaus leisten könnte. So wäre Boll von selbst wohl auch nie auf die Idee gekommen, eine ganze Bundesliga-Mannschaft nur für ihn an seinen Wohnort zu verpflanzen. Wie gut, dass sie einem anderen gekommen ist.

22. GRUND

Weil Marty Reisman das Marlboro-Massaker verübte

Um die Höhe eines Netzes zu prüfen, gibt es im Tischtennis ein seltsames Instrumentarium namens Netzlehre. Eine Kunststoff-Schiene in normgerechter Netzhöhe. Für einen Mann vom Stile eines Marty Reisman war das nichts. Er regelte das auf seine ihm eigene Art: Er zückte einen 100-Dollar-Schein, der so breit ist, wie ein Netz hoch sein soll, und hielt ihn in aller Seelenruhe demonstrativ vorne ans Netz. Warum er nicht die genauso großen Ein-Dollar-Noten dafür nehme, ist Reisman mal gefragt worden. Seine kühle Antwort: Er wäre ja kein Geizhals.

Das war Marty Reisman in der Tat nicht. Der US-Amerikaner, Baujahr 1930, gilt als der wohl größte Entertainer und Lebemann, den der Tischtennis-Sport jemals kannte. Er hat ein Leben geführt, über das Filme gedreht (*Fact of Fiction: The Life and Times of a Ping Pong Hustler*), Artikel in der *New York Times* veröffentlicht und Bücher geschrieben wurden. Letzteres hat er mit der brillanten Autobiographie *The Moneyplayer. The Confessions of America's Greatest Table Tennis Player and Hustler* gleich selbst übernommen.

Doch wo anfangen bei einer Karriere, die über die gewöhnliche Laufbahn eines erfolgreichen Sportlers weit hinausging? Vielleicht trotzdem einfach erst mal beim Sportlichen. Und hier im Jahr 1952. Denn das sollte das beste und gleichsam tragischste Jahr in der

Laufbahn des Marty Reisman werden. Reisman, gerade 22 Jahre alt geworden, reiste als einer der großen Favoriten zu den Weltmeisterschaften ins indische Bombay, dem heutigen Mumbai. Der charismatische US-Amerikaner hatte den Weg genommen von einer lokalen Berühmtheit im New Yorker Raum hin zu einem weltweit bekannten und anerkannten Topspieler. Als gerade mal 19-Jähriger hatte er die ruhmreichen English Open gegen die alternde ungarische Legende Victor Barna gewonnen. Er hatte 1949 bereits in einem WM-Halbfinale gestanden, wo er dem Tschechen Bohumil Váňa, einem seiner größten Rivalen, unterlegen war. Reismans Vorhand-Schuss galt als der härteste der Welt. Und sein Spiel schien nie besser als vor den Weltmeisterschaften 1952. Demnach war es an der Zeit für einen neuen Titelträger: für Marty Reisman. Das sah nicht nur die Fachwelt so, die den Hardbat-Künstler zum Titelfavoriten auslobte, sondern auch Reisman selbst, der von Understatement nicht wirklich viel hielt. Ausgerechnet die Welttitelkämpfe in Bombay aber sollten als die vielleicht denkwürdigsten aller Zeiten in die Geschichte eingehen. Der international unbekannte Japaner Hiroji Satō kreuzte als erster Spieler auf der WM-Bühne mit Schwammbelägen auf, kegelte Reisman früh aus dem Wettbewerb und wurde aus dem Nichts Weltmeister. Satō hob die Tischtennis-Welt aus den Angeln. Und gleichzeitig auch Reismans Karriere.

Reisman war ein Verfechter des klassischen Stils, mit dem bis ins Jahr 1952 nun mal Tischtennis gespielt wurde. Er benutzte ein schwammloses Hardbat, im deutschsprachigen Raum auch als *Brettchen* bekannt. Und er liebte diesen Stil. Er liebte ihn sogar so sehr, dass er – das wurde er nicht müde zu betonen – nie darüber nachdachte, von ihm abzukehren, selbst nachdem er einmal ein Turnier mit dem Schwammgummi gewonnen hatte. Nur um zu zeigen, dass das ja keine große Kunst sei. Doch seine Konsequenz hatte einen Haken: Sie begrub Reismans Hoffnungen auf jegliche internationalen Titel und eine mit Titeln gespickte Laufbahn. Denn an den Schwammbelägen, das hatte schon Satōs Triumph erahnen lassen, führte von nun an kaum ein Weg mehr vorbei. Reisman ließ Zeit seines Lebens keine Gelegenheit aus, den klassischen Stil als das wahre Tischtennis zu adeln und gegen die neuen Technologien, die sich immer weiter verbesserten, zu pesten. Dabei war der Missionar des klassischen Spiels für seine unverblümten Worte bekannt.

Und überhaupt: Reisman verschwand nicht von der Bildfläche. Ganz im Gegenteil. Er wurde bis ins hohe Alter mit jedem Jahr präsenter. Zeit seines Lebens ging Reisman, der von sich behauptete, mehrmals Millionär gewesen zu sein und all sein Geld immer wieder verzockt zu haben, seiner Passion nach: *money matches*. Getreu dem Motto »Nur Bares ist Wahres« spielte Reisman seine Einzel mit Einsatz um eine Börse. Gegen jeden Gegner, den er auftreiben konnte. Je höher die Börse, desto besser spielte Reisman. Nicht nur in den USA, sondern überall auf der Welt. *The Needle*, die Nadel, so sein Spitzname aufgrund seiner schmalen Statur, war ein Globetrotter allererster Güte. Im wahrsten Sinne des Wortes: Reisman tourte einige Jahre im Vorprogramm der legendären Basketball-Show der Harlem Globetrotters. Noch so ein Ding, das ihn zu einer lebenden Legende seines Sports machte.

In den USA hat der Paradiesvogel, der selten ohne seinen Panama-Hut und seine Sonnenbrille an den Tisch ging, eine kaum vorstellbare Popularität erreicht. Das mag nicht zuletzt an Reismans berühmtestem Trickshot gelegen haben: dem *Marlboro-Massaker*. Reisman durchschoss dabei millimetergenau und mit voller Geschwindigkeit von der einen Seite des Tisches eine kerzengerade aufgestellte Zigarette auf der anderen Seite des Tisches. In nahezu jeder US-amerikanischen Talkshow trat Reisman, der 2012 in seiner Heimatstadt New York verstarb, auf – und massakrierte live im Fernsehen Dutzende von Marlboros. Und sollte die Netzhöhe mal nicht gestimmt haben: Einen 100-Dollar-Schein hatte Marty Reisman zur Sicherheit immer in der Tasche. Denn das nächste *money match* konnte hinter der nächsten Ecke schon auf ihn warten.

23. GRUND

Weil die Schöler-Peitsche immer wieder zuschlug

21:19 und 21:14. Jetzt fehlte nur noch ein Satzgewinn zur Sensation, der knapp 7.000 Zuschauer in der Münchener Eissporthalle sehnlichst entgegen fieberten. Eberhard Schöler, mit 28 Jahren im Zenit seiner Karriere angekommen, stand am 27. April 1969 so knapp davor, Tischtennis-Weltmeister zu werden, wie man es kaum kann. So nah wie vor und nach ihm sollte nie wieder ein Deutscher davor stehen. Vielleicht 20, vielleicht 30 weitere Minuten Tischtennis auf höchstem Niveau im Endspiel gegen den angezählten Japaner Shigeo Itō, dann wäre es geschafft – und Schöler Weltmeister. Doch es kam anders: Schöler, der vor heimischer Kulisse bis dahin eines der besten Turniere seiner Laufbahn gespielt hatte, verlor Satz drei hauchdünn 19:21, ehe er einbrach. Erst spielerisch gegen einen taktisch besser werdenden Itō, dann körperlich aufgrund einer Oberschenkelverletzung, die ihm mehr und mehr zu schaffen machte. Itō, gegen den Schöler im Finale der Mannschaftswettkämpfe noch gewonnen hatte, glich nach Sätzen aus. Im fünften und entscheidenden Durchgang schließlich deklassierte der Japaner den Deutschen Meister mit 21:9 Punkten. Schöler war kurz vor dem größtmöglichen Triumph jäh abgefangen worden.

Das dramatische Finale von München ist auch ein halbes Jahrhundert später noch deutsche Tischtennis-Geschichte. Es ist einer dieser Momente, der auch Generationen von Spielern ein Begriff ist, die viel zu jung sind, um ihn miterlebt haben zu können. Genauso wie Eberhard Schöler auch Generationen von Spielern ein Begriff ist, die ihn niemals haben spielen sehen können. Die kaum wissen, ob er Rechts- oder Linkshänder war, ob er Angriff spielte oder Abwehr. Die aber wissen, dass es dieses berüchtigte WM-Endspiel gab, dass der Düsseldorfer dem WM-Triumph näher gekommen war als seine großen Nachfolger Jörg Roßkopf und Timo Boll.

Geboren im heutigen Złotów in Polen, flüchtete Schölers Familie nach Kriegsende aus Pommern. Über Niedersachsen landeten die Schölers später in Düsseldorf, bis heute die Heimatstadt von Eberhard Schöler. Der sportbegabte Schöler-Sprössling kam zum Tischtennis – und brachte es schon mit 17 Jahren bis in die Oberliga, die höchste deutsche Spielklasse bis zur Einführung der Bundesliga 1966. In den Sechzigerjahren nahm Schölers Karriere richtig Fahrt auf: Die Deutschen Meisterschaften wurden Jahr für Jahr zu Eberhard-Schöler-Festspielen. Achtmal in Folge ging der Titel an Schöler. In seinem spektakulärsten Endspiel drehte er 1969, es war wohl das Jahr der spektakulären Endspiele, einen 15:20-Rückstand im Entscheidungssatz gegen den jungen Bernt Jansen. Noch heute ist das Spiel ein Klassiker.

Auch international spielte sich Schöler in den Vordergrund. 1965 und 1967 gewann er bereits die Bronzemedaille bei den Weltmeisterschaften. 1963 bezwang er in seinem nach eigener Aussage besten Wettkampf seiner Karriere in einem Länderspiel alle drei der seiner Zeit besten Chinesen. Dass Schöler, der später die englische Weltmeisterin Diane Rowe ehelichte, bei der Heim-WM in München um den Titel würde spielen können, war dementsprechend alles andere als eine Überraschung. Schöler war längst internationale Spitzenklasse.

Als Abwehrspieler hatte der charismatische Sportler, der wie kein Zweiter für Moral und Fairness im Tischtennis stand und eintrat, ein nahezu komplettes Spiel. Er verfügte über eine enorme Schnelligkeit, die es ihm erlaubte, etliche Bälle zu erlaufen. Gleichzeitig konnte Schöler aus dem nichts selbst in den Angriff übergehen – mit der *Schöler-Peitsche*, einem pfeilschnellen Schuss, mit dem der Deutsche immer und immer wieder direkte Punkte einheimste. Anzusehen waren ihm Erfolg oder Misserfolg im Wettkampf allerdings nie: *Mr. Pokerface*, so sein Spitzname in der Szene, verzog am Tisch nie auch nur eine Miene. Er spulte stets nervenstark mit stoischer Konstanz und höchster Konzentration sein Programm ab – und trieb seine Gegner damit reihenweise zur Verzweiflung. Nicht einmal den Verlauf des legendären Finales von München hatte man Schöler aus dem Gesicht lesen können. Und das will schon etwas heißen.

24. GRUND

Weil die Ungarn die erste Tischtennis-Ära überhaupt prägten

Man kennt das: Es gibt einen internationalen Wettbewerb. Die Teilnehmer kommen aus aller Herren Länder. Aber die, die letztlich gewinnen, die starten alle unter derselben Flagge. Im Tischtennis hat diese Flagge eine rote Grundierung, auf der fünf gelbe Sterne zu sehen sind – die Flagge der Volksrepublik China. Man hat sich mit den Jahren an dieses Bild gewöhnt. Das aber war nicht immer so. Also, das mit den Seriensiegern schon. Die gab es immer mal wieder. Aber es gab Zeiten, da kamen sie aus anderen Ländern. Weit vor den dominierenden Schweden, ja sogar noch weit vor den Japanern, die einst im Welttischtennis den Ton angaben. Die beste Tischtennis-Nation der Welt kam in den Anfangsjahren des Sports aus Europa. Aus einem Land, das mittlerweile, fast ein Jahrhundert weiter, verzweifelt darum bemüht ist, überhaupt noch Spieler unter den besten Hundert der Weltrangliste unterzubringen. Es geht um Ungarn.

Eine Zeitreise ins Jahr 1926. Damals trug der Weltverband erstmals offizielle Weltmeisterschaften im Tischtennis aus. Die fanden in England statt, in London natürlich. Und die Siegerlisten dieser WM, sie lesen sich im Nachhinein wie die einer ungarischen Landesmeisterschaft. Alle fünf Weltmeister und Weltmeisterinnen kamen aus Ungarn. Nur in der Damen-Mannschaft gewann Ungarn nicht. Aber auch nur, weil der Wettbewerb mangels Teilnehmerinnen entfallen war.

Der Protagonist dieser Titelkämpfe war Roland Jacobi. Verzeihung, Dr. Roland Jacobi natürlich. So viel Zeit muss sein. Denn Jacobi, also Dr. Jacobi natürlich, war selbstredend kein Profi-Spieler, sondern promovierter Jurist. Sein eigentlicher Beruf brachte ihm den Beinamen *Der Budapester Anwalt* ein. Der spielte sich in London für immer und ewig in die Geschichtsbücher des Tischtennis. Er gewann drei Goldmedaillen, darunter die im Herren-Einzel. Jacobi war der erste Tischtennis-Weltmeister der Historie. Entschuldigung, Dr. Roland Jacobi.

Jacobi prägte mit etlichen Landsleuten eine erste Ära des ungarischen Tischtennis. Und diese Ära war derart eindrucksvoll, dass allenfalls noch die Chinesen dieser Tage in eine ähnliche Dimension vorstoßen konnten. Spieler wie Zoltán Mechlovits, Dániel Pécsi oder Miklós Szabados waren die weltbesten ihrer Zeit. Genauso Mária Mednyánszky, die die ersten fünf Weltmeisterschaften im Damen-Einzel nach Ungarn lotste und insgesamt unglaubliche 18 Weltmeistertitel gewann. Ihre Namen wurden letztlich aber allesamt von einem anderen Mann überstrahlt: von Győző Braun. Noch nie gehört? Aber von Victor Barna, dem Weltmann und Champion, sicherlich schon. Barna war im damals antisemitischen Ungarn als Győző Braun geboren, aufgrund seines sehr deutsch klingenden Namens aber schlug ihm viel Fremdenfeindlichkeit entgegen. Also benannte er sich um.

Barna wurde zu einer der bedeutendsten Figuren der Tischtennis-Geschichte. Er wurde unzählige Male (um es doch zu zählen: 22 Mal!) Weltmeister, gewann die British Open ebenso wie die US Open mehrfach. Sein Markenzeichen: der legendäre *Barna Flick*, ein ansatzloser Rückhand-Schuss aus dem Handgelenk, den er auch gegen unterschnittene Bälle spielen konnte und der ihn weltweit zu einem gefürchteten Gegner machte. Es ist kaum vorstellbar, aber Barnas Laufbahn wäre wohl noch deutlich imposanter und erfolgreicher ausgegangen, als sie es ohnehin schon ist, wenn das Jahr 1935 anders verlaufen wäre. Ausgerechnet nach seinen besten

Weltmeisterschaften im englischen Wembley, bei denen er alle vier möglichen Titel gewann, wurde der Ungarn, der später die britische Staatsbürgerschaft annahm, bei einem Unfall schwer am Schlagarm verletzt. Dadurch wurde er zu einer langen Pause gezwungen. Zwar spielte Barna, dessen Schläger zu den meistverkauften in der Tischtennis-Industrie jener Tage wurde und noch heute ein gefragtes Sammlerstück ist, erfolgreich bis in die Fünfzigerjahre hinein, an seine schier unfassbaren Erfolge aus der Vergangenheit konnte er aber nie wieder anknüpfen.

Das erledigten schließlich andere. Wobei: nicht ganz. Das wäre vielleicht auch ein wenig zu viel verlangt gewesen von Spielern wie Ferenc Sidó, István Jónyer, Tibor Klampár, die in den Fünfziger- bis Siebzigerjahren zahlreiche Medaillen und Pokale für Ungarn gewannen. Darunter die Weltmeistertitel im Einzel 1953 (Sidó) und 1975 (Jónyer). Seine letzte Sternstunde erlebte das ungarische Tischtennis schließlich im Jahr 1979: Vom mittlerweile zurückgetretenen Sidó trainiert, wurden die ungarischen Herren mit Jónyer, Klampár und Gábor Gergely, einem weiteren Weltklasse-Spieler dieser Zeit, Mannschafts-Weltmeister. Zweimal besiegten sie sensationell die turmhoch favorisierten Titelverteidiger aus China – im Finale gar überdeutlich 5:1. Kurioserweise wurden seitdem, also seit mittlerweile 40 Jahren, nur noch zwei andere Nationen Weltmeister mit der Herren-Mannschaft: Die Schweden und immer wieder die Chinesen.

Letzteren bleibt immerhin übrigens ein Trost dafür, dass sie nicht die ersten Weltmeister der Geschichte wurden: Sie konnten 1926 bei der ersten WM überhaupt nicht teilnehmen. Die sollte nämlich eigentlich eine Europameisterschaft werden, ehe der Weltverband die Auswahl Indiens eingeladen hatte – und die Veranstaltung kurzerhand ein Upgrade zur Weltmeisterschaft erfuhr. Heute werden die Chinesen froh sein, dass sie diese Ausrede geltend machen können. Denn sie hätten den tollkühnen Ungarn um Jacobi und Mechlovits wohl auch sonst nicht das Wasser reichen können. Entschuldigung erneut: Dr. Jacobi.

25. GRUND

Weil keiner einen David Beckham braucht, wenn er einen Michael Maze haben kann

Das Haupthaar mal raspelkurz geschoren, mal lang und wild nur durch ein Stirnband gebändigt. Der Blick aus eisblauen Augen geheimnisvoll, hellwach, fast schon durchbohrend. Der Körper der eines Athleten, groß und asketisch, überzogen mit Tätowierungen. Michael Maze sieht aus, als wäre er aus einem Hollywood-Film ausgeschnitten worden. Seine Rolle? Charismatischer, sanftmütiger Schurke, der es in Robin-Hood-Manier mit allem Schlechten dieser Welt aufnimmt und dessen Aura alle um ihn herum erliegen. Ach ja, Däne – Däne ist Maze übrigens auch noch. Auch wenn man es glauben könnte: Michael Maze ist keine Figur aus einem Hollywood-Streifen. Er ist nicht einmal Hollywood-Schauspieler. Michael Maze ist von Beruf Tischtennis-Profi, einer der besten, die es in den vergangenen 15 Jahren gegeben hat – und der wohl weltweit populärste.

Dazu beigetragen haben natürlich, so ist das im Sport, zahlreiche Erfolge. Aber nicht nur die. Seine Spiele sind stets kleine Inszenierungen, denn bei aller Zurückhaltung und Höflichkeit merkt man dem Linkshänder an, dass er sich selbst durchaus zu gefallen weiß. Wenn Maze am Tisch steht, wirkt es immer ein bisschen so, als gäbe es für ihn nur eine Antwort darauf, wer der aktuell beste Spieler des Planeten ist: Michael Maze natürlich. Der Däne ist ein Wettkämpfer, der mit dem Spirit und der aufopferungsvollen Leidenschaft seinen Sport betreibt, die neutrale Zuschauer zu glühenden Fans werden lassen. Das mag auch daran liegen, dass Maze, sozusagen das deutlich authentischere Tischtennis-Pendant zur Fußball-Ikone David Beckham, einer der wohl am höchsten veranlagten Spieler auf der Tour ist. Seine durchaus ausbaufähige Technik, vor allem mit der für Weltklasse-Niveau arg verschnörkelten Vorhand, gleicht der in

Faxe geborene Linkshänder mit einem unvergleichlichen Ballgefühl aus. Das verhilft seinem Spiel zu vielen Überraschungsmomenten und enormer Kreativität. Selbst wenn Maze den gefürchteten Top-Chinesen mit ihren brachialen Schlägen und ihrer unvergleichlichen Power gegenübersteht, hat man als Außenstehender nicht selten das Gefühl, dass ihnen Maze doch auf seine ihm eigene Art und Weise überlegen ist.

Doch Michael Maze sieht nicht nur oft so aus, als würde er gewinnen. Er hat als einer von wenigen Europäern in den vergangenen zwei Dekaden sowohl eine Olympia-Medaille (die Bronze-Medaille 2004 in Athen an der Seite von Finn Tugwell im Doppel) als auch eine WM-Medaille im Einzel (die Bronze-Medaille 2005 bei der WM in Shanghai) gewonnen. Zudem wurde Maze, der insgesamt acht Jahre seiner Karriere für den deutschen Vorzeige-Klub Borussia Düsseldorf auflief, dem er sich bereits als 16-Jähriger angeschlossen hatte, 2009 in Stuttgart Europameister im Einzel. Auf der Autogrammkarte des Dänen würden sich wohl noch bei Weitem mehr Erfolge finden, wenn – und auch das gehört zum Besonderen der Karriere des Michael Maze – ihn nicht immer wieder Knie- und vor allem Hüftprobleme außer Gefecht gesetzt hätten. Die Laufbahn von Maze, der sich in einer seiner Sportpausen erfolgreich unter die besten Pokerspieler seines Heimatlandes gemischt oder sich als Fotomodel versucht hatte, ist auch eine von monate- und jahrelangen Wettkampfpausen – und von anschließenden Comebacks. So spielte sich Maze, auf den Punkt wieder topfit, bei den Olympischen Spielen 2012 in London nach mauen Spielzeiten fast ohne Teilnahmen bei großen Turnieren in Medaillennähe, als er den späteren Bronze-Medaillen-Gewinner Dimitrij Ovtcharov aus Deutschland im Viertelfinale in den siebten Satz zwang. Maze hatte es wieder einmal aus dem Nichts geschafft, seiner Karriere einen besonderen Moment zu verschaffen. Doch auch die Folgejahre sollte Maze wieder mehr seine Krankenakte als seinen Trophäenschrank füllen. Es bleibt abzuwarten und bei aller gebotenen Neutralität ja regelrecht zu hoffen, dass es nicht das letzte große Comeback des Michael Maze gewesen ist. Auch wenn es für ihn vermutlich ein Leichtes wäre, sich in Hollywood ein zweites Karriere-Standbein aufzubauen: Michael Maze lebt nun einmal für den Tischtennis-Sport. Und das ist – da sei dann alle gebotene Neutralität gerne für einen Moment vergessen – auch verdammt gut so.

26. GRUND

Weil Rossi und Speedy die Westfalenhalle in einen Rausch versetzten

Wolfgang Fetzner wurde es, so zumindest sollten Augenzeugen später berichten, irgendwann zu bunt. Sein Sohn Steffen bestellte an der Hotelbar Runde um Runde für die üppige Festgesellschaft. Die Kreditkarte glühte. Dem wollte das Familienoberhaupt zu fortgeschrittener Stunde Einhalt gebieten – und das bequeme, bargeldlose Zahlungsmittel schnurstracks einkassieren. Aus bloßer Sorge um die ausstehende Rechnung, die dann irgendwann folgen würde. An die dachte, da darf man sich wiederum sicher sein, sein Sprössling keine Sekunde. Wenn jemand an diesem Tag, der mittlerweile vermutlich schon der nächste Morgen war, einen triftigen Grund zum Feiern gehabt hatte, dann war er das doch bitteschön gewesen.

Die Geschichte des deutschen Tischtennis ist üppig gefüllt mit großen Erfolgen, mit schillernden Medaillen und spektakulären Triumphzügen. Ein Tag aber thront über all dem, was da die Chroniken sonst so füllt: der 8. April 1989. Der war ein Samstag. Der erste Finaltag der Tischtennis-Weltmeisterschaften in der Dortmunder Westfalenhalle. Und es war der Tag, an dem sich *Rossi* und *Speedy* zu Legenden der deutschen Sportlandschaft machen sollten. Rossi und Speedy, deren Kosenamen auch die von zwei flinken Mäusen aus einem Cartoon sein könnten, heißen eigentlich Jörg Roßkopf und eben Steffen Fetzner, jener Kerl, der am späten Abend seine Kreditkartenrechnung in die Höhe treiben sollte. Weil sich Roßkopf und Fetzner, damals zwei junge Burschen von 20 und 19 Jahren, an diesem 8. April als erste und bisher letzte Deutsche zu Weltmeistern im Tischtennis machten. Sie sicherten sich vor über 10.000 ekstatischen Zuschauern den Titel im Doppel.

Wenige Tage zuvor waren die beiden talentierten Bundesliga-Spieler von Borussia Düsseldorf als Versprechen für die Zukunft in die Titelkämpfe gestartet. Sie wollten gegen die Großen der Szene antreten und Erfahrungen sammeln, um eines Tages selbst einmal ganz oben anzukommen. Keiner ahnte zum Turnierstart, dass es schon wenige Tage später dazu kommen sollte. Außer vielleicht der damalige Verbands-Präsident Hans-Wilhelm Gäb? Der gewährte dem jungen Duo bei der Eröffnungsfeier einen Blick auf die Siegertrophäe – um sie anzuspornen. Die Meisterschaften waren vom Deutschen Tischtennis-Bund so professionell organisiert worden, wie vielleicht noch kein internationales Tischtennis-Turnier zuvor, und galten Jahre und Jahrzehnte später als Wegweiser für eine Professionalisierung des Sports in den Neunzigerjahren. Das Fernsehen übertrug – nicht selten live – eine perfekt geplante Veranstaltung, die Tag für Tag eine fast fünfstellige Zahl an Zuschauern in das imposante Dortmunder Rund lockte. Wenn man sich eine Kulisse hätten malen müssen für das, was folgte: Sie hätte ausgesehen wie die im April 1989.

Die vollen Ränge beflügelten Roßkopf und Fetzner. Waren ihre beiden Erstrunden-Siege noch deutlich und erwartbar gewesen, setzten sie mit dem Erfolg über die Schweden Ulf Carlsson/Ulf Bengtsson (21:14, 14:21, 21:14) ein erstes Ausrufezeichen. Die Publikumslieblinge von Dortmund hatten sich ihr Medaillenmatch ermöglicht, in dem ihnen die favorisierten Andrzej Grubba aus Polen und Jean Philippe Gatien aus Frankreich, zwei Legenden ihres Sports, gegenüberstanden – und die sie abermals in drei Sätzen schlugen (21:16, 19:21, 21:18). Roßkopf und Fetzner, sie hatten ihre Medaille bereits gewonnen. Mit viel mehr rechnete niemand, denn die Auslosung meinte es nun ungut mit den Deutschen: Chen Longcan und Wei Qingguang waren als bestes Doppel der Welt nach Dortmund gereist und als solches seit drei Jahren ohne eine einzige Niederlage. Als die Chinesen die Deutschen im ersten Satz mit 21:11 Punkten demontierten, wurde es in der Westfalenhalle kurzzeitig so still wie selten in den Tagen der Weltmeisterschaft. Was dann passierte, ist deutsche Tischtennis-Geschichte: Die beiden Jungspunde spielten sich gegen die chinesische Übermacht in einen Rausch. Sie gewannen die Folgesätze 21:12 und 21:17. Der Finaleinzug!

Es hätte nicht zur Geschichte dieses außergewöhnlichen Turniers gepasst, wenn sie, einmal dort angekommen, der Paarung aus dem Polen Leszek Kucharski und dem Jugoslawen Zoran Kalinić (als Linkshänder mit Penholder-Griff ein gefürchteter Doppelspieler) im Endspiel unterlegen gewesen wären. Da passte es schon besser, dass sie gewannen – und wie sie gewannen. 18:21, 21:17, 21:19. Mit der knappsten aller denkbaren Entscheidungen also. Der Matchball war ein Abbild dessen, was das junge Gespann auszeichnete: Der taktisch starke Fetzner bereitete mit einem ersten Topspin vor, der schlaggewaltige Roßkopf verwandelte mit einer nächsten krachenden Vorhand – und hatte sogleich seinen Doppelpartner in den Armen liegen. Es war das phänomenale Ende des denkwürdigsten Turniers in der Historie des deutschen Tischtennis – und der Beginn einer wohl langen Partynacht, von der notfalls noch immer die Kreditkartenabrechnung zeugen kann. Übrigens: Auch Fetzners Mutter hatte am Tag des Triumphes eine nicht unwichtige Rolle. Sie steckte ihrem Sprössling auf dem Weg zur Siegerehrung einen Zettel mit dem Text der Nationalhymne zu. In Sorge, dass ihn Fetzner junior vor lauter Aufregung vergessen könnte.

27. GRUND

Weil Hameln nicht nur für einen Rattenfänger berühmt ist

Was die Chinesen von Dimitrij Ovtcharov denken mögen, lässt sich nur mutmaßen. Abgesehen von den gängigen Floskeln, mit denen bekannte Sportler in der Öffentlichkeit sprechen, ohne etwas zu sagen, haben sich die besten Tischtennisspieler aus dem Reich der Mitte, die sogleich auch immer die besten Spieler der Welt sind, nie unverblümt über ihren Rivalen aus Deutschland geäußert. Eine Vermutung aber liegt nahe: Dieser Ovtcharov, er geht ihnen gehörig auf den Zeiger.

Warum das? Nun, wenn es so etwas gäbe wie eine schwarze Liste, auf der die Spieler gelistet würden, die die chinesische Dominanz in Gefahr bringen – und an dieser Stelle kann man sich den Konjunktiv wohl auch sparen –, sie würde von Ovtcharov angeführt. Wenn die China-Stars einen ausländischen Spieler über Nacht aus der Weltspitze radieren dürften, sie würden Ovtcharov wählen. Der mehrfache Europameister und Olympia-Medaillen-Gewinner ist das, was sein Nationalmannschaftskollege Timo Boll über fast ein Jahrzehnt zuvor gewesen ist: Er ist der beste nicht-chinesische Tischtennisspieler der Welt, der regelmäßig auszieht, um am Thron der weltbesten Chinesen zu rütteln. Wenngleich Timo Boll nach wie vor das Aushängeschild des deutschen Tischtennis ist, sein bester Spieler ist Ovtcharov. Der langjährige Thronfolger hat längst die Wachablösung vollzogen. Er ist der neue Regent.

Das alleine wäre für China nicht einmal besorgniserregend. Irgendwer muss naturgemäß ja in die Rolle des Verfolgers schlüpfen – solange der Abstand eben nur groß genug bleibt. Doch Ovtcharov, das in Kiew geborene Kraftpaket, vereint aus der Sicht der Chinesen einige unliebsame Eigenschaften, die es ihm tatsächlich als erstem Spieler seit den legendären Schweden um Jan-Ove Waldner ermöglichen könnten, es dauerhaft mit den Chinesen aufzunehmen. Auch wenn er sich dafür unter Umständen noch einige Jahre an Geduld wird aufbringen müssen.

Was macht Ovtcharov so besonders? Zunächst ist er einfach ein ziemlich guter Tischtennisspieler. Was eine passende Voraussetzung ist, denn auch die Chinesen sind ziemlich gute Tischtennisspieler. Außerdem verfügt Ovtcharov über ein Spielsystem, das nicht nur sehr unangenehm ist, sondern auch nicht unbedingt typisch für einen Europäer. Hier unterscheidet er sich vom technisch sicherlich besseren Boll, der vor allem mit Rotation und Spielübersicht zu seinen Erfolgen kommt. Ovtcharov dagegen kämpft mit den Waffen der Chinesen: mit Schlaghärte, mit Power, mit Aggressivität. Ovtcharovs Rückhand ist die vielleicht beste und härteste auf der Tour, auch auf der Vorhand, über lange Jahre seine Schwachstelle, ist er vom Speed der Chinesen nicht mehr weit entfernt. Die aber vielleicht entscheidende Waffe auf dem Weg zu einem ganz großen Titel aber ist Ovtcharovs Mentalität: Er strahlt Willen und Zuversicht aus, er arbeitet detailversessen und voller Neugier. Das wiederum könnte auch mit Boll zu haben: Der ist mittlerweile weniger Ovtcharovs Konkurrent, sondern mehr sein Freund und Ratgeber. Boll hat die Erfahrungswerte, die Ovtcharov braucht. Er hat immer wieder das versucht, was nun Ovtcharov versuchen wird: Er hat die besten Chinesen herausgefordert.

Ovtcharovs Weg in die Weltspitze begann in einer beschaulichen Ecke von Deutschland. Im niedersächsischen Hameln. Genauer gesagt: im Stadtteil Tündern. Der ist deshalb erwähnenswert, weil der dort ansässige Tischtennis-Verein, der TSV Schwalbe Tündern, über lange Jahre die sportliche Heimat des jungen Ovtcharov wurde und der den Klub im Gegenzug bis in die Bundesliga führte. Nach Hameln waren die Ovtcharovs aufgebrochen, als sie sich nach der Geburt ihres Sohnes die Ukraine verließen, wo zuvor der Atomreaktor von Tschernobyl explodiert war und das sowjetische Reich zu zerfallen drohte. Die sportliche Ausbildung des Talents aber fiel weniger in die Hände seines Vereins als mehr in die seiner Familie:

Vater Mikhail war nicht nur zigfacher Nationalspieler der UdSSR, er ist auch Diplomsportlehrer und Trainer – und er wurde zu einem profilierten Förderer seines Sohnes, der er wohl bis zum Ende seiner Karriere bleiben wird. Mikhail und seine Frau Tatjana, auch sie eine lizensierte A-Trainerin, waren es auch, die Ovtcharov junior mit sieben Jahren das erste Mal an den Tisch holten, ohne sich dabei mit ihrem Sohn selbst verwirklichen zu wollen. Der Junior ließ sich ohnehin selten bitten, verbrachte etliche Trainingsstunden im heimischen Keller – und durchlief nach und nach alle wohlgeplanten Schritte zu einem Weltklasse-Spieler. Auf diesem Weg wurde er Deutscher Meister im Einzel und mit der Mannschaft, Champions-League-Sieger, Top-Ten-Spieler, Europameister im Einzel, Top-Five-Spieler und Gewinner der Bronze-Medaille im Einzel bei den Olympischen Spielen 2012 in London. Einen letzten Schritt möchte Ovtcharov allerdings noch nehmen. Ein Gedanke, von dem er so schnell nicht ablassen wird. Den Chinesen allerdings schmeckt das gar nicht.

28. GRUND

Weil der Werner sie alle schlug

Ja doch, Skifahren können sie. Skispringen auch, ist ja so ähnlich. Auch mit Skiern, auch mit Bergen, auch mit Schnee. Im Schwimmen oder in der Leichtathletik haben sie ab und an mal Leute in der erweiterten Weltspitze. Beim Fußball, Handball oder Tennis wird es da noch schwieriger. Fernab der Berge und des Wintersports haben Österreicher nicht unbedingt den Ruf, Teil einer Sportnation zu sein. Einen trifft daran keine Schuld: Werner Schlager. Der hat alles in seiner Macht Stehende getan, um das zu ändern. Der Österreicher ist zu einem der bekanntesten und am meisten geschätzten – weil schlichtweg besten – Tischtennisspieler der vergangenen 20

Jahre aufgestiegen. Er ist in seinem Sport das, was man so gerne mit dem Stempel »lebende Legende« versieht.

Schlagers Ruhm und seine Reputation sind eng verbunden mit dem Jahr 2003. In dem vollbrachte er, was seitdem kein Nicht-Chinese vollbringen konnte – und vielleicht auch noch lange nicht vollbringen wird: Er wurde Weltmeister im Einzel. Im Palais Omnisports in Paris setzte er sich die Krone seiner Zunft auf – und durchlebte dort fürwahr unwirkliche, rauschhafte Tage. Aber der Reihe nach: Es schien lange so, als nähme auch diese WM im Jahr 2003 den Gang, den Sportwetter rund um den Erdball ihr vorausgesagt hatten. Im Viertelfinale stand Schlager dem chinesischen Titelverteidiger Wang Liqin gegenüber, gegen den er zunächst – man ist geneigt zu sagen: natürlich – auf verlorenem Posten stand. Schlager hielt achtbar dagegen, Wang führte 3:2 in den Sätzen und 10:6 nach Punkten, war also noch einen Punktgewinn vom erwartbaren Einzug ins Halbfinale entfernt – als Schlager dem Spiel und dem Turnier in wenigen Minuten und mit wenigen Entscheidungen eine neue Wendung verpasste. Er wehrte alle Matchbälle der Reihe nach ab, zum Teil mit schier unbegreiflichen Schlägen, besiegte einen immer fahriger werdenden Wang, der sich allerdings mit den Titeln bei den folgenden beiden Weltmeisterschaften trösten sollte. Berauscht von seinem Coup und angetrieben von tausenden Zuschauern in seinem Rücken, lieferte sich Schlager im Halbfinale einen nächsten Krimi, diesmal gegen den amtierenden Olympia-Sieger Kong Linghui. Wieder ging es in den siebten Satz, diesmal gar in die Verlängerung, wieder wehrte der Österreicher Matchbälle ab – ehe er triumphierte. Es hätte nicht zur Chronologie des Turniers gepasst, hätte Schlager das Endspiel gegen den südkoreanischen Überraschungsfinalisten Joo Se-hyuk verloren – und Schlager tat sich, dem Publikum und Tischtennis-Europa den Gefallen: Er besiegte den Abwehrspieler in einem weiteren packenden Match und war der neue Weltmeister.

Freilich war der Weltmeistertitel längst nicht alles, was Schlager an sportlichen Erfolgen in seiner Laufbahn zustande brachte: Er gewann Medaillen bei weiteren Welt- und Europameisterschaften ebenso wie die Champions League als Vereinsspieler, er führte die Weltrangliste an, galt über Jahre auch als einer der gefürchtetsten Doppelspieler der Welt – und, und, und. Und doch war sein Husarenritt von Paris jenes Ereignis, mit dem Schlager wie wenige vor ihm Tischtennis-Geschichte schrieb, das ihn Zeit seiner Karriere begleitete und ihm einen Respekt einbringen sollte, dem kein anderer Spieler seiner Generation zuteilwurde. Denn Schlager, der sich im Anschluss an die 2003er WM nach und nach vom höchsten Leistungslevel verabschiedete und seine Karriere leise ausklingen ließ, blieb Zeit seines Lebens eine Art Mutmacher für alle Nicht-Chinesen. Er vermittelte: Es geht! Ihr könnt es aufnehmen mit dieser sportlichen Übermacht!

Dieser Botschaft hat sich Schlager im Übrigen auch nach seiner Karriere verschrieben. In Schwechat bei Wien eröffnete er 2011 die *Werner Schlager Academy*, ein supermodernes Tischtennis-Leistungszentrum, das schnell zu einem der bedeutendsten der Welt aufstieg, wenngleich es später von Finanzsorgen gebeutelt werden sollte. Dort bietet der Österreicher vielen Topspielern und Nachwuchsleuten eine sportliche Heimat. Und es wäre wohl Schlagers größter Wunsch in seiner neuen Funktion als sportlicher Leiter der Akademie, wenn er dort seinen eigenen Nachfolger ausbilden könnte. Es dürfte auch gerne ein Österreicher sein, bei dem es mit dem Schnee und den Bergen nicht so geklappt hat.

29. GRUND

Weil es einen FC Bayern München des Tischtennis gibt

Der Trophäenschrank des FC Bayern München ist so opulent gefüllt wie nur wenige andere im Weltfußball. 25 Mal gewannen die Vorzeige-Kicker von der Isar die Deutsche Meisterschaft, dazu satte 17 Mal den Deutschen Pokal. Von internationalen Weihen in der Champions-League, die früher schon als Europapokal der Landesmeister hier und da nach München wanderte, oder dem Weltpokal mal ganz zu schweigen. Auch da sicherte sich der FCB in ziemlicher Regelmäßigkeit eine Gravur in der Siegertrophäe. Das wäre aus Sicht des neutralen Beobachters des deutschen Fußballs ja alles gar nicht so schlimm und noch zu verschmerzen, wenn, ja wenn nur baldige Änderung in Aussicht stünde. Wenn sich Vereine aufmachen würden, den großen FCB vom Thron zu stürzen, ihm dauerhaft die Stirn bieten würden. Wenn irgendwann bald auch mal wieder andere Machtverhältnisse denkbar wären. Doch der FC Bayern dieser Jahre ist so dominant, wie er es nie zuvor gewesen ist. Vor jeder Saison gibt es eigentlich nur einen Favoriten: wieder und wieder den FC Bayern München. Wer sich an einer solchen Übermacht stört, dem könnte man zwar empfehlen, sich einfach anderweitig in der deutschen Sportlandschaft umzuschauen. Eine bestimmte Empfehlung könnte man demjenigen, der auf der Suche nach einem stets ausgeglichenen Titelrennen ist, aber nicht geben: es in der Tischtennis-Bundesliga, der TTBL, zu versuchen.

Denn auch dort treibt ein Serienmeister und Dauergewinner sein Unwesen – und das beinahe noch ein wenig skrupelloser: Borussia Düsseldorf. Die wird gerne als der FC Bayern München des Tischtennis bezeichnet, doch die Realität ist eine andere: Düsseldorf ist sportlich noch dominanter und der nationalen Konkurrenz noch weiter entrückt als der FCB. 27 Mal ist Borussia Düsseldorf bis ins Jahr 2015 Deutscher Meister geworden, dazu 23 Mal Pokalsieger. Vor allem, seitdem Timo Boll im Jahr 2007 in die nordrhein-westfälische Landeshauptstadt wechselte, sind die Borussen in nationalen Wettbewerben kaum noch zu bezwingen – und sorgen für eine Eintönigkeit in den Siegerlisten, die ihresgleichen sucht.

Doch die Fußballer aus München und die Tischtennisspieler aus Düsseldorf verbindet mehr, besser gesagt: noch mehr als das bloße Ansammeln von Titeln. Beide Vereine waren keine Gründungsmitglieder der Bundesliga, rückten aber nach einjährigem Ligabestehen in die Beletage auf – und verrichten dort seitdem exzellente Arbeit auf allen Ebenen. Denn für Düsseldorf gilt das, was sich auch der FCB auf die Fahne schreiben kann: Den heutigen Vorsprung in allen Bereichen, nicht nur sportlich, sondern auch in Sachen Wirtschaftlichkeit und Vermarktung, haben sich die Vorzeigevereine mit jahrelanger beispielhafter Arbeit verdient. Düsseldorf nimmt seit Jahrzehnten eine Vorreiterrolle innerhalb der deutschen Bundesliga ein, die sich natürlich auch in den Möglichkeiten des Klubs niederschlägt. So kommt es nicht von ungefähr – und da wären wir bei einer weiteren Parallele zum Münchener Fußball-Pendant –, dass nahezu alle großen Spieler der deutschen Tischtennis-Geschichte irgendwann einmal das Düsseldorfer Trikot trugen: In den Sechziger- und Siebzigerjahren waren das Eberhard Schöler und Wilfried Lieck, in den Siebziger-, Achtziger- und Neunzigerjahren Ralf Wosik, Jörg Roßkopf und Steffen Fetzner, seit der Jahrtausendwende Christian Süß, Dimitrij Ovtcharov und Timo Boll. Eine deutsche Nationalmannschaft ohne Düsseldorfer Beteiligung – das ist ein Ding der Unmöglichkeit. Zudem ist es nicht zuletzt der Verdienst des Vereins Borussia Düsseldorf, dass sich seine Stadt zum Zentrum des deutschen Tischtennis herausbildete: Im modernen Deutschen Tischtennis-Zentrum (DTTZ), das 2006 eröffnete und seitdem gleichzeitig die Spielstätte der Borussia darstellt, halten alle Nationalmannschaften den Großteil ihrer Lehrgänge ab, und dort befindet sich das bedeutendste Internat innerhalb der Nachwuchsförderung in Deutschland. Borussia Düsseldorf ist zwar nicht Inhaber der Einrichtung, hat aber die wirtschaftliche und organisatorische Führung dieses Epizentrums der deutschen Tischtennislandschaft inne.

Und mag man der Monokultur an der Spitze des Mannschaftssports Tischtennis auch viel Schlechtes abgewinnen, wenn man es nicht gut meint mit dem FC Bayern München der Tischtennis-Bundesliga, so hat sie ja doch etwas Gutes: Es sind nicht alle Sportzuschauer neutral. Ganz im Gegenteil. Genauso wie der FC Bayern München hat Borussia Düsseldorf eine breite Fan-Basis. Wenn es nach der ginge, dürfte die Tischtennis-Bundesliga noch viel, viel einseitiger sein, als sie es ohnehin schon ist. Und an dieser Stelle ein Trost an alle tischtennisspielenden Fans von Fußball-Mannschaften, die nicht der FC Bayern sind: Immerhin spielt die Tischtennis-Mannschaft der Roten aus München gerade einmal in der 3. Bundesliga.

30. GRUND

Weil es die Chinesen Europas gibt

»Football is a simple game. Twenty-two men chase a ball for 90 minutes and at the end, the Germans always win.« Gary Lineker, einer der besten Stürmer der englischen Fußball-Geschichte, wäre auch durch seine unzähligen Tore oder eine 16 Jahre währende Profi-Karriere ohne eine einzige gelbe oder rote Karte ein fester Platz in der Historie des Fußballs sicher gewesen. Doch Lineker ging auf Nummer sicher – mit einem Satz, der bis in alle Ewigkeit in keiner Zitate-Sammlung der Fußball-Geschichte fehlt. Diese verdammten Dauergewinner aus Deutschland, die Linekers Engländer unter anderem bei der Weltmeisterschaft 1990 im Halbfinale aus dem Turnier kegelten, gingen dem Stürmer gehörig gegen den Strich. Aber mal ehrlich, lieber Gary Lineker: Schon mal über den Tellerrand der Fußballwelt geschaut? Zum Tischtennis zum Beispiel? Sieht ja nicht unbedingt danach aus.

Denn auch im Tischtennis gibt es Nationen, die auf eine sehr sportliche Art und Weise allen anderen Nationen gehörig auf die Nerven gehen. »Ja, genau! Immer dieses China!«, werden die meisten Leser jetzt denken. Ja gut, ist auch nicht ganz falsch. Die Chinesen räumen mit einer derartigen Konsequenz und Unbarmherzigkeit alle ausgelobten Titel ab, die sie gerne einsammeln möchten, dass sich da schon mal Frust beim Rest der Welt breit machen kann. Besonders zu leiden unter der chinesischen Dominanz hat seit Jahren ausgerechnet die deutsche Nationalmannschaft der Herren. Die gewinnt zwar Medaille um Medaille, aber immer dort, wo Chinesen mitmachen, gewinnt sie eben keine goldene. Doch Deutschlands Herren sind nicht nur die, die mit dem Finger auf andere zeigen. Sie sind auch die, auf die mit dem Finger gezeigt wird. Dann nämlich, wenn in Europa die kontinentalen Trophäen vergeben werden, sind die deutschen Männer derart erfolgreich, dass sie sich einen irrwitzigen Beinamen verdient haben: die Chinesen Europas.

Die Chinesen Europas, auch der Titel der bekannten Tischtennis-Dokumentation zur Mannschafts-Weltmeisterschaft 2012 in Dortmund von Regisseur Milan Skrobanek, dominieren die Europameisterschaften seit gut einem Jahrzehnt, wie es sich für Chinesen gehört: nach Belieben. Die Siegerlisten sind eindrucksvoll. Seit 2007 standen Deutschlands Herren achtmal in Folge im Finale der Mannschafts-EM, sicherten sich dabei sechsmal in Folge den Titelgewinn. Den hatten sie vor 2007 in fast 50 Jahren nicht ein einziges Mal gewinnen können. Von den letzten acht Europameistern im Einzel stellte Deutschland sogar ganze sieben Titelträger. Hier wurde Timo Boll (2007, 2008, 2011 und 2012) nahtlos von seinem langjährigen Thronprinzen Dimitrij Ovtcharov (2013 und 2015) abgelöst. Kurios: Ausgerechnet bei der Heim-EM in Stuttgart 2009 ging die Trophäe an den Dänen Michael Maze. Bei Titelgewinnen alleine beließen es die Deutschen allerdings nicht. Fast immer schaffte es auch ein weiterer aus der Riege der besten deutschen Herren in die Medaillenränge: 2011 etwa holte Patrick Baum Silber, 2012 und 2013 Bastian Steger Bronze. Auch in der Breite ist der deutsche Kader seit mindestens einem Jahrzehnt der mit großem Abstand beste auf dem alten Kontinent. Wer es ins deutsche EM-Aufgebot im Einzel schafft, gehört zumeist automatisch zu den erweiterten Medaillenanwärtern bei einer EM. Im Doppel, in dem sich gerade die deutschen

Top-Stars Boll und Ovtcharov zuletzt zurücknahmen, holte allein die Kombination aus Boll und dem mittlerweile zurückgetretenen Christian Süß vier EM-Titel in Serie (2007 bis 2010), womit sie das beste Doppel der EM-Historie sind. Und wer war der erste Sieger der erstmals 2015 ausgetragenen Europaspiele? Na, wer wohl: Dimitrij Ovtcharov für Deutschland. Und so weiter, und so fort.

Also ist der sportliche Wettstreit gegen die Chinesen Europas genauso aussichtslos wie der gegen die waschechten Chinesen, um nicht zu sagen: die chinesischen Chinesen? Nicht ganz. Im Finale der Mannschafts-Europameisterschaften 2014 (gegen Portugal) und 2015 (gegen Österreich) verloren die Deutschen, wenngleich gehandicapt von gesundheitsbedingten Ausfällen, gleich zweimal. Wenn das den richtigen Chinesen auch mal passieren würde, werden Chinesen Europas da gedacht haben. Weshalb die Niederlagen der deutschen Nationalmannschaft auch Hoffnung geben können. Auch Chinesen sind nicht unschlagbar. Das haben die Deutschen am eigenen Leib erfahren müssen.

31. GRUND

Weil das Welttischtennis von einem rebellischen Showman dominiert wird

Chinesen sind ruhige, höfliche und zuvorkommende Menschen. Und Tischtennis, ja, Tischtennis ist eine Sache für die braven Jungs, die dem Lehrer in der Schule die Tasche tragen und im Freibad nicht vom Beckenrand springen. So jedenfalls die gängigen Vorurteile. Zhang Jike ist Chinese – und Tischtennis spielt Zhang Jike auch. Nur: Zhang ist so gar nicht brav, so gar nicht ruhig, so gar nicht zurückhaltend. Er ist so gar nicht das, was man erwarten würde. Zhang Jike ist vielmehr ein kleiner Rebell, ein Exzentriker.

Eines ist Zhang Jike auch noch: der erfolgreichste Tischtennisspieler der Gegenwart.

Es gibt zwei Bilder, mit denen sich Zhang Jike in die Köpfe der Tischtennis-Welt gebrannt hat. Und beide zeichnen ihn kraftvoll, ekstatisch, ja beinahe martialisch. Das erste wurde 2011 in Rotterdam geschossen. Unerwartet wurde der damals 22-Jährige dort Weltmeister im Einzel, nachdem er seine arrivierten und bereits hoch dekorierten Teamkollegen auf die Plätze verwiesen hatte. Zhang verwandelte gegen Landsmann Wang Hao im Endspiel den Matchball, zerriss in bester Hulk-Manier sein Leibchen und zeigte der staunenden Menge seinen tätowierten und muskelbehangenen Oberkörper. Nicht, dass es ähnliche Szenen nicht schon in anderen Sportarenen überall auf dem Globus zuhauf gegeben hätte. Aber im oft biederen Tischtennissport, noch dazu im chinesischen, der noch immer stark von Selbstbeherrschung, Gehorsam und Disziplin geprägt ist, eben noch nicht. Das andere Bild von Zhang Jike stammt vom World Cup 2014 in Düsseldorf – und zeigt ihn in vergleichbarer Pose. Wieder ist es eine Siegergeste, mit der Zhang von sich reden machte. Seinen knappen Finalerfolg gegen den Japaner Jun Mizutani dekorierte der Chinese damit, dass er die Spielfeldumrandungen mit kraftvollen Tritten zerstörte. Seine Anspannung nach verbandsinterner Kritik und schwachen Leistungen in den Monaten zuvor entlud sich nicht in lächelnden Jubelgesten, nicht in freundlichem Winken ins Publikum. Sondern in beinahe roher und unkontrollierter Gewalt, für die ihm nachträglich vom Weltverband die Siegprämie bis auf den letzten Cent aberkannt wurde.

Zhang Jike will so recht nicht passen in das Bild seiner Sportart und seines Heimatlandes. Zhang Jike ist kein glattgebügelter Konformist, kein funktionierender Ja-Sager, kein unmündiger Tischtennis-Roboter. So wie vielleicht viele seiner Kollegen im Leistungssport im Generellen und im chinesischen Tischtennis im Speziellen. Er verdient Millionen, besitzt einen Fuhrpark an Luxuskarossen, ist das Werbegesicht von Coca-Cola und tingelt durch die TV-Shows des Landes. Weil er einst seine Geldreserven mit Sportwetten verprasste, geriet er in Panik und flüchtete aus dem Trainingslager der chinesischen Nationalmannschaft, aus der er aufgrund der Vorfälle damals gestrichen wurde. Das Spielchen von Suspendierung und Begnadigung wiederholte sich daraufhin ein weiteres Mal. Ganz los wurde der chinesische Verband das unliebsame Kind allerdings nie. Bis sich die Geschichte durch Zhangs Erfolge verselbstständigte und er sich selbst unabkömmlich machte.

Denn Zhang Jike hat es in einem staatlichen Sportsystem, das so vollkommen anders zu funktionieren scheint als er selbst, nach ganz oben geschafft. Nach seinem WM-Triumph von Rotterdam ist er 2012 in London auch Olympia-Sieger im Einzel und 2013 abermals Weltmeister im Einzel geworden. Zhang gilt nicht zwingend als der beste Spieler seiner Generation. Aber er gilt als ihr bester Wettkämpfer, als der Spieler, der sein Top-Level dann erreicht, wenn der Druck am allergrößten ist. Dadurch unterscheidet er sich von vielen seiner Nationalmannschaftskollegen, denen er nicht einmal die großen Schläge voraus hat, aber die großen Erfolge.

Die Summe aus seinem mitunter provokanten Auftreten und seinen bahnbrechenden sportlichen Erfolgen machen Zhang zu einer der wenigen Marken mit hohem Wiedererkennungswert im internationalen Tischtennis. Und zu einem vieldiskutierten Objekt, dem gerade in seiner chinesischen Heimat nicht nur Bewunderung entgegenschlägt – sondern auch massive Kritik. Viele verehren ihn zwar, noch mehr verachten ihn. So oder so: Die Tischtennis-Anhänger auf dem Erdball werden Zhang so schnell nicht mehr los werden. Das haben schon ganz andere versucht.

 32. GRUND

Weil ein Grieche seinen Gegnern den Zahn ziehen kann

Sport ist ja gemeinhin von kleinauf ein geschlossenes System. Kinder fangen schon in jungen Jahren an, viel und hart zu trainieren, denken dann fast genauso früh darüber nach, ihr sportives Hobby einmal zu ihrem Beruf werden zu lassen. Und schließlich klappt es mit dem Profidasein – oder es klappt eben nicht. Bei Panagiotis Gionis, einem stattlich gebauten Griechen, hat es geklappt. Er ist der beste Spieler seines Landes. Das mag vielleicht als respektable, aber noch überschaubare Leistung durchgehen, da Griechenland einen Ruf als gute, aber keinesfalls herausragende Tischtennis-Nation besitzt. Gionis aber hat es auch in die Top 20 der Weltrangliste geschafft, ist einer der besten Spieler Europas und der Welt geworden. Und noch eines ist Gionis so ganz nebenbei: ausgebildeter Zahnarzt.

Allein die Karte »Profi-Tischtennis« wollte Gionis, der 2015 auch mit Borussia Düsseldorf Deutscher Meister mit der Mannschaft wurde, nie spielen. Während sich andere Talente seiner Generation früh vollkommen zu Tisch und Schläger orientierten, pendelte Gionis fleißig zwischen Hörsaal und Sporthalle. In Deutschland tingelte er in jenen Tagen mit einem Zweitligisten durch die Provinz. Der Zufall wollte es schließlich so, dass sein Studienabschluss 2003, damals schon im fortgeschrittenen Sportleralter von fast 24 Jahren, just in die Zeit fiel, als das Rennen um die Startplätze für die nächsten Olympischen Spiele begann. Und die fanden 2004 wo statt? Genau, ausgerechnet in Gionis' Heimatstadt Athen. Für Gionis war die Sache schnell klar wie der Himmel über Griechenland: Der Bohrer sollte zugunsten des Tischtennis-Schlägers vorerst ruhen. Nicht mehr das Aufbauen einer Patienten-Kartei war jetzt das Ziel, sondern Olympia.

Aus einer Testphase von zwei bis drei Jahren, die sich Gionis im Berufssport geben wollte, ist mittlerweile eine lange und höchst erfolgreiche Sportlerkarriere geworden, um die ihn nicht wenige seiner Kollegen beneiden. Natürlich mit der angepeilten Olympia-Teilnahme 2004, aber auch mit Medaillen bei Europameisterschaften, Titeln im Vereinssport – und vielen großen Siegen gegen die besten Spieler des Planeten, die der ruhige Gionis mit seinem geduldigen Abwehrspiel, gepaart mit brutalen Angriffsschlägen, zur Verzweiflung treiben kann. Abgegriffene Metaphern begleiten den Griechen dementsprechend schon seit dem Beginn seiner langen Laufbahn: Keiner zieht seinen Gegnern so oft den Zahn, keiner führt an ihnen so oft eine schmerzhafte Behandlung durch, wie es eben Gionis tut. Darauf angesprochen, kontert er zumeist damit, dass er zum Glück ja immerhin kein Bestatter geworden sei.

Als praktizierender Zahnarzt tritt Gionis, der früher in der Praxis seiner Tante in Athen aushalf, derzeit nur selten auf. Für die Familie, für Freunde – und manchmal für den einen oder anderen Kollegen aus dem Tischtennis-Zirkus. Dennoch steht für den heimatverbundenen Griechen fest, was auf seine Karriere folgen soll: eine neue Karriere – die als Zahnarzt nämlich. Feingefühl und Fingerfertigkeit hat er sich in seiner zahnarztfreien Zeit immerhin an anderer Stelle erhalten. Und zugegeben, die Formulierung mag wirklich abgegriffen sein, aber ganz ohne geht es eben auch nicht: Bis dahin wird Panagiotis Gionis seinen Gegnern weiterhin mit Schläger und Ball den Zahn ziehen.

33. GRUND

Weil die Super League genau das ist: eine super Liga

Wo »gut« draufsteht, ist nicht immer »gut« drin. Das hat auch dem Letzten unter den Gutgläubigen spätestens das Werbefernsehen eindrucksvoll vermittelt, in dem jedes neue Produkt auch gleich den neusten Superlativ verspricht. Auf der ersten nationalen Tischtennis-Liga in China steht »super« drauf. Sie heißen bei den Herren und den Damen ganz unbescheiden: Super League. Der nächste Fall von Etikettenschwindel? Nicht wirklich. Denn bei der Super League steht eben nicht nur »super« drauf – da ist auch »super« drin. Die Super League der Herren ist die beste Tischtennis-Liga der Welt. Sie ist mindestens das, was die nordamerikanischen Profiligen in den dortigen Paradesportarten Basketball, Baseball und Eishockey sind. Wenn nicht gar noch ein wenig mehr. Sie ist vielleicht sogar der härteste sportliche Wettkampf im Tischtennis überhaupt. Woran das liegt? Na, vor allem an den zahlreichen Chinesen natürlich, die den Entscheid um die Krone im chinesischen Vereins-Tischtennis mächtig befeuern.

Timo Boll und Dimitrij Ovtcharov können ein Liedchen davon singen, mit welch harten Bandagen in der nationalen chinesischen Liga, die offiziell *Chinese Table Tennis Super League* (CTTSL) heißt, gekämpft wird und was für ein sportlicher Wettstreit dort tobt. Die beiden Deutschen gehören zu den wenigen Spielern, die als Nicht-Chinesen Angebote erhalten haben, in der Super League zu spielen – und natürlich prompt zugeschlagen haben. Das gilt vorneweg, schon allein aus Gründen der Chronologie, für Boll: Zehn Jahre nach ihrem Startschuss 1995 änderte die Super League und ihre Vereine ab der Saison 2005 ihre Denke über ausländische Spieler. Die hatte es bis dahin so gut wie gar nicht gegeben, wenige asiatische Spitzenleute und die schwedische Legende Jörgen Persson, der 2002 bereits für eine chinesische Mannschaft aufgelaufen war, stellten bis dato die seltenen Ausnahmen dar. Ansonsten war die chinesische Super League nicht nur super – sondern eben auch: chinesisch. 2005 änderte sich das. Nicht nur Boll wechselte damals in die Super League und zu Guangdong Baomashi, einem Team aus der südchinesischen Provinz Guangdong, sondern auch der dänische Superstar Michael Maze, der kurioserweise für dasselbe Team antrat, ohne gemeinsam mit Boll spielen zu dürfen. Laut Reglement war nur ein Nicht-Chinese pro Team spielberechtigt.

Boll und Maze waren nur die Vorboten. Gerade in der Folgesaison wurde die europäische Delegation in China noch einmal stärker – mit dem Belgier Jean-Michel Saive, dem Weißrussen Vladimir Samsonov und dem Rumänen Adrian Crişan. Auch bei den Damen wurde eine Einladung ausgesprochen: Für die talentierte Kroatin Tamara Boroš, die bislang einzige gebürtige Europäerin in der Super League der Damen. Da die europäischen Gastspieler selten den durchschlagenden Erfolg für die jeweiligen Athleten und deren Vereine brachten, schlugen die Klubs in den vergangenen Jahren wieder einen konservativeren Weg ein. Doch vor allem Boll und Ovtcharov (der 2013 erstmals Super-League-Luft schnupperte) als die beiden besten europäischen Spieler ihrer Zeit bildeten dabei eine Ausnahme – und sind zu Dauergästen auf der Bühne des chinesischen Mannschaftstischtennis erwachsen. Wie alle Europäer in Diensten von Super-League-Vereinen im Übrigen mit einer Doppelspielberechtigung, die es ihnen erlaubte, in der gleichen Saison auch für einen Verein in Europa aufzuschlagen.

Und im Vergleich zu ihren Auftritten in den europäischen Ligen, wo zum Beispiel Boll seine Saisonniederlagen in der Bundesliga stets an einer Hand abzählen konnte, muss sich das deutsche Top-Duo in der Super League mächtig strecken – und tritt häufig mit alles andere als makellosen persönlichen Bilanzen die Rückreise nach Europa an. Denn dort warten neben den besten Chinesen, den Nationalspielern, mit denen sich Boll und Ovtcharov auch bei internationalen Turnieren messen müssen, auch zahlreiche Chinesen, die den Sprung in den Nationalkader verpasst oder noch nicht geschafft haben – und die deshalb über die Landesgrenzen hinaus nicht den klangvollen Namen haben, den sie verdient hätten. Kurios verlief da zum Beispiel Bolls persönlich bisher stärkste Saison in der Super League 2013. Nach Siegen über die Weltmeister Zhang Jike und Xu Xin kassierte der Linkshänder eine 0:3-Klatsche gegen einen gewissen Shang Kun, der in der Weltrangliste gerade einmal knapp unter den besten 200 geführt wurde, weil er für China bis dahin kaum einmal für internationale Turniere nominiert worden war. Boll und Ovtcharov, die 2014 übrigens mit ihren jeweiligen Vereinen im Endspiel um die Meisterschaft standen, wo Bolls Klub Shandong Luneng triumphierte, könnten von einigen solcher Erlebnisse berichten. Die aber schrecken sie nicht ab, nach China zu gehen. Ganz im Gegenteil. Sie machen für sie und die anderen handverlesenen Europäer einen der Reize dieser China-Aufenthalte aus, die zumeist in den Sommermonaten liegen, wenn in den europäischen Spielklassen die Wettbewerbe ruhen. Sie müssen in jedem Wettkampfspiel und obendrein in jedem Training so nah an ihr Leistungslimit gehen, wie sie es in Europa längst nicht mehr gewohnt sind. Sind sie dort der Konkurrenz entrückt, sind sie in China irgendwo mittendrin – und pushen damit ihr eigenes sportliches Limit. Eine super Sache für Boll und Ovtcharov. Im wahrsten Sinne des Wortes.

34. GRUND

Weil man zum Spielen nicht einmal Arme benötigt

Ibrahim Hamato hat schon einige Größen des Tischtennissports am Tisch gefordert. Oder besser gesagt: Sie haben ihn gefordert. Die chinesischen Weltmeister Ma Long und Wang Hao haben sich gegen ihn versucht, die weißrussische Legende Vladimir Samsonov, auch der filigrane Japaner Jun Mizutani. Alle waren beeindruckt von Hamatos Spielstärke. Der Ägypter hat sich mittlerweile unter die bekanntesten Gesichter und Botschafter des internationalen Tischtennis gespielt – obwohl oder gerade weil er keine Arme hat. Hamato ist Parasportler. Und er spielt Tischtennis, indem er den Schläger mit seinem Mund hält.

Als zehnjähriges Kind wurde Hamato Opfer eines Zugunfalls, bei dem er beide Arme verlor. Nichts schien jener Tage für ihn weiter entfernt, als Tischtennis seinen Sport zu nennen, obwohl es in seiner Gegend zu den populärsten Sportarten gehörte. Drei Jahre später versuche er es doch. Nachdem er mehrere Optionen durchprobiert hatte, zum Beispiel seinen Schläger in der Achselhöhle unter seinem Armstumpf einzuklemmen, fand er eine Lösung: Er nahm den Schläger in den Mund und griff ihn mit den Zähnen.

Drei Jahre lang trainierte Hamato nahezu täglich. Überraschte er anfangs seine Gegner und Zuschauer nur mit der Art und Weise, wie er spielte, hatte Hamato bald ein beachtliches, spielerisches Level erreicht. Er gewann mit seiner artistischen Spielweise mehrere Medaillen auf nationalen und internationalen Para-Wettkämpfen. Sein größtes Markenzeichen: der Aufschlag. Mit den Zehen des rechten Fußes wirft der verheiratete Vater von drei Kindern, der im Internet längst zu einem vielgeklickten Video-Protagonisten aufgestiegen ist, den Ball in nahezu perfekter Flugbahn senkrecht in die Luft, um ihn dann mit seiner ihm eigenen Schlägerhaltung nicht nur ins Spiel zu bringen, sondern mit gefährlichem Schnitt zu versehen. 2016 in Rio de Janeiro wird er mit an Sicherheit grenzender Wahrscheinlichkeit zum paralympischen Athleten aufsteigen – und zu einem vielgefragten obendrein. Für die Größen seiner Zunft wie Ma Long ist Hamato dann schon längst so etwas wie ein alter Weggefährte.

35. GRUND

Weil das ›Legendary Pair‹ einen legendären Hype auslöste

Sie gehören zu den größten Tischtennis-Attraktionen der vergangenen Jahre oder gar Jahrzehnte, vielleicht sogar zu den größten in der langen Geschichte ihrer Sportart: Ma Long und Timo Boll – zwei Ausnahmespieler und Dominatoren des Welttischtennis. Schon jeder für sich ist ein Spektakel. Eine noch größere Attraktion werden Ma und Boll, wenn sie sich zum Duett zusammentun. Sie sind –

oder vielleicht muss man besser sagen: waren – das *Legendary Pair*, das legendäre Duo. Kein Begriff fiel vor den Weltmeisterschaften 2015 im chinesischen Suzhou häufiger. Erstmals traten Ma und Boll weniger als Konkurrenten denn mehr als Kameraden an. Sie formten ein gemeinsames Doppel. Und was für eins!

Die Kombination Ma/Boll sah vor den Welttitelkämpfen nach einem Deal ohne Verlierer aus. Da war etwa der chinesische Tischtennis-Verband, der sich für seine Heim-WM nicht nur sportlichen Erfolg wünschte, sondern auch Aufmerksamkeit bei der heimischen Bevölkerung. Tischtennis hatte gegenüber Basketball oder Fußball an Boden verloren. Das sollte sich ändern. Der in China superpopuläre Timo Boll an der Seite des vielleicht besten und auch beliebtesten chinesischen Spielers versprach beides: Erfolg und Aufmerksamkeit. Nicht zuletzt deshalb war es der chinesische Verband, der beim Weltverband zur WM einen Antrag stellte, gemischtnationale Doppel-Kombinationen erstmals seit 1999 wieder für Weltmeisterschaften zuzulassen – und dabei vielleicht schon an das Paar Ma/Boll gedacht hatte. Ganz Unrecht wird das dem Weltverband auch nicht gewesen sein: Er wertete seine WM auf – und zusätzlich noch den gerade unter Topspielern nicht immer populären Doppel-Wettbewerb.

Für Boll selbst, der aus Eigeninitiative die Anfrage an den chinesischen Verband richtete und um die Freigabe von Ma für den Doppelwettbewerb bat, schien sich derweil endlich ein Kreis schließen zu können: Nach jahrelangem Anrennen gegen die chinesische Übermacht, die ihm einen WM-Titel nach dem anderen vor der Nase wegschnappte, sollte es in Suzhou im Herbst seiner Karriere endlich klappen mit den Weltmeister-Weihen. Wenn schon nicht gegen die Chinesen, dann eben mit ihnen. Die sportlichen Prognosen waren blendend: Bolls Spielstil mit grandioser Spielübersicht und rotationsreichen Topspins schien perfekt zu harmonieren mit der brachialen Schlaggewalt seines neuen Partners. Wenn man sich zwei Spielsysteme für ein ideales Doppel hätte schnitzen können, sie wären wohl recht nah herangekommen an die der Links-Rechts-Kombination Ma/Boll. Dass es auch in der Praxis klappen kann, hatten die Beiden bei ihrem einzigen gemeinsamen Auftritt auch schon bewiesen, bei dem sie mühelos die German Open gewannen. Die Geburtsstunde des *Legendary Pair*. Für Boll gab es eine weitere Zugabe: Ansonsten medial gewiss nicht unterrepräsentiert, rückte er in den Tagen vor der WM stärker als jemals zuvor in den Fokus der Öffentlichkeit. Kurzum: Die Geschichte von Ma Long und Timo Boll, sie versprach im Vorfeld Gewinner an allen Ecken und Enden.

Verlierer gab es am Ende aber doch – sportliche Verlierer. Und die hießen ausgerechnet Ma Long und Timo Boll. Denen wurden die Setzungskriterien zum Verhängnis, die sich an den Doppelergebnissen der Spieler, nicht an denen im Einzel orientierten. Das alleine wäre noch nicht so schlimm gewesen, wenn die nur an 18 gesetzten Boll/Ma nicht gleich in ihrem ersten Spiel auf die chinesische Kombination Zhang Jike/Xu Xin getroffen wären – und dort verloren hätten. Nur sechs Sätze lang lebte der gemeinsame Traum vom WM-Titel bei Boll und Ma gegen den anderen Gold-Favoriten. Dann waren das vorweggenommene Finale und auch das Turnier für sie schon wieder beendet. Gemessen am Trubel vor Turnierbeginn ein vergleichsweise kurzes Stelldichein für das *Legendary Pair*. Doch Ma Long und Timo Boll hatten, so gesehen, Glück im Unglück: Zu diesem Zeitpunkt war ihre Legendenbildung nämlich längst abgeschlossen.

36. GRUND

Weil es die Lendls, Beckers und Edbergs auch im Tischtennis gibt

Lendl gegen Becker, Becker gegen Edberg, Edberg gegen Chang, Chang wieder gegen Lendl. Das Tennis der Achtziger- und Neunzigerjahre war nicht unbedingt arm an großen Duellen, an epischen Schlachten um bedeutende Trophäen, an legendären Charakteren auf und neben dem Court. Und heute? Machen die Jungs von damals (nun ja, vielleicht eher: die Männer im besten Alter) einfach munter weiter. Mit dem Unterschied, dass die Beckers, Edbergs und Changs nicht mehr selbst auf dem Tennisplatz stehen, sondern ein paar Sitzreihen weiter oben Platz nehmen – in den Spielerlogen. Sie sind heute die Trainer der weltbesten Tennisspieler und duellieren sich in Person ihrer Stellvertreter, der von ihnen betreuten Athleten. Was wurde nicht alles geschrieben über den Einfluss der großen Generation auf die Topathleten wie Roger Federer, Novak Đoković und Andy Murray. Über das Revival der großen Schlachten.

Tennis ist nicht nur von seinen räumlichen Ausmaßen her die größere Variante des Tischtennis. Im Tennis steckt stets mehr Geld, steckt deshalb auch mehr Entwicklung und Fortschritt als im Tischtennis. Eine Entwicklung im professionellen Tennis ist nicht selten ein Fingerzeig für das professionelle Tischtennis. Und so verhält es sich auch mit den Trainern. Denn die Geschichte um die Rückkehr der großen Spieler der Neunzigerjahre, die sich ebenso große Duelle um noch viel größere Titel lieferten, findet sich auch im Tischtennis.

Es fing an mit den Nationaltrainern. Zunehmend häufiger wurden die Posten von ehemaligen Topspielern besetzt. Bereits 2006 übernahm Liu Guoliang, der früh zurückgetretene Weltmeister von 1999, die chinesischen Herren – und leitete die erfolgreichste Phase der an erfolgreichen Phasen nicht armen chinesischen Tischtennis-Geschichte ein. Seit 2012 ist mit Jörg Roßkopf, dem Europameister von 1992, der deutsche Rekordnationalspieler zum Bundestrainer der Herren in Deutschland aufgestiegen. Und schließlich übernahm mit Ryu Seung-min, der Olympiasieger von 2004 in Athen, ein weiterer ehemaliger Weltklasseathlet den Nationalkader seines Heimatlandes Südkorea. Drei der vier Topnationen im internationalen Herren-Tischtennis, Japan ausgenommen, setzen auf die Expertise ihrer ehemals besten Athleten. Ob Liu, Roßkopf oder Ryu, sie alle sind Identifikationsfiguren und bekannte Gesichter ihrer Sportart innerhalb und auch außerhalb der jeweiligen Landesgrenzen. Sie füllen die Rollen der Nationaltrainer mit ihrem Prestige und ihrer Erfahrung ideal aus. Sie pushen die Athleten der weltbesten Nationen noch mehr nach vorne. Und sie stehen mit ihren Nationalspielern wieder ihren Gegnern vergangener Tage gegenüber. Liu gegen Roßkopf, Roßkopf gegen Ryu, Ryu gegen Liu. Das alte Spielchen.

Auch Jörgen Persson gehört zu den großen Spielern jener Tage. Er ist der Weltmeister des Jahres 1991, um nur einen seiner kaum zählbaren Erfolge zu nennen. Er gehört zu den Gesichtern jener schwedischen Ära, die die vielleicht bedeutendste in der Geschichte ihres Sports ist. Und er ist mittlerweile Trainer. Nicht Trainer eines Nationalverbands oder eines Vereins, wie das sonst im Tischtennis üblich war. Er ist – und da kommt man dem Tennis-Modell der Beckers und Edbergs noch ein Stückchen näher – sozusagen Privattrainer. Persson, eine der charismatischsten und am meisten geschätzten Personen des Tischtennis-Zirkus', arbeitet mittlerweile für den Deutschen Dimitrij Ovtcharov. Der Europameister und Olympia-Medaillengewinner geht als erster Profi den Weg, den im Tennis schon viele vor ihm gingen. Er ergänzte sein Trainerteam und stellte sich mit Persson einen *Personal Coach* an die Seite, den er bei ausgewählten Trainingswochen oder Wettkämpfen mit hinzuzieht. Es würde nicht wundern, wenn dieses Modell Schule macht – und wenn Tennis mal wieder ein zielsicherer Wegweiser gewesen ist für den kleinen Bruder Tischtennis.

37. GRUND

Weil Timo Boll beim World Cup reihenweise Sternstunden erlebte

Timo Boll war in Spendierlaune. Es gab Burger. An einer Autobahnraststätte. Für seine Frau, den Bundestrainer Richard Prause und seinen Physiotherapeuten – und natürlich für ihn selbst. Wo andere nach Champagner und Kaviar winken, blieb Deutschlands Jahrhundertspieler aus Höchst im Odenwald, ganz wie es ihm eigen ist, bescheiden. Dabei hätte sich Boll zu später Stunde an diesem Tag im Oktober 2005 alle Festmähler dieser Welt verdient gehabt. Hinter ihm lagen 24 denkwürdige Stunden – und der vielleicht beste Wettkampf seiner Laufbahn. Boll war auf dem Rückweg aus dem belgischen Lüttich, wo er mit dem World Cup den nach den Olympischen Spielen und den Weltmeisterschaften drittbedeutendsten Wettbewerb in der Tischtennis-Welt überhaupt gewonnen hatte. Und den hatte der Linkshänder beileibe nicht irgendwie gewonnen.

Boll hatte in Belgien einen Wettkampf wie im Traum erlebt. Erwartungsgemäß war er trotz einer vermeidbaren Niederlage in den Gruppenspielen gegen den Weißrussen Vladimir Samsonov ins Viertelfinale eingezogen, wo für Spieler vom Kaliber Boll, die Allerbesten der Welt, so ein Turnier eigentlich erst richtig beginnt. Der Grund dafür ist ein simpler: Wenn es in die finalen Runden eines Turniers und damit um die Medaillen geht, dann heißt das zumeist auch, dass von nun an die meist übermächtigen Chinesen als Gegner warten. Das war auch in Lüttich nicht anders. Vor Boll lag das denkbar ungünstigste Tableau: Im Viertelfinale wartete der Weltmeister und Weltranglistenerste Wang Liqin, im Halbfinale drohte sein Angstgegner Ma Lin – und in einem möglichen Finale der nicht minder starke Wang Hao. Wang, Wang und Ma – das war das mit Abstand Beste, was das Welttischtennis zu jener Zeit hergab.

In Lüttich sollte diese Hierarchie für einen Moment allerdings gehörig ins Wanken geraten, denn der Deutsche besiegte das chinesische Top-Trio fein säuberlich und der Reihe nach. Gegen Wang Liqin, der seinerzeit wohl beste Spieler der Welt – dessen Spielsystem Boll allerdings nicht ungelegen war –, setzte der mehrfache Europameister ein erstes Zeichen. In sieben dramatischen Sätzen schaltete Boll den Turnierfavoriten aus. Dass er den Weltmeister geschlagen hatte, hieß allerdings noch lange nicht, dass er auch dessen Landsmann Ma Lin bezwingen könnte. Achtmal in Folge hatte Ma das Duell gegen Boll zuvor für sich entschieden – und die Siege waren teilweise so deutlich ausgefallen, dass nicht viel dafür sprach, dass Boll überhaupt noch einmal ein Sieg gegen den Penholder-Spieler gelingen würde. Die Argumente dafür aber sammelte der Deutsche in Lüttich selbst: Auch gegen Ma behielt er in sieben dramatischen Sätzen die Oberhand – und zog weiter Richtung Finale. Es hätte nicht in die Geschichte des Wettkampfes gepasst, wenn Boll nach den Siegen über den Weltmeister und seinen Angstgegner nicht auch mit dem Titel belohnt worden wäre. Und so hielten sich die beiden Protagonisten ans Drehbuch: Boll siegte – wie sollte es anders sein – auch im Endspiel gegen Wang Hao in sieben Sätzen und hatte innerhalb von weniger als 24 Stunden drei Siege errungen, die ihm sonst nur verteilt auf mehrere Jahre gelungen waren.

Dass der World Cup das Potenzial hatte, der Lieblingswettbewerb von Timo Boll zu werden, hatte sich schon vor Lüttich und dem Jahr 2005 angedeutet. Denn ein ähnlicher, vielleicht nicht ganz so spektakulärer Coup war dem deutschen Ausnahmespieler bereits 2002 gelungen, als er beim World Cup im chinesischen Jinan als Titelträger die Halle verließ. Mit Siegen über den damals frisch gekürten Olympiasieger Kong Linghui (4:1 Sätze) im Endspiel sowie zuvor ebenfalls gegen Wang Liqin im Viertelfinale (4:0) war dem seinerzeit erst 21 Jahre alten Boll endgültig der Sprung in die absolute Weltspitze gelungen – und auch der Sprung an die Spitze der Liste von Gegnern, die die Chinesen am meisten fürchteten. Die Rolle sollte Boll so schnell nicht mehr loswerden. Zwei weitere Male verpasste Boll den World-Cup-Titel außerdem nur knapp: 2008 scheiterte er an Wang Hao, 2012 an Ma Long jeweils im Endspiel. Die schienen bereits gewarnt gewesen zu sein vor Bolls besonderer World-Cup-Form.

Nach dem Erfolg von Lüttich erzählte Boll im Übrigen, er habe sich beim Diner auf der Autobahnraststätte nicht nur einen Burger, sondern auch noch eine zweite Siegerehrung gegönnt. Mit einer kleinen Pappkrone auf dem Kopf saß er am Tisch. »Das war ganz nett«[15], hatte Boll zu Protokoll gegeben. So kann man es auch sagen, wenn man gerade einer ganzen Tischtennis-Weltmacht einen neckischen Streich gespielt hat.

38. GRUND

Weil Schweden mehr können als Knäckebrot und Möbel

Volvo, Knäckebrot, H&M, Ikea, Elche. Wer das liest, der weiß, worum es geht. Der richtet seinen Blick gen Norden. Fast noch besser als die meisten anderen Nationen dieser Welt lässt sich Schweden holzschnittartig mit einer Reihe an Schlagworten beschreiben. Jeder Tischtennis-Kenner aber würde diese Liste als unvollständig bemängeln: Denn Schweden ist Tischtennis – und Tischtennis ist Schweden. Abgesehen von China hat keine Nation auf der Welt eine derart enge Bande mit dem Tischtennissport wie das skandinavische Königreich.

Das Besondere an der Geschichte des schwedischen Tischtennis ist, dass sie keine Geschichte einiger ausgewählter großer Namen ist. Also, natürlich ist sie das auch. Eine Geschichte der Alsérs und Bengtssons, der Appelgrens, Waldners und Perssons. Dazu aber erst später mehr. Vielmehr nämlich ist die Geschichte des schwedischen Tischtennis die Geschichte eines Sports, der mittlerweile tief in der Gesellschaft und in den Sportstrukturen der 10-Millionen-Einwohner-Nation eingelassen ist. In Schweden besitzt Tischtennis eine Tradition. Es gibt – trotz einer nicht unbedingt hohen Bevölkerungsdichte – in fast jedem Teil von Schweden die Möglichkeit, nicht nur Training zu bekommen, sondern zumeist auch sehr gutes Training. Der Staat finanzierte über Jahrzehnte die Jugendarbeit, sodass quer über das Land verteilt ausgebildete Trainer in Vereinen arbeiten konnten. Auch hat Tischtennis als Wettkampfsport in Schweden eine lange Tradition. Es gibt zahlreiche Turniere und Turnierserien. In Schweden fehlt es dem Tischtennis-Herz eigentlich an nichts.

Auch nicht an den dazugehörigen Spielern, die dieses System immer wieder hervorbringen sollte. Den Anfang machte, als die Strukturen noch längst nicht derart gefestigt waren wie in den Achtziger- oder Neunzigerjahren, der international weitestgehend unbekannte Tage Flisberg. Der wurde in den Vierzigern und Fünfzigern zum besten Spieler, den Schweden jemals hervorgebracht hatte. Dabei verkörperte Flisberg das, was das schwedische Tischtennis und seine besten Trainer wie Spieler über Jahrzehnte später auszeichnen sollte: Er schaute zu und lernte. Nicht von irgendwem. Sondern von den damals überragenden Ungarn, von den immer besser werdenden Japanern, die in den Fünfzigern den Thron der Tischtennis-Welt übernehmen sollten. Einer von ihnen verhinderte, dass Flisbergs größter Erfolg noch größer wurde: 1954 verlor der Schwede das WM-Finale gegen den legendären Japaner Ichirō Ogimura.

Flisberg brachte den Stein ins Rollen: Seit den Fünfzigerjahren haben die Schweden in jedem Jahrzehnt Topspieler hervorgebracht, die große Titel und Medaillen in das stolze Königreich entführten. Kjell Johansson und Hans Alsér waren die besten Europäer ihrer Zeit und gewannen jeweils zweimal die Europameisterschaften im Einzel. Das war in den Sechzigerjahren. Stellan Bengtsson war schließlich nicht nur der Beste in Europa, sondern der Beste der Welt: Er wurde 1971 der erste schwedische Weltmeister. Übertroffen wurden die Erfolge gar in den Achtzigerjahren: Schweden stellte mit Mikael Appelgren (1982, 1988, 1990), Ulf Bengtsson (1984) und Jörgen Persson (1986) mehr als zehn Jahre hintereinander den Europameister, während – noch in ihrem Schatten – der kommende schwedische Jahrhundertspieler seine Triumphzüge vorbereitete: Jan-Ove Waldner. Das Tischtennis-Genie, mehrfacher Weltmeister, Olympiasieger und Europameister, stand in den WM-Finals 1989 und 1991 seinem Freund und Landsmann Persson gegenüber. Erst gewann Waldner, zwei Jahre später Persson. Überhaupt: diese WM 1991 im japanischen Chiba. Sie stellte vielleicht den Zenit des schwedischen Herren-Tischtennis dar, wenngleich noch viele Titel und Medaillen folgen sollten: Die Schweden gewannen Gold und Silber im Einzel, Gold in der Mannschaft sowie durch die Paarungen Thomas von Scheele/Peter Karlsson und Persson/Erik Lindh abermals Gold und Bronze im Doppel. Schweden war nicht mehr Chinas Herausforderer. Schweden hatte China gedemütigt und sich zur führenden Nation gemacht. Vor allem Waldner sollte noch bis zur Jahrtausendwende und an guten Tagen darüber hinaus ein stetiger Widersacher der Chinesen bleiben, ehe diese sich endgültig wieder an die Spitze ihres Sports schoben.

Die überbordenden Erfolge der schwedischen Herren aber hatten ihren Preis: Persson, Waldner oder Karlsson, die sich alle bis an ihr 40. Lebensjahr in der Weltspitze hielten, nahmen mindestens einer Generation an schwedischen Spielern ihre Entfaltungsmöglichkeit. Derzeit durchlebt Schweden deshalb die vielleicht größte Tischtennis-Durststrecke der vergangenen 70 Jahre. Noch. Denn der Jugend-Europameister des Jahres 2015 heißt Anton Källberg. Er gilt als einer der hoffnungsvollsten Spieler in Europa seit Jahren. Und der ist: natürlich Schwede. Tradition verpflichtet eben.

3. KAPITEL
DIE REGELN

39. GRUND

Weil es nicht zu lange dauern darf

665 Minuten. In Worten: sechshundertfünfundsechzig. Das sind über elf Stunden. Das ist fast ein halber Tag. Das ist die Dauer von sieben Fußballspielen. Von fünf bis sechs Hollywood-Blockbustern. Das ist: einfach nur unfassbar lange. Der US-Amerikaner John Isner und Nicolas Mahut aus Frankreich haben so lange Tennis gespielt. Auf dem heiligen Rasen von Wimbledon. Im Jahr 2010. Es war das längste Spiel der Geschichte. Moment, ist das nicht gerade die falsche Sportart? Ist es. Allein schon deshalb, weil so was im Tischtennis nie passieren könnte.

Im Tischtennis gibt es für ungeduldige Aktive und Zuschauer sozusagen einen Schutz, der die Spiele künstlich kurz hält. Er heißt Wechselmethode, auch genannt: Zeitspiel. Das Zeitspiel sorgt – anders als es sein Name vermuten lässt – dafür, dass nicht zu viel Zeit vergeht, bis ein Spiel sein Ende findet. Wie das genau aussieht? Zehn Minuten darf es maximal dauern, bis insgesamt 18 Punkte in einem Satz ausgespielt worden sind. Das heißt: Es steht mindestens 9:9, 10:8 oder 8:10 in dem Moment, in dem die zehnte Spielminute eines Satzes abgelaufen ist. Haben sich die Spieler am Tisch dafür mehr Zeit gelassen als zehn Minuten, tritt die Wechselmethode in Kraft – und setzt dem Spuk qua Regelwerk ein Ende.

Wenn es nach der Einführung der Wechselmethode durch den Tischschiedsrichter dem jeweiligen Rückschläger in einem Ballwechsel gelingt, den Ball 13 Mal zu retournieren, ist ihm der Punkt sicher. Mehr braucht er nicht zu tun, als irgendwie schlappe 13 Mal den Ball zurück zu geben. Ein Ballwechsel hat also höchstens noch 26 Kontakte. Das sieht auf den ersten Blick nach viel aus. Um ehrlich zu sein: auf den zweiten auch. Im modernen Tischtennis, im Zeitalter der brachialen Offensivspieler, der knallharten Topspins und des schnellen Materials, ist das Zeitspiel zur echten Rarität mutiert. Spieler der jüngeren Generationen kennen das Zeitspiel wenn überhaupt nur in der Theorie oder aus Erzählungen längst inaktiver Vereinskameraden – aus der gelebten Praxis in den allermeisten Fällen allerdings nicht.

Auch in den Anfängen des Tischtennis war das Zeitspiel eine Unbekannte. Damals gab es die krude Regel vom künstlich verkürzten Match nämlich noch nicht. Und deshalb konnte es á la Mahut und Isner schon mal länger dauern. Ad absurdum führten diese Tatsache der Rumäne Vasile Goldberger-Marin und der Franzose Michel Hagenauer bei den Weltmeisterschaften 1936. Siebeneinhalb Stunden standen sich die beiden gegenüber – ehe das Spiel abgebrochen und kurioserweise per Los entschieden wurde. Es waren wohl ermüdende Matches wie dieses, die den Weltverband nur ein Jahr später zum Handeln bewegten: Unmittelbar vor der Weltmeisterschaft 1937 wurde erstmals eine Zeitbeschränkung eingeführt. Spiele mit zwei Gewinnsätzen durften nicht länger als eine Stunde, Spiele mit drei Gewinnsätzen nicht länger als 105 Minuten dauern. Ein einzelner Satz war auf maximal 30 Minuten beschränkt. Das Kuriose dabei: Die Spiele wurden bei einer Zeitüberschreitung einfach abgebrochen. Das führte zu kuriosen Ereignissen: Leidtragende des wenig durchdachten neuen Reglements wurden etwa Ruth Hughes Aarons (USA) und Gertrude Pritzi (Österreich) im Einzel-Finale der WM. Das Endspiel wurde nach 105 Minuten nur wenige Punkte vor dem Titelgewinn annulliert. Die Titelvergabe fiel einfach aus. Eine Weltmeisterin? Gab es eben nicht. Hätte zu lange gedauert.

Im Herbst 1937 verschärfte der Weltverband die Regelung erneut – verbesserte sie aber wieder nicht wesentlich. Ein Satz durfte nun nur noch 20 Minuten dauern, nach denen das Spiel unterbrochen und der Spieler mit den meisten Punkten zum Sieger erklärt wurde. So weit, so gut. Bei Punktgleichheit entschied der nächste Ballwechsel, der wiederum auf maximal fünf Minuten befristet wurde. Erfolgte nach diesen fünf Minuten noch immer kein Punktgewinn, ging der Satz als unentschieden in die Wertung. Damit nicht genug: Handelte es sich um den Entscheidungssatz, dann wurden beide Spieler zur Strafe für zwei Jahre für alle Wettkämpfe gesperrt. Wer nicht ohnehin über ein Karriereende und über einen geeigneten Abgang am aktiven Sport nachgedacht hatte, ließ es im Fall der Fälle dann wohl lieber auf einen kleinen Flüchtigkeitsfehler ankommen. Einfach, um seine Karriere zu retten.

So dauerte es schließlich bis zum 1. Oktober 1961, bis aus einer sinnvollen Idee auch eine sinnvolle Regel gebaut wurde, bei der in der Folgezeit nur noch marginal nachgebessert wurde. 15 Minuten wurden seitdem für einen Satz angesetzt, der damals noch bis 21 gespielt wurde. Als 2001 die Sätze auf 11 Punkte verkürzt wurden, reduzierte der Weltverband die maximale Dauer eines Satzes entsprechend auf zehn Minuten. Da hatte das Zeitspiel allerdings seine Schuldigkeit längst getan. Waren die Sechzigerjahre noch ein Jahrzehnt des Zeitspiels, änderte sich die Sportart bald dergestalt, dass die Notwendigkeit der Regel längst abhanden gekommen ist.

Eine Renaissance erlebte das Zeitspiel allerdings jüngst an unerwarteter Stelle. Wieder war es das Einzel-Finale der Damen einer WM. Dieses Mal im Jahr 2015 zwischen den Chinesinnen Ding Ning und Liu Shiwen. Wie es zwischen den beiden besten Offensivspielerinnen der Welt so weit gekommen war? Durch eine bloße Fehlentscheidung der Schiedsrichterin. Sie hatte bei einer Verletzungspause Dings die Zeitnahme nicht unterbrochen, wie es das Regelwerk eigentlich vorsieht. Eine Weltmeisterin gab es mit Ding allerdings dennoch. So übrigens auch für besagte WM im Jahre 1937: 64 Jahre später wurde Aarons und Pritzi nachträglich die Goldmedaille zugesprochen. Was man auch als eine Art von Zeitspiel bezeichnen könnte.

40. GRUND

Weil es nicht immer über das Netz gehen muss

Ein Tischtennisartikel-Hersteller hat in den Achtzigerjahren einen Tisch mit dem Namen *Rollomat* auf den Markt gebracht. Der Tisch war mit Rollen bestückt, deshalb leicht von A nach B zu bringen. Da lag die Namensgebung irgendwie nah. Keine zwei Jahrzehnte später hatte sich der *Rollomat* verselbstständigt – allerdings nicht der Tisch, sondern der Begriff. Er steht heute für die Königsdisziplin unter den Schlägen: ein Schlag um das Netz herum, der so flach ist, dass er auf der anderen Tischhälfte kaum mehr abspringt. Sondern eben: rollt.

Moment, Moment! Aber ist Tischtennis nicht der Sport, bei dem der Ball *über* das Netz auf die gegnerische Hälfte gespielt werden muss? Nun ja. Nein, eigentlich nicht. Das Netz ist das Hindernis, welches der Ball überwinden muss, um auf die gegnerische Hälfte des Tisches zu gelangen. Wie das von Statten geht, wo sich der Ball am Netz vorbeimogelt – das ist alles vollkommen unerheblich: »Ein auf- oder zurückgeschlagener Ball muss so geschlagen werden, dass er das gegnerische Spielfeld berührt, und zwar entweder direkt oder nach Berühren der Netzgarnitur.«[16] Mehr steht da nicht in den Regeln. Erst recht nichts davon, dass der Ball über die Netzgarnitur fliegen muss.

Nun verhält es sich natürlich so, dass es zumeist die simpelste Lösung ist, den Ball auch wirklich über das Netz zu befördern. In nahezu allen Fällen ist dies sogar die einzig denkbare Lösung. Das hat weniger mit der Qualität der Spieler am Tisch, sondern schlichtweg mit Physik zu tun. Zumal die Netzgarnitur im Tischtennis nicht auf Höhe der Außenlinien endet, sondern an jeder Seite des Tisches mit 15,25 Zentimetern (was übrigens einer Netzhöhe entspricht) darüber hinausgeht. Und somit noch einmal deutlich breiter ausfällt als der dazugehörige Tisch.

Da sind aber auch noch diese besonderen Momente, diese seltenen Fälle, in denen die Lösung eben auch eine andere sein kann: den Ball um die Netzpfosten herum zu zwirbeln, ein *around-the-net-shot*. Das geht zum einen nur dann, wenn der ankommende Schlag mit entsprechendem Winkel über die Seitenlinien gespielt wird, sich im Moment des Rückschlags dementsprechend deutlich neben dem Tisch und möglichst auf Tischhöhe befindet. Das geht zum anderen nur dann, wenn der Spieler eine gehörige Portion an Ballgefühl und Timing mitbringt, um den Ball auch wirklich dort unterzubringen, wo er hin soll. Auf dem schmalen Pfad am Netz vorbei auf die gegnerische Tischhälfte, zumeist versehen mit einer durch Rotation stark gebogenen Flugkurve. Der Spielraum für einen solchen Ausnahmeschlag liegt im Bereich von wenigen Zentimetern, nicht selten gar von wenigen Millimetern. Und deshalb gibt es für ein Video eines gelungenen *Rollomat* nicht nur reihenweise Clicks im Internet, sondern auch lautstarken Applaus in allen Hallen rund um den Erdball.

41. GRUND

Weil Tischtennis eine ziemlich farbenfrohe Angelegenheit ist

Tischtennis ist ein Farbensport! Ohne Farben kein Tischtennis. Wo man es sich auch nur vorstellen kann, wo man auch hinschaut, nehmen Farben eine immense Bedeutung ein. Wo? Etwa hier:

Der Ball: Na, weiß muss er sein, der Ball. Oder? Nein, muss er eben nicht. Zumindest nicht zwangsläufig. Er darf »matt weiß«[17], wie es im offiziellen Regelwerk heißt, sein, aber auch – und jetzt wird es bunt: »matt-orange«. Farbe kam bei Tischtennisbällen in den späten Sechziger- und frühen Siebzigerjahren ins Spiel. Der Grund ist ein relativ einleuchtender – im wahrsten Sinne des Wortes: Farbige

Bälle waren Untersuchungen zufolge besser zu sehen als weiße. In der Folgezeit kamen deshalb Bälle in den Farben Orange und Gelb auf. Wohingegen sich das orangefarbene Spielgerät etablierte, ohne die Vorherrschaft des traditionellen weißen Balls jemals abzulösen, verschwanden die gelben Bälle per Regeländerung 1997 wieder aus dem offiziellen Wettkampftischtennis. Zu welchen Bällen wann gegriffen wird, ist vom jeweiligen Ausrichter eines Wettkampfes frei wählbar und ist – entgegen einer vorherrschenden Meinung – vollkommen unabhängig von der Farbe der Tische, um die es gleich noch gehen wird. So muss auf grünen Tischen nicht zwingend mit weißen oder auf blauen Tischen mit orangefarbenen Bällen gespielt werden. Auch genau andersherum ist es möglich. Es darf bunt gemischt werden! Immer wieder gibt es derweil Überlegungen, die Einfarbigkeit der Bälle aus dem Regelwerk zu streichen. Der Grund: Mit mehrfarbigen Bällen, die nicht selten im Anfängertraining zum Einsatz kommen, um die Rotation des Balls zu veranschaulichen, fällt Zuschauern eine Einschätzung über die Rotation der Bälle leichter. Bisher blieb es bei Gedankenspielen.

Der Tisch: Wenn man beim Ball ist, ist man eigentlich auch schon beim Tisch. Oder besser gesagt: bei dessen Spielfläche. Für die gelten zwei Farbmerkmale. Das eine Merkmal ist eines der Zauberwörter im Regelwerk überhaupt: Natürlich muss auch die Spielfläche »matt« sein. Eine glänzende und spiegelnde Oberfläche würde einem das Sehen und damit auch das Spielen doch erheblich erschweren – und ist deshalb unerwünscht. In den Niederungen der Spielklassen passiert es allerdings nicht selten, dass ehemals matte Oberflächen im Laufe der Jahre oder eher Jahrzehnte so sehr reflektieren, dass die morgendliche Nassrasur mit scharfer Klinge problemlos darin zu meistern wäre. Auch muss die Spielfläche »gleichmäßig dunkelfarbig« sein. Meistens heißt das: Sie ist gleichmäßig dunkelgrün. Zwar gibt es die Tischoberfläche auch bereits in schwarz-grau, in blau oder lila, insgesamt sind in puncto Tisch die

Grenzen der Kreativität noch längst nicht ausgereizt. Man stelle sich doch nur einen orangefarbenen Ball auf einem klassisch weinroten Tisch vor ... – herrlich!

Die Beläge: Die Beläge, oder besser gesagt, die Schlägerseiten waren im Tischtennis über viele Jahre hinweg *das* Farbthema schlechthin. Wo heute wie selbstverständlich zwei verschiedenfarbige Beläge zum Einsatz kommen, waren Belagfarben einst das größte Politikum dieses Sports. Die Geschichte dazu geht so: Als in den Sechzigerjahren Beläge mit immer unterschiedlicheren Spieleigenschaften aufkamen, war es noch erlaubt, erst sogar vorgeschrieben, dass die verwendeten Gummis gleichfarbig waren. Im Übrigen war die Farbe damals, wenn sie nicht weiß war, noch vollkommen unerheblich. Je größer mit der Materialentwicklung der Einfluss des Belags auf Geschwindigkeit und vor allem Rotation der Schläge wurde, desto mehr Spieler gab es, die daraus Kapital schlagen wollten: Sie spielten gleichfarbige Beläge, die aus der Entfernung einer Tischlänge vollkommen identisch aussahen, allerdings vollkommen unterschiedliche Spieleigenschaften besaßen. Sie stürzten Gegner gar noch weiter in die Verwirrung, da sie die Schlägerseiten während des Spiels und auch während der Ballwechsel ständig zu drehen begannen. Dem Spieler gegenüber blieb zunächst ein letztes Erkennungsmerkmal: der Klang beim Treffpunkt, der bei unterschiedlichen Belagtypen auch unterschiedlich ausfiel. Auch dafür hatten die findigen Belagkünstler eine Lösung: Sie stampften bei ihren Schlägen auf. Und futsch war auch der letzte Hinweis auf den Belag, mit dem der Ball gespielt wurde. Diese Entwicklung führte zu kuriosen Spielen und absurden Ergebnissen, in denen Weltklassespieler gegen Materialakteure der Lächerlichkeit preisgegeben wurden. 1983 etwa startete der junge Michael Plum, der genau diese Lücke des Regelwerks nutzte, für die deutsche Nationalmannschaft bei der WM. Erst 1984 gebot der Weltverband dem Einhalt – und die Lösung war: Farbe! Erst wurde die Verschiedenfarbigkeit der Beläge zur Pflicht, wenig später wurden die Farben Rot und Schwarz fest auf den Plan gerufen – und die Materialspieler verschwanden wieder von der Spitze. Dafür hatten die Farben gesorgt. Welche Farbe, ob rot oder schwarz, auf welcher Seite gespielt wird, ist dabei vollkommen unerheblich. Auch das Wechseln der Schlägerseiten in der Hand während eines Ballwechsels ist erlaubt, sind sie durch ihre Farbgebung ja auch von der anderen Tischhälfte aus glasklar zu unterscheiden. Eines aber klingt noch immer sehr merkwürdig im niedergeschriebenen Regelwerk: Die Schlägerseiten müssen demnach matt sein – »und zwar auf der einen Seite leuchtend rot, auf der anderen schwarz«[18]. Matt und leuchtend zugleich? Nun ja, darüber ließe sich streiten.

Die Kleidung und der Spielhintergrund: Ein abhängige Variable bleibt schließlich die Spielkleidung. Abhängig natürlich von der Farbe des Balls. »Abgesehen von Ärmeln oder Kragen des Trikots, muss sich die Hauptfarbe von Trikot, Röckchen oder Shorts eindeutig von der Farbe des verwendeten Balls unterscheiden.«[19] Heißt: Wer unbedingt die Trikots in seiner Lieblingsfarbe Orange tragen möchte, der muss dafür sorgen, dass der Ball weiß ist. Oder eben andersherum. Weiße Trikots sind nicht grundsätzlich verboten, sondern nur da, wo das Spielgerät auch weiß ist. Ganz ähnlich funktioniert die Logik bei allem, was zum Hintergrund oder Untergrund des Spiels zu zählen ist. Die Farbe des Hintergrunds sowie des Fußbodens müssen einheitlich sein – und zwar einheitlich dunkel. An sich sind diese Passagen des Regelwerks mehr als sinnvoll. Wer einmal versucht hat, mit einem weißen Ball vor einer weißen Trennwand einer Sporthalle Tischtennis zu spielen, wird da zustimmen. Gerade bei Spielstätten, die für alles Mögliche errichtet sind, nicht nur um dort ausschließlich Tischtennis zu spielen, kann das zu Problemen führen. Was tun gegen die weiß gestrichene Betonwand der Sporthalle der Grundschule im Heimatort? Eben, nicht so viel. Dann muss ein orangefarbiger Ball her.

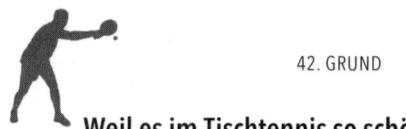

42. GRUND

Weil es im Tischtennis so schön formlos zugeht

In Tischtennis-Showkämpfen ist sie längst ein echter Klassiker: die Bratpfanne. Irgendwann legen die zuständigen Ballartisten die herkömmlichen Schläger beiseite – und ersetzen sie durch Gegenstände des täglichen Gebrauchs. Die Schuhe, das Handy oder eben: die Bratpfanne. Es braucht nicht mehr als ein Mindestmaß an Übung und der Ball fliegt mit einem Modell aus Gusseisen oder mit Teflon-Beschichtung erstaunlich zielsicher und flott übers Netz. Im Wettkampftischtennis ginge das natürlich alles nicht. Oder doch?

Denn ausgerechnet im sonst so penibel geführten Tischtennis-Regelwerk, in dem sich feinste Reglementierungen für scheinbar alles zu finden scheinen, herrscht in Bezug auf die Maßeinheiten des Schlägers gewissermaßen Anarchie. Da steht nämlich: »Größe, Form und Gewicht des Schlägers sind beliebig.«[20] Beliebig! Größe! Form! Und Gewicht! Ein Tischtennisschläger groß wie ein Tennisschläger, rund wie ein Wagenrad, schwer wie eine Abrissbirne – alles ist regelkonform.

Da wundert es zunächst doch, dass es sich bei Tischtennisschlägern – wenn man nicht zu weit in die Details geht – bei einem ersten Blick doch mehr oder minder um Einheitsmaterial handelt. Mit einer ovalen Form, einem Gewicht des Schlägerholzes von meist knapp unter 100 Gramm und von einer Schlägerblattlänge und -breite von irgendwas um die 15 Zentimeter. Man muss schon lange suchen, um einen Spieler zu finden, bei dem all das gehörig anders aussieht. Dabei wäre es doch qua Regelwerk erlaubt.

Dass das Regelwerk nicht bis an seine nicht vorhandene Grenze ausgereizt wird, hat natürlich seine Gründe. Immer wieder hat es Versuche gegeben, die Merkmale des Schlägers mit bestimmten Überlegungen wesentlich zu verändern. Ein schwereres Holz, mit dem eine höhere Endgeschwindigkeit des Armes und damit mehr

Durchschlagskraft der Schläge möglich seien. Ein Holz mit abgeschnittenem Kopf, mit dem der optimale Treffpunkt des Balls besser zu regulieren sei. All das tauchte irgendwann auf dem Markt auf – und verschwand genauso bald wieder.

Denn jeder Vorteil bietet wieder einen Nachteil: Ein kiloschwerer Schläger lässt sich zwar auf eine große Endgeschwindigkeit bringen, aber um ihn dahin zu bekommen, braucht es natürlich auch erheblich mehr Weg und Zeit. Die aber bleiben einem am Tisch meistens nicht. Auf einem erheblich größeren Schlägerblatt, was zunächst augenscheinliche Vorteile versprechen mag, ist der optimale Treffpunkt eines Balles mit der Größe und Beschaffenheit eines Tischtennisballs auch erheblich schwieriger zu finden. Durchgesetzt hat sich allenfalls eine Besonderheit: Defensivspieler, die mit größerer Distanz vom Tisch spielen, verwenden regelmäßig leicht vergrößerte Schlägerblätter, die ihnen eine größere Trefferfläche bieten. Größer meint allerdings auch nur: einen oder zwei Zentimeter größer.

So herrsch zwar theoretisch weitestgehende Beliebigkeit bei der Schlägerwahl, die praktisch allerdings nur eines ist: überhaupt nicht sinnvoll. Und ganz so weit her ist es mit der Anarchie in puncto Schläger nun auch nicht. Die Reglementierungen kommen nämlich mit den Belägen, die mit dem Schläger in Einklang zu bringen sind. Die benötigen nach Reglement eine Zulassung des Weltverbands. Kleiner als der zugehörige Stempel auf dem Belag, der diese gewährleistet, darf ein Schläger also nicht werden – wobei man sich da schon im Bereich von wenigen Millimetern befindet. In den Bereich von Metern kommt man hingegen auch nur schwerlich. Hier macht einem die Industrie einen Strich durch die Rechnung, die Beläge schlichtweg nicht in Übergrößen herstellt. Nichts da also mit dem Tischtennisschläger in Bratpfannen-Größe!

Doch die Beschaffung von geeigneten Belägen ist nicht alles. Einen Passus gibt es in den Regeln auch noch zum Schlägerblatt, das »eben und unbiegsam«[21] sein muss. Eine unbiegsame Bratpfanne zu finden, sollte noch ein Leichtes sein. Aber eine, die vollkommen eben ist? Damit wäre die Bratpfanne, die obendrein größtenteils aus Holz sein müsste, wohl doch aus dem Rennen.

43. GRUND

Weil man immer die Qual der Wahl hat

Mit Wahlmöglichkeiten ist das ja so eine Sache. Wenn man sie nicht hat, passt einem das nicht. Es fehlt einem die Auswahl. Und wenn man sie hat, passt es einem natürlich auch nicht. Dann weiß man nicht, wofür man sich entscheiden soll. Nun, auch wenn in diesem Teufelskreis niemandem schlussendlich geholfen werden kann, sind beim Tischtennis sicherlich diejenigen gut aufgehoben, denen es an Optionen nicht mangeln darf. Auf eine Wahl, die es im Tischtennis zu treffen gibt, kommt jeder gleich: Aufschlag – du oder ich? Das ist hier die Frage. Das aber ist bei Weitem nicht alles, über das es sich zu grübeln lohnt. Denn es gibt weit mehr zu wählen, als es selbst die meisten Aktiven selbst wissen.

Na gut, die Sache mit dem Aufschlag ist ja nicht ganz verkehrt. Um den geht es, bevor man loslegen kann mit dem Spiel. »Wer hat?«, heißt es dann in Kurzform. Aber hinter diesem knappen »Wer hat?« steckt eigentlich gleich ein Trio an Entscheidungen, die getroffen werden können. Genauer müsste es deshalb heißen: Wer hat was? In der Verlosung wären: eben der Aufschlag, der Rückschlag und die Seite des Tisches, an der man spielen möchte.

Warum viele Aktive mit der Wahl zu Spielbeginn vor allem die Entscheidung über den ersten Aufschlag im Spiel verbinden, hängt wohl mit dessen Popularität zusammen: Eine Vielzahl der Spieler möchte mit dem eigenen Aufschlag ein Spiel eröffnen, um sich sicherer zu fühlen. Der eigene Aufschlag stellt einem zunächst einfache Punkte in Aussicht. Das aber ist natürlich nicht folgenlos:

Wählt man selbst zunächst den Aufschlag, steht dem Gegner nicht nur, was jetzt wenig überraschend sein mag, der Rückschlag zu – sondern eben auch der Aufschlag zu ein paar anderen Phasen im Spiel: etwa zu Beginn des zweiten Satzes, denn das Aufschlagrecht wechselt nach jedem Satz, aber auch beim knappsten aller Spielstände, dem 9:9, im ersten, dritten und dem möglichen fünften Satz, denn das Aufschlagrecht wechselt im Satz nach jeweils 2 gespielten Punkten. Beim Spielstand aller Spielstände, dem absoluten Showdown am Tischtennis-Tisch, dem 9:9 im fünften Satz, hält dann eben derjenige den Aufschlag-Trumpf in der Hand, der im ersten Satz nicht mit ihm ins Spiel gestartet ist. Das kann man drehen und wenden, wie man will. Ändern daran wird sich nach dem ersten Aufschlag im ersten Satz nichts mehr.

Deshalb kann man das Spielchen von Aufschlag und Rückschlag eben auch umdrehen: Denn der Gewinn der Wahl zu Spielbeginn – egal, ob hoch professionell per Münze oder ganz klassisch mit einem versteckten Ball unter dem Tisch – schafft ja noch eine ganz andere Option: mit dem Rückschlag ins Spiel zu starten. Nicht unbedingt deshalb, weil man sich als Rückschläger besser fühlt als als Aufschläger. Sondern, weil einem der Aufschlag in anderen Situationen wertvoller erscheint als beim Stand von 0:0 im ersten Satz. Eben bei 9:9 im fünften Satz. Das kann dann eben auch eine ganz bewusste Entscheidung sein.

Die gleiche Strategie lässt sich für die dritte Wahlmöglichkeit durchspielen: die Seitenwahl. Die ist als Äquivalent zur Wahl von Aufschlag bzw. Rückschlag zu sehen. Entscheidet man sich für eine Seite, muss sich der Gegner mit der anderen Seite abfinden. Man tritt damit allerdings auch die Wahlmöglichkeit an den Gegner an, ob man lieber mit dem Auf- oder dem Rückschlag beginnen möchte. Relevant ist das vor allem dort, wo nicht wie bei Profis unter beinahe sterilen Laborbedingungen gespielt wird. Sondern dort, wo von schräg oben die Sonne durch die Glasbausteine der Sporthalle brennt oder die weiße Trennwand heruntergelassen wird, vor der man keinen weißen Ball mehr erkennt. Willkommen im Amateur-Tischtennis!

Die ausgemachte Königsdisziplin in Sachen »Wahl« aber versteckt sich im Doppel. Nein, nein, gemeint ist da ausnahmsweise nicht die Wahl des Partners, wobei man auch bei der gehörig viel falsch machen kann. Sei es in Sachen Spielstärke oder weil der Nebenmann noch seine hart erarbeitete Fahne vom Vorabend zum Besten gibt – oder beides. Nein, auch wenn man einen wohlduftenden Topspieler an seiner Seite weiß, ist es noch längst nicht getan mit den Entscheidungen. Zunächst einmal müssen auch hier die grundlegenden Dinge geklärt werden – die Frage nach Aufschlag bzw. Rückschlag oder der Seite, die im Doppel natürlich für das gesamte Paar gilt. Nur: Im Doppel gibt es ja zwei potenzielle Auf- und zwei potenzielle Rückschläger. Und genau hier wird die Sache spannend: Denn das aufschlagende Paar legt seinen ersten Aufschläger im ersten Satz erst fest, dann das rückschlagende Paar seinen ersten Rückschläger. Das heißt, dass es in den Händen des Doppels, das zu Spielbeginn mit dem Rückschlag beginnt, liegt, die Spielreihenfolge für das gesamte folgende Spiel festzulegen – und das aufschlagende Paar muss tatenlos zuschauen. Kompliziert? Absolut. Aber so ist sie eben, die Qual der Wahl.

44. GRUND

Weil man sich auch mal eine Auszeit gönnen kann

Wenn die Hände energisch ein großes »T« formen, ist es wieder so weit: Timeout! Die Teams kommen zusammen, stehen – mit Trinkflaschen ausgestattet – eng zusammen im Kreis, der Headcoach brüllt Anweisungen auf seine Mannschaft ein, malt hektisch auf einer Tafel herum, bis es unter großem Gebrüll wieder aufs Spielfeld geht. Kräfte sammeln, sich schütteln und weiter geht's.

Das ist Basketball, das ist Eishockey, das ist American Football, das ist Baseball. Das ist der US-Sport. Zu dem gehört das Timeout dazu wie Supersize-Colas auf den Rängen und Cheerleader in den Pausen.

Die großen US-Sportarten besitzen zwar das Ältestenrecht auf die Auszeit, nicht aber einen alleinigen Anspruch. Denn neben einer Liste von Mannschaftssportarten wie den oben genannten oder auch Hockey, Volleyball oder Handball findet sich auch ein bunter Hund unter den Timeout-Sportarten: Tischtennis nämlich. 1998 beschloss der Weltverband die Einführung der Auszeit für internationale Wettkämpfe, um die taktischen Möglichkeiten der Aktiven zu vergrößern und dem Wettkampfgeschehen dadurch mehr Wendungen zu geben. Seit 2001 darf sich auch im deutschen Wettkampfbetrieb und in den Amateurklassen jeder Spieler einmal im Spiel eine Auszeit gönnen.

Im Einzel darf jeder Spieler und im Doppel jedes Paar einmal während eines Individualspiels das berühmte »T« formen – und für maximal eine Minute seine Ruhe oder intensive Beratung einfordern. Das gilt im Individualwettkampf auch für den Berater, also meist den Coach, im Mannschaftswettbewerb auch für den Kapitän. Die Entscheidungshoheit aber liegt bei dem oder den Spielern in der Box.

So oder so: Ein Timeout kann nicht im Ballwechsel verlangt werden, sondern nur zwischen zwei Ballwechseln. Von dort an bestimmt der Spieler, der das Timeout genommen hat. Im Übrigen auch über die Länge der Auszeit. Wenn er die Auszeit für beendet erklären möchte, wenn sein Gegner gerade bei seinem Coach zur Beratung angekommen ist, ist das sein gutes Recht. Das sieht nämlich vor, dass der Timeout-Nehmer im Rahmen der maximal vorgesehenen 60 Sekunden das Ende des Timeouts beliebig bestimmen kann – und der Gegner sich dem zu fügen hat. Wie in jeder anderen Sportart aber gilt natürlich auch im Tischtennis: Das Timeout dürfen beide Seiten nutzen, nicht nur derjenige, der es beantragt hat.

Nach fast 20 Jahren Nutzung ist die Auszeit im Tischtennis längst fest verankert. Sie hat – auch wenn es dafür natürlich nie einen untrüglichen Nachweis geben kann – wohl schon etliche Spiele zu einem Ausgang gebracht, der ohne sie anders gewesen wäre. Beliebt ist sie vor allem dort, wo es gilt, den Lauf des Gegners auszubremsen, der gerade dabei ist, mehrere Punkte in Folge zu machen, um davonzuziehen oder einen Rückstand aufzuholen. Es muss ja nicht noch einmal knapp werden. Andere Spieler dagegen zücken ihr Timeout dann, wenn es schon längst knapp ist: Sie sammeln sich bei umkämpften Spielständen noch einmal, um gerade dann auftrumpfen zu können. Der optimale Zeitpunkt für ein Timeout ist im Tischtennis keine Frage von einem objektiven »richtig« und »falsch«. Er ist immer individuell und subjektiv. Zumindest das hat die Sportart mit den großen US-Disziplinen gemeinsam. Ansonsten läuft das selbstgewählte »Break« im Tischtennis doch ein wenig gemächlicher ab als im American Football oder Basketball. Was vielleicht auch gar nicht mal schlecht ist.

45. GRUND

Weil es nicht nur gesperrte Spieler, sondern auch gesperrte Schläger gibt

Ein Spiel, zwei Spiele, vier Wochen, sechs Wochen – oder gar Monate oder Jahre. Wo organisierter Sport betrieben wird, da gibt es Regelverstöße. Und wo es Regelverstöße gibt, da gibt es Sanktionen. Und das sind meistens: Sperren. Athleten müssen für ihre Regelverstöße Buße tun, indem sie für einen bestimmten Zeitraum eine Zwangspause vom jeweiligen Wettkampfgeschehen aufgedrückt bekommen. Je schwerwiegender das Vergehen, desto länger die unfreiwillige Auszeit. Kennt man alles. Vor allem aus dem Fußball. Wenngleich es dort deutlich öfter vorkommen mag, ist das auch im

Tischtennis zunächst einmal nicht anders. Wo ein Spieler die Grenzen des Regelwerks überschreitet, setzt es für ihn eine Sperre. Nur: Im Tischtennis sind es nicht nur die Spieler, denen einen Sperre aufgebrummt werden kann. Viel öfter gesperrt werden: ihre Schläger.

Im enorm materiallastigen Tischtennis stand das Spielgerät beinahe traditionell unter genauester Beobachtung durch das Regelwerk und dessen ausführende Gewalt, die Schiedsrichter. Die Geschichte von regelwidrigem Material und findigen Versuchen, die Grenzen des Erlaubten auszutesten und sie unbemerkt zu überschreiten, ist beinahe so alt wie die Sportart selbst. Mit der Einführung des Frischklebe-Verbots im Jahr 2008, das die Verwendung von lösungsmittelhaltigen Klebern zur Präparierung der Beläge untersagte, verschärfte sich das allerdings noch einmal, da der Einfluss des neuen Reglements zunächst immens war. Die Spieler im Profibereich, aber immer häufiger auch im Amateurbereich, begannen zu tricksen und zu feilschen, wie und wo es nur möglich erschien. Und tun es noch heute. Es geht um den Nachweis der Verwendung von Lösungsmitteln und vergleichbaren Stoffen. Es geht um die Dicke der Beläge, die die Grenze von vier Millimetern mit Schwamm und Obergummi nicht überschreiten darf. Es geht um die Ebenheit der Beläge, die einen Aufschluss darüber geben kann, ob das Gummi des Belags nachträglich noch einmal mit diversen Präparaten behandelt wurde. Alles steht auf dem Prüfstand. Und wo geprüft wird, da fällt auch jemand durch.

Interessant wird es dann, wenn ein Schläger bei der Schlägerkontrolle positiv getestet wird. Dann nämlich setzt es eine Sperre – allerdings nicht für den Spieler, der mit dem Schläger zu spielen gedachte, sondern für den Schläger selbst. Der wird als regelwidrig ohne Wenn und Aber aus dem Verkehr gezogen. Nun gibt es zwei Varianten der Kontrolle: die freiwillige vor einem Wettkampf und die verpflichtende nach einem Wettkampf. Bei Wettkämpfen, zumindest bei professionell organisierten auf internationaler Bühne, haben die Aktiven die Möglichkeit, »ihre Schläger freiwillig und ohne Straffolge vor dem Spiel testen zu lassen«[22], wie es das Regelwerk besagt. Der Spieler geht damit auf Nummer sicher. Fällt ein Schläger durch, trägt dafür nicht einmal sein Spieler die direkte Verantwortung. Gesperrt wird nämlich nur der Schläger, nicht der dazugehörige Spieler. Die Kontrolle nach dem Wettkampf hat dagegen verpflichtenden Charakter. Ähnlich wie bei einer Doping-Kontrolle wird hier bei manchen Wettbewerben per Zufall entschieden, welchen Spieler, oder besser: welchen Schläger die Tests treffen. Gesperrt wird auch hier bei einem positiven Befund der Schläger. Diesmal aber auch zum Leidwesen seines Besitzers. Für den wird das Spiel als verloren gewertet.

46. GRUND

Weil Tischtennis ein Sport für Pazifisten ist

Boris Becker hat die Faust im Sport salonfähig gemacht. So salonfähig, dass sie einen eigenen Namen bekam. Seinen Namen. Die *Becker-Faust*. Sie machte Becker berühmt, Becker machte sie berühmt. Eine rundherum gelungene Sache. Nun, eine *Struse-Faust* gibt es zwar nicht, ihre eigene Geschichte hat die Faust von Nicole Struse aber dennoch – und die kann mit der der *Becker-Faust* problemlos mithalten.

Die Geschichte, dass die Faust der Nicole Struse, Rekord-Nationalspielerin und frühere Einzel-Europameisterin, die bekannteste der deutschen Tischtennis-Geschichte wurde, geht zurück auf das Jahr 2006. Im Herbst ihrer Karriere stand Struse mit der deutschen Nationalmannschaft bei den Mannschafts-Weltmeisterschaften in Bremen dem Team aus Österreich gegenüber. Deutschland startete gut, führte unerwartet 1:0, ehe Struse gegen die Austro-Chinesin Li Qiangbing an den Tisch ging. Für die Deutsche lief es in einem engen Match ordentlich. Alles war ausgeglichen, alles war möglich, wenngleich das Match bis zu einer 2:1-Satzführung für Struse nicht exakt so lief, wie es für die große Favoritin hätte laufen sollen. Dass sie dennoch Grund zum Jubeln hatte, sollte der extrovertierten und impulsiven Deutschen allerdings bald zum Problem erwachsen: Denn der Schiedsrichter, ein gewisser Enrique Roman aus Puerto Rico, deutete die Jubelfaust der Deutschen, die sie mit einem Ausfallschritt in Richtung ihrer Gegnerin richtete, gleich mehrfach als Provokation. Die Folge: erst die gelbe Karte im dritten Satz, der beim Stand von 10:10 im vierten Satz die gelb-rote Karte folgte – verbunden mit dem damit obligatorischen kampflosen Punktgewinn für die Österreicherin. Struse verlor nicht nur diesen Punkt, sondern auch alles weitere: ihren Spielrhythmus, ihre Konzentration, den fünften Satz sowie das Spiel gegen Li und später auch das entscheidende Einzel gegen Österreichs Beste, Liu Jia, das das Ausscheiden der deutschen Mannschaft besiegelte. Der Traum von der WM-Medaille war unter Tränen ausgeträumt. Und schuld daran trug zu einem nicht unwesentlichen Teil Struses Faust.

Was Struse zum Verhängnis wurde? Passus 5.2 des Regelwerks, nüchtern überschrieben mit dem Titel »Fehlverhalten«. Der Regeltext ist eine Ansammlung von Allgemeinplätzen: »Spieler und Betreuer oder andere Berater sollen alle Unsitten und Verhaltensformen unterlassen, die den Gegner in unfairer Weise beeinflussen, die Zuschauer beleidigen oder den Tischtennissport in Misskredit bringen könnten.«[23] Na ja, das kann erst mal ja alles meinen – und nichts. Der Unparteiische legte Struse ihre geballte Faust vermutlich deshalb als Drohgebärde aus, weil sie einen Schritt in Richtung der Gegnerin machte und dabei in anderen Situationen bewusst mit ihr in direkten Augenkontakt getreten war. Nimmt man das Regelwerk strikt und genau, kann man die Auslegung des Unparteiischen Roman irgendwo dort tatsächlich finden. Die gängige Praxis – ob bei Profi- oder Hobbyspieler – sieht allerdings zumeist anders aus. Da fliegen die Fäuste nicht selten in bester Bud-Spencer-Manier. Und mit Drohgebärden hat das in den meisten Fällen rein gar nichts zu tun.

Schon in der Box gegen Li schossen der impulsiven Struse, die permanent den Satz »Das geht nicht« vor sich hin stammelte, deshalb die Tränen in die Augen. Auch Jahre später hatte Deutschlands Tischtennis-Aushängeschild die Szenen aus Bremen noch nicht abgehakt: »Das habe ich bis heute noch nicht verstanden. Die geballte Faust ist für mich eine Geste, die zum sportlichen Alltag gehört.«[24] Boris Becker würde ihr nicht widersprechen. Aber dessen Faust hat ja schließlich auch einen eigenen Namen. Die darf das.

47. GRUND

Weil es nichts zu verheimlichen gibt

Es ist noch nicht lange her, da war Tischtennis eine Mischung aus Akrobatik und Zauberei. Akrobatik deshalb, weil die Spieler möglichst geschickt versuchten, diverse Körperteile um einen sich im freien Fall befindenden Ball herum zu winden. Zauberei deshalb, weil sie diese Einlage nutzten, um den Ball so oft wie möglich verschwinden zu lassen. Es geht um den Aufschlag.

Der nämlich war, als einer der wichtigsten Schläge im Tischtennis überhaupt, lange Jahre vor allem eines: Heimlichtuerei. Der Aufschläger setzte alles darin, sich vom Gegner nicht in die Karten gucken zu lassen. Oder besser gesagt: auf den Schläger. Die Leistung eines exzellenten Aufschlags bestand nicht zuletzt darin, dass der Balltreffpunkt für den interessierten Beobachter auf der anderen Seite des Tisches einfach getilgt wurde. Verschwunden hinter einem Arm, einer Schulter, einem Kopf, einem Brustkorb, dem ganzen Rücken. Hauptsache: weg.

Das war Tischtennis bis ins Jahr 2002. Dann setze der Weltverband der Geheimniskrämerei ein rigoroses Ende. Er änderte die Aufschlagregel. Zu gravierend war der Einfluss des Aufschlags geworden. Zu wenig Bedeutung kam der eigentlichen Spielstärke nach dem Aufschlag-Rückschlag-Spiel zu. Zu unattraktiv waren die Ballwechsel, die immer seltener überhaupt welche wurden. Den Spielern war es gelungen, ihre Aufschläge mit viel Geschick kaum mehr retournierbar zu machen. In den Achtzigerjahren etwa übten sich Spieler der Weltklasse daran, mit dem Rücken zum Tisch zugewendet aufzuschlagen. Später verbreitete zum Beispiel Liu Guoliang, der wohl beste Spieler kurz vor der Jahrtausendwende und später der erfolgreichste chinesische Nationaltrainer aller Zeiten, mit seinem Service Angst und Schrecken – und sorgte bei Rückschlägen für manch kuriose Szene für die Zuschauer. Die nämlich, gerade die in diesem Sport unbedarften, konnten nicht immer nachvollziehen, was da am Tisch überhaupt vor sich ging. Was aussah, wie der simpelste aller Fehler, war tatsächlich oftmals ein kaum zurückzuspielender Aufschlag. Denn: Gelang es Spielern wie Liu beim Aufschlag, den Treffpunkt des Balls vor einem Rückschläger gänzlich zu verheimlichen, fiel für den Returnspieler der wichtigste Indikator dafür weg, mit welcher Rotation er es denn zu tun hatte. Er wusste schließlich nicht, wie der Aufschläger den Ball überhaupt getroffen hatte und damit auch nicht ansatzweise, welchen Schnitt er ihm mit auf den Weg gegeben hatte. So blieben mit der Ballflugkurve, der Drehung des Hersteller-Stempels auf den Bällen oder der generellen Bewegungsausführung nur noch wenige andere Indikatoren übrig, die auch noch deutlich weniger aussagekräftig waren. Kurzum: Die Qualität des Rückschlägers hatte nicht einmal in allen Fällen mit der Qualität der Rückschläge zu tun. Bei manch einem Aufschlag war ein Rückschlag stattdessen ein reines Glückspiel. Setze ich auf den richtigen Schnitt, gelingt mein Return. Setze ich auf den falschen, dann misslingt er eben.

Keine Frage, auch heute ist der Aufschlag im Tischtennis noch immer eine Waffe. Er bestimmt noch immer so manches Spiel, ob bei den Profis in der Weltklasse oder den Amateuren in der Kreisklasse. Er entscheidet noch immer oft über Sieg und Niederlage. Aber heute schafft das Regelwerk im wahrsten Sinne des Wortes eines: Transparenz. Es geht mit rechten Dingen zu. Bei einem regelkonformen Aufschlag ist der Ball vom Ballwurf bis zum Balltreffpunkt für den Rückschläger durchgängig zu sehen. »Sobald der Ball hochgeworfen wurde, müssen der freie Arm und die freie Hand des Aufschlägers aus dem Raum zwischen dem Ball und dem Netz entfernt werden«, heißt es im Regelwerk. »Dieser Raum wird definiert durch den Ball, das Netz und dessen imaginäre, unbegrenzte Ausdehnung nach oben.«[25] Es wird also ein imaginäres Dreieck gespannt zwischen den beiden Netzpfosten und dem Balltreffpunkt. Die Möglichkeit, den Ball mit anderen Körperteilen zu verdecken und gleichzeitig den kompletten Arm der Nicht-Schlaghand aus dem verbotenen Korridor zu entfernen, ist zwar theoretisch da, praktisch aber kaum umzusetzen. Zumindest ein bisschen Akrobatik und Zauberei reichen dafür nicht mehr aus. Es bräuchte wohl vielmehr einen Schlangenmenschen, um auch für diese Regel ein passendes Schlupfloch zu finden.

48. GRUND

Weil doppelt manchmal besser hält

Beim Tischtennis muss der Ball mit einer einzigen Berührung auf die gegnerische Tischhälfte gespielt werden. Irgendwelche Einwände? Irgendwelche Bedenken? Da würde ja auch nicht ernsthaft jemand widersprechen wollen, oder? Doch, das Regelwerk nämlich. Dort ist von einer Pflicht zur Einfach-Berührung keine Rede. Auch Doppelberührungen sind möglich. Nur: Absicht dürfen sie keine sein. »Sofern der Ballwechsel nicht wiederholt wird, erzielt der Spieler einen Punkt, wenn sein Gegner den Ball absichtlich zweimal in Folge schlägt«[26], sagt das Regelwerk. Oder frei übersetzt: Ein Spieler kann auch einen Punkt erzielen, indem er den Ball unabsichtlich zweimal in Folge schlägt.

Das war nicht immer so – und ist auch heute noch längst nicht jedem Aktiven bekannt. Bis ins Jahr 2010 sah das Reglement für jedwede Doppelberührung bei einem Schlag einen Punktgewinn für den Gegner vor. Ausnahmslos. Und das sorgte in den Tischtennishallen rund um den Erdball mit großer Regelmäßigkeit für ausufernde Diskussionen. Denn Doppelberührungen gehören, auch wenn man es als Außenstehender nicht unbedingt glauben mag, zum täglichen Geschäft am Tischtennis-Tisch. In fast allen Fällen setzt sich diese Doppelberührung des Balls zusammen aus: einer Berührung der Schlaghand, meistens der Finger, denn auch die ist laut Regelwerk erlaubt, sofern sie unterhalb des Handgelenks gelegen ist, und darauf folgend einer Berührung durch den Schläger. Und dann begann in der Vergangenheit zumeist der große Zwist: Die eine Seite meinte, eine Doppelberührung gesehen zu haben, die andere, davon aber beim besten Willen nichts gemerkt zu haben. Einigkeit konnte zumeist keine erzielt werden. Dafür brauchte es nicht einmal böse Absicht oder kriminelle Energie. In einer dynamischen Schlagbewegung kann auf der einen Seite nicht einmal der Schläger selbst mit schlussendlicher Gewissheit sagen, wie und wo er seinen Ball getroffen hat – geschweige denn der Rückschläger auf der anderen Seite. Probleme waren entsprechend vorprogrammiert – und traten Trainingsabend für Trainingsabend und Wettkampf für Wettkampf auf. »Den hast du doch doppelt berührt!« – »Nein.« – »Doch.« Nein. Doch. Nein. Doch. Und so weiter. Eine sinnvolle Lösung im Sinne des Sports war zu diesem Zeitpunkt ohnehin längst nicht mehr zu finden gewesen.

Die musste von oben vorgegeben werden – und das wurde sie auch. Denn mit der Regeländerung 2010 wurden derartige Probleme allumfassend aus dem Weg geschafft. Zumindest theoretisch bietet natürlich auch das neue Regelwerk Schlupflöcher anderer Natur: Wann ist eine Doppelberührung denn nun absichtlich und wann unabsichtlich? Und wie soll man das von außen überhaupt beurteilen können? Da muss man sagen: ziemlich gut. In der Praxis, will heißen: in einer natürlichen Schlagbewegung mit voller Dynamik, lässt sich »absichtlich« von »unabsichtlich« in fast allen Fällen scharf trennen. Szenen wie im Volleyball, wo eine gezielte Ballannahme als Vorbereitung für einen anschließenden Angriffsschlag dient, ließen sich mit der unterstellten Unabsichtlichkeit zumindest nicht wirklich gut vereinbaren – und werden wohl auch in Zukunft nicht zum Kerngeschäft des Tischtennis.

49. GRUND

Weil es mittlerweile auch ohne Flugball geht

»Angenommen!« Meist hallte es wie eine Anschuldigung durch die Halle. Und genau genommen war es auch eine. Denn »Angenommen!«, das hieß nicht weniger als: Fehler! Ist er im Badminton das Kernelement des Spiels schlechthin und im Tennis nach wie vor ein wichtiger Erfolgsfaktor, wurde er im Tischtennis über Jahre und Jahrzehnte als großes Problem ausgemacht und war Ursprung hitziger Diskussionen am Tisch: der Flugball.

Als Grund galt folgender Passus im früheren Regelwerk: »Ein Spieler nimmt einen Flugball an, falls er den Ball im Spiel schlägt, wenn dieser das eigene Spielfeld noch nicht berührt hat, seit der zuletzt vom Gegner geschlagen wurde.« Diese Regel las sich beim ersten Hinschauen als durchaus sinnhaft. In einem Sport, in dem der Volley kein Bestandteil des Spiels sein soll, ist ein Volley bzw. ein angenommener Flugball eben ein Fehler. Wer volliert, verliert – sozusagen.

Beim zweiten Hinschauen bereitete die zunächst so simple und logische Regel aber gehörige Schwierigkeiten. Warum? Weil ein Flugball nach dieser Regel auch dann als angenommen galt, wenn der Ball deutlich hinter der Grundlinie angenommen wurde – und damit längst nichts anderes mehr werden konnte als ein Fehler.

Ein skurriler, wenngleich wenig realistischer Fall hätte demnach so aussehen können, dass ein Spieler absichtlich auf den Schläger des Gegners zielt, diesen trifft, ohne dass der Gegner dem Schlag rechtzeitig ausweichen kann – und der Angeschossene damit den Punkt verliert. Das passierte in der Praxis selten, war in der Theorie aber denkbar. Der häufigere Fall am Tisch gestaltete sich dagegen so, dass ein Spieler den Schlag seines Gegenüber hinter der Grundlinie des Tisches aufgehalten hat – nur aus Reflex oder vielleicht auch, um sich den Weg zur Umrandung zu sparen, in der der Ball sonst gelandet wäre. Aus dem Fehler des Gegners, denn ein solcher war es offensichtlich, wenn der Ball mehrere Zentimeter oder gar Meter hinter der Grundlinie gelandet wäre, wurde ganz schnell: na, ein Punktgewinn.

Dem Spuk setzte der Weltverband 1993 ein Ende. Und strich den längst als untauglich ausgemachten Passus aus dem Reglement. Vollkommen unzweifelhaft ist die Sache mit dem verbotenen Volley im Tischtennis aber noch immer nicht. Das neue Zauberwort lautet: Aufhalten. Denn natürlich soll Tischtennis weiterhin ein volleyfreier Sport bleiben, in dem Spieler nicht ans Netz stürmen und die Bälle per Direktabnahme dem Gegner wieder um die Ohren schießen. Die Referenzgröße, an der sich ein Spieler nun zu orientieren hat, ist der Raum bis zur Grundlinie, also über der Spielfläche und rechts wie links daneben, in dem der Ball nicht per Direktabnahme gespielt werden darf: »Ein Spieler hält den Ball auf, falls er oder irgendetwas, das er an sich oder bei sich trägt, den Ball im Spiel berührt, wenn dieser sich über der Spielfläche befindet oder auf sie zufliegt und sein Spielfeld nicht berührt hat, seit er zuletzt von seinem Gegner geschlagen wurde.«[27] Das passiert deutlich seltener. Und verbannt den Flugball, abgesehen von wenigen Ausnahmen, aus der Welt des Tischtennis. Dort hat er eigentlich auch nichts verloren.

50. GRUND

Weil Tischtennis einst mit einer Bastelstunde verbunden war

Es gibt viele Dinge im Tischtennis, die einem sportartfremden Laien schwer zu vermitteln sind. Wie jede Sportart hat Tischtennis eine ellenlange Liste von merkwürdigen Eigenheiten, die einem weniger Fachkundigen doch im höchsten Maße ungewöhnlich erscheinen mögen. Gefühlt und aus der Innensicht beschrieben, ist diese Liste im Tischtennis gar länger als bei allen anderen Sportarten.

Eine dieser Merkwürdigkeiten setzt dem Ganzen allerdings die Krone auf. Sie ist gewissermaßen die Königsdisziplin davon, die Absurditäten der Sportart zu erklären: einem Fachfremden das Frischkleben plausibel zu erläutern. Den Sinn und Zweck davon, seine Beläge von seinem Holz abzuziehen, um sie genau so wieder aufzukleben und erst dann mit dem Spielen zu beginnen, obwohl eigentlich nur der augenscheinliche Ursprungsstatus wieder hergestellt worden ist. Das scheint weit mehr von sinnentleerten Bastelübungen zu haben als von Hochleistungssport.

Dabei ist das Frischkleben durchaus einer Erklärung würdig – und bedürftig. Denn das Prozedere gehörte 30 Jahre lang zum festen Alltag eines jeden Profis und vieler ambitionierter und überambitionierter Hobbyspieler. Das Frischkleben war nicht weniger als eine der bahnbrechendsten und revolutionärsten Entwicklungen in der Weiterentwicklung des Tischtennis. Was hatte es also damit auf sich? Eigentlich ist es ja ganz einfach. Klebstoff enthält in den meisten Fällen Lösungsmittel. Das ist beim gängigen Bastelkleber in der Kita oder beim Fahrradkleber nicht anders als bei den Highend-Produkten, mit denen die besten Tischtennisspieler der Welt jahrelang rumhantierten. Trifft dieses Lösungsmittel auf Gummi, wie das, aus dem die Beläge im Tischtennis hergestellt sind, sorgt es dafür, dass sich das Gummi ausdehnt. Es wird dicker, es wird elastischer. Das Gummi wird zu einem Katapult – und mit diesem Katapult schossen Tischtennisspieler über Jahre die Bälle auf ihre Gegner zu.

Als Pionier des Frischklebens trat in den späten Siebzigerjahren der Ungar Tibor Klampár, einer der besten Spieler seiner Zeit, auf. Klampár hatte bei Materialtests im Training durch Zufall die Wirkung des Klebers entdeckt, mit dem er seine Beläge auf seinem Holz befestigte. Plötzlich hatten seine Schläge mehr Tempo und mehr Spin – ohne dass er seine Technik verändert hatte. Klampár hatte eine große Entdeckung gemacht. Und ihm graute vor dem Gedanken, sie mit anderen teilen zu müssen. Über ein Jahr lang verheimlichte der Ungar seinen Schatz, auch vor seinen befreundeten Nationalmannschaftskollegen, und gewann in dieser Zeit ein Turnier müheloser als das andere. Vor jedem Wettkampf schloss sich Klampár, der schnell das Misstrauen der Konkurrenz auf sich gezogen hatte, auf der Toilette ein, um sein Klebe-Ritual zu vollziehen. Dort kreuzte irgendwann einer seiner Nationalmannschaftskollegen auf – und ertappte den Geheimniskrämer Klampár auf frischer Tat. Das Tischtennis hatte seine große Sensation!

Nicht nur die Nachricht, sondern auch die Technik des Frischklebens verbreitete sich wie ein Lauffeuer unter den Aktiven. Anfängliche Skepsis wich in Begeisterung – und bald pinselte die gesamte Weltelite, was der Klebstoff hergab. Das neue Material stellte den Sport in allen Bereichen auf den Kopf. Die Industrie und hier vor allem die Produktion von Belägen veränderten sich, die Schlagtechniken veränderten sich – und auch die Hierarchie in der Weltspitze, in der für kurze Zeit die Ungarn den Chinesen die Stirn bieten konnten, ehe sich die legendäre Generation der Schweden um Appelgren, Waldner & Co. der Vorteile des Klebens bediente. Sie waren die ersten Spieler, die zumindest einige Jahre mit dem neuen Material gelernt hatten. Spätestens sie nutzten das Frischkleben und die dadurch entstandenen Errungenschaften, um ihren Sport auf ein vorher ungeahntes Level zu hieven.

In den folgenden Jahren und Jahrzehnten normalisierte sich das Frischkleben im Tischtennis bis hinunter in den Amateurbereich, wo es nicht selten zu einer eigenen Sportart in der Sportart aufstieg: Das Klicken, der *Sound*, den der Ball beim Treffen mit frischgeklebten Belägen erzeugte, wurde zum Markenzeichen manch eines Hobbyspielers, der mehr Zeit aufs Kleben denn aufs Trainieren verwendete. Und dessen Spiel dadurch nicht unbedingt an Qualität gewann: Denn natürlich – und das war der einzige, aber triftige Nachteil des Frischklebens – gingen ein Mehr an Tempo und Rotation auf Kosten der Kontrolle. Das kleine Katapult auf dem Schläger ließ den Ball nicht selten unkontrolliert an Stellen schießen, auf die sein Besitzer zuvor nicht unbedingt gezielt hatte.

Und warum wird vom Frischkleben hier so ganz und gar in der Vergangenheitsform geschrieben? Weil die Zeit des Königs Frischkleber mittlerweile abgelaufen ist. Sie endete nach 30 Jahre währender Regentschaft in allen Leistungsklassen wie so viel in der Sportart: mit einer Regeländerung. Seit dem 1. September 2008 ist Tischtennis frischklebefrei. Zumindest offiziell sind lösungsmittelhaltige Kleber verboten, was inoffiziell allerdings nicht immer viel zu bedeuten hat. Die Regel hat findige Tüftler dazu animiert, nach illegalen Schlupflöchern zu suchen – und sie zu finden. Die Begründung würde allerdings dafür sprechen, es wirklich besser sein zu lassen: Die Lösungsmittel galten als gesundheitsschädlich, etwa für die Lungentätigkeit, und wurden gar als suchtgefährdend eingestuft. Hätten viele Spieler das Risiko für den besonderen Klick noch in Kauf genommen, war es mit der Agenda des Internationalen Olympischen Komitees nicht zu vereinbaren, die Tischtennis aus dem Kanon der olympischen Sportarten hätte befördern können. Nach der muss Sport der Erhaltung der Gesundheit dienlich sein. Das war Tischtennis erst wieder ohne Lösungsmittel.

51. GRUND

Weil man sich nie sicher sein kann, wann Schluss ist

»Wir haben 100 Leute gefragt: …?« Wenn Werner Schulze-Erdel im RTL-TV-Klassiker *Familien-Duell* die Ergebnisse seiner nichtrepräsentativen Straßenumfragen vorstellte, waren skurrile, nicht selten auch einfach saudumme Antworten der Kandidaten an der Tagesordnung. Eine Frage, die es durchaus wert gewesen wäre, stellte der Kult-Moderator in über 2000 Folgen nicht: »Wir haben 100 Leute gefragt: Beim wievielten Punkt endet ein Tischtennis-Satz?« Dabei wären nicht nur – wie gewöhnlich – die Kandidatenantworten der konkurrierenden Familien von reichlich Interesse gewesen, sondern auch das öffentliche Meinungsbild über die Satzlänge im Tischtennis. Denn das dürfte keinesfalls einheitlich sein. Ein Blick auf die Vergangenheit und die mögliche Zukunft des Sports zeigt: gar nicht mal zu Unrecht.

Um das kurz zu klären: Natürlich geht es in jedem Satz bis zum elften gewonnenen Punkt für eine Seite. Obwohl: So natürlich ist das nun auch wieder nicht. Aber dazu gleich ausführlicher. Nach jedem zweiten Punkt wechselt der Aufschlag, gezählt werden die Fehlerpunkte, benötigt werden allerdings zwei Punkte Vorsprung. Auch kein Geheimnis. Ein 11:10 ist also kein gewonnener Satz. Erst ein 12:10, 13:11, 14:12. Ja, ja, nicht so schwer zu begreifen. Aber das war schließlich nicht immer so. Das ist, im Verhältnis zum Bestehen der Sportart, sogar noch gar nicht so lange so.

Bevor das offizielle Regelwerk im Tischtennis Einzug hielt, war zunächst fast alles erlaubt. Der Veranstalter eines Wettkampfes entschied über die Satzlängen. »In all countries it shall be legal to use the following forms of scoring: 21 up, 25 up, 31 up, 50 up, 100 up«[28], hieß es in offiziellen Niederschriften des Weltverbands. Schließlich wurde die 21 zu der Zahl, die für Tischtennis stand wie sonst höchstens noch Tisch und Schläger. Seit 1928 ging ein Tischtennissatz bis 21. Und auch heute, fast 15 Jahre nach ihrer Abschaffung im offiziellen Spielbetrieb, verbinden noch viele Laien die Zahl 21 mit dem Tischtennis. Auf den Schulhöfen und Spielplätzen, wo regeltechnisch ohnehin oft die blanke Anarchie herrscht, geht es nicht selten eben noch immer bis zum 21. Punktgewinn. Regeländerungen? Werden dort ignoriert oder – was wohl der wahrscheinlichere Fall ist – sind dort einfach noch nicht angekommen. Dabei wäre die Zeit dafür ausreichend gewesen: Im April 2001 fiel der Entschluss des Weltverbands, die Satzlänge auf 11 gewonnene Punkte zu verkürzen. Und gerade der nationale Verband in Deutschland schwang sich diesbezüglich zu einem der Vorreiter auf: Schon im August desselben Jahres ging es bundesweit in allen Spielklassen und bei allen offiziellen Wettbewerben bis 11. Die legendäre 21 war im Handumdrehen aus dem Sport verbannt.

Aber ging das alles wirklich so schnell? Nicht wirklich. Schon 1997 versammelte der Weltverband ITTF eine Arbeitsgruppe, die unter Leitung des Neuseeländers Geoff Rau mit dem Ziel antrat, den Vor- und Nachteilen möglicher anderer Zählweisen auf den Grund zu gehen. Die Gründe waren, wie bei so vielen Regeländerungen im Tischtennis, die Attraktivität der Wahrnehmung von außen. Die Meinungen darüber, wie man die Attraktivität über eine neue Zählweise erhöhen könne, gingen allerdings zunächst auseinander. Zwar war die 11-Punkte-Variante von vornherein eine der favorisierten, doch es wurden auch andere Möglichkeiten aufgeworfen: Sätze bis 13, Sätze bis 15 oder gar eine Zählweise wie im Tennis mit etlichen Zwischenentscheidungen. Der Satz bis zum 11. Gewinnpunkt hatte aus Sicht der Entscheidungsträger letztlich wohl den Vorteil, dass sich auf der einen Seite die Entscheidungssituationen mehren und dass sie deutlich früher eintreten, dass auf der anderen Seite das Wesen der Sportart trotz der Abkehr von der legendären 21 bestehen blieb. Bevor die neue Zählweise flächendeckend eingeführt wurde, wurde sie etwa bei den Internationalen Meisterschaften von Frankreich oder Italien getestet. Das Ergebnis: Test bestanden!

Und seitdem geht es also immer und überall bis zum 11. Gewinnpunkt. Moment, wirklich immer und überall? Nein, nicht ganz. Seit einigen Jahren experimentiert der chinesische Tischtennis-Verband in seiner Vorzeige-Liga, der Super League, mit einer neuen Zählweise. Im Entscheidungssatz geht es in der ohnehin für ihren visionären Umgang mit dem Tischtennis bekannten Ausnahme-Spielklasse nur noch bis zum 7. Gewinnpunkt. Das Vorgeplänkel bis zur Entscheidung wird den Zuschauern, von denen es im chinesischen Tischtennis so viele gibt wie sonst nirgends, abgenommen. Es geht noch schneller zur Sache! Womöglich ein Fingerzeig für die Zukunft des Tischtennissports, wenngleich es derzeit keinen Anschein dafür gibt, dass alsbald an der 11 gerüttelt werden sollte. Es wäre eine Antwort mehr für die Kandidaten im *Familien-Duell*. Obwohl: Die haben auch sonst mit interessanten Lösungen für Unterhaltung gesorgt, um hier mal tischtennisfern abzuschließen: »Wir haben 100 Leute gefragt: Nennen Sie ein Tier, das Stacheln hat.« Die Antwort kam, wie aus der Pistole geschossen: »Ein Stachelbär.« Wer würde da schon widersprechen?

52. GRUND

Weil ein Holz auch aus Holz sein muss

Ein Holz ist ein Holz ist ein Holz. Was die amerikanische Schriftstellerin Gertrude Stein in ihrem literarischen Werk einst für die Rose befand, gilt im Tischtennissport für den Schläger. Der wird, ohne Beläge und den ganzen anderen Firlefanz drumherum, einfach nur Holz genannt. Und er wird nicht nur Holz genannt: Er ist auch aus Holz.

Das klingt selbstverständlicher, als es ist. Denn es gibt mittlerweile etliche andere Materialien, die sich in dem, was eigentlich Holz heißt, finden können und tatsächlich finden – obwohl sie mit

Holz so überhaupt gar nichts zu tun haben. Es gibt sogar so viele und so gute, dass die Pflicht zum Holz im Reglement festgeschrieben wurde. Dort heißt es, dass »mindestens 85 % des Blattes, gemessen an seiner Dicke, […] aus natürlichem Holz«[29] bestehen müssen. 85 Prozent! Aber hallo! Das ist doch schon mal nicht schlecht. Was ist heutzutage denn schon noch zu 85 Prozent aus irgendwas? Da darf man sich schon mal Holz nennen, bitteschön!

Über die restlichen 15 Prozent weiß das Regelwerk zu berichten: »Eine Klebstoffschicht innerhalb des Schlägerblattes darf durch Fasermaterial wie Karbonfiber, Glasfiber oder komprimiertes Papier verstärkt sein. Sie darf jedoch nicht mehr als 7,5 % der Gesamtdicke oder mehr als 0,35 mm ausmachen – je nachdem, was geringer ist.«[30] Dann ist die Sache ja eigentlich klar: So ein Schläger ist zu überwältigenden 85 Prozent seiner Dicke aus natürlichem Holz und eben aus anderen Natur- oder Kunststoffen. Doch klar ist natürlich gar nichts. Karbonfaser? Glasfaser? Komprimiertes Papier? Wenn das mal alles wäre. In einem Tischtennisschläger kann sich so ziemlich alles finden – und das in fast jeder erdenklichen Kombination. Titan, Keramik, Acrylate. Und Holz? Ist natürlich auch nicht gleich Holz. Wäre ja noch schöner.

Hier mal ein Grobüberblick: Das unter Spielern besonders beliebte und häufig verwendete Karbon, das in Fasern verarbeitet wird und von dem sich auch mehrere Schichten in einem Holz finden können, macht ein Holz sehr steif mit einem sehr direkten Kontakt zwischen Holz und Ball. Wem das zu steif und zu direkt ist, der kombiniert die Karbonfasern nicht nur mit Holz, sondern auch mit Acrylaten. Der große Vorteil von Kunstfasern: Sie können die Eigenschaften eines Holzes, gerade ihre Schnelligkeit, stark beeinflussen, ohne dabei besonders schwer zu sein. Das Gegenteil dazu sind Vollhölzer, in denen Kunstfasern nicht viel verloren haben: Sie sind zumeist weniger schwer, geben dem Spieler allerdings eine hervorragende Rückmeldung über das, was der Ball auf der Schlägerfläche macht. Doch auch Holz ist eben nicht gleich Holz: Vor allem das Holz des Balsabaumes hat es in Tischtenniskreisen zu einer mittelschweren Berühmtheit gebracht. Balsahölzer sind – auch im Vergleich zu den meisten anderen verwendeten Holzarten – extrem leicht, dazu sehr steif und schnell. Können viele Spieler mit den meist extrem dicken Hölzern nicht viel anfangen, haben Balsahölzer allerdings eine kleine, aber sehr ekstatische Fangemeinde, die nie zu einem anderen Holz greifen würde.

Überhaupt: Die Sache mit den Hölzern ist eine Wissenschaft für sich. Oder eben auch keine Wissenschaft, denn was letztendlich zählt, ist die subjektive Wahrnehmung dessen, was man da in der Hand hält. Und wem die schier unendlichen Möglichkeiten der Hersteller nicht ausreichen: Natürlich gibt es immer auch die Möglichkeit einer individuellen Anfertigung. Oder man macht es einfach selbst. Nur das Holz im Holz nicht vergessen!

53. GRUND

Weil im Doppel jeder mitmachen ~~darf~~ muss

Im Tischtennis wird Doppel gespielt. Im Tennis. Im Badminton. Gelegentlich gar auch im Squash. In Rückschlagsporten, gerade bei denen mit Schläger, ist das Doppel demnach eine klassische und traditionsreiche Disziplin, die dem Einzel in nichts nachsteht. Nirgendwo geht es hierbei allerdings so emanzipiert zu wie im Tischtennis. Das Tischtennis-Doppel ist das Nonplusultra der Gleichberechtigung.

Was sich in den Regeln hinter dem kurzen Terminus »Alle Spieler schlagen abwechselnd« versteckt, sucht in der Sportwelt seinesgleichen. Wo es im Badminton oder Tennis möglich ist, im gegnerischen Team einen schwächeren oder formschwachen Spieler gezielt unter Beschuss zu nehmen oder im eigenen Team einen Akteur einfach mehr ins Spiel einzubinden als den anderen, heißt es bei den zwei Spielern eines Tischtennis-Doppels einfach: immer abwechselnd! Erst du, dann ich, dann wieder du, dann wieder ich. Diese simple und doch einmalige Regel macht das Doppel-Spiel im Tischtennis zu einer recht speziellen Angelegenheit.

Zunächst einmal sorgt sie dafür, dass ein gutes Doppel auch ziemlich gut zu Fuß sein muss. Wer geschlagen hat, muss schließlich ziemlich fix wieder seinen Platz für den Partner räumen. Daraus ergibt es sich, dass die beiden Spieler eines Tischtennis-Doppels, zumindest wenn sie dieselbe Schlaghand haben, meist in einem kreisförmigen Laufweg unterwegs sind. Der Spieler, der geschlagen hat, rotiert auf dem einen Halbkreis nach hinten, der, der dann im Anschluss schlagen muss, in dem anderen Halbkreis wieder nach vorne. Und so weiter und so fort. Selbst bei guter Abstimmung untereinander qualmen einem da schon mal die Socken.

Die »Immer abwechselnd«-Regel sorgt aber nicht nur für flinke Füße, sondern auch für reichlich viele taktische Überlegungen. Die grundlegendste sieht so aus: Als Doppel-Team gehen die Bemühungen im Tischtennis immer dahin, dass der Schlag des einen Spielers den Wechsel auf den Schlag seines Partners möglichst erleichtert und gleichzeitig denselben Wechsel beim gegnerischen Doppel-Team möglichst erschwert. Hier unterscheidet sich Tischtennis von jeder anderen Rückschlagsportart: Schlage ich im Doppel, denke ich nicht an den nächsten Schlag meines Doppels als Ganzes, sondern an den Schlag meines Partners, den ich immer mit in meine Überlegungen einbeziehe. Denn: Mein Partner ist schließlich auf jeden Fall nach mir an der Reihe, ich selbst habe erst mal wieder ausgedient. An dieser Stelle funktioniert das Doppelspiel vollkommen anders als im Tennis oder Badminton, wo das Doppel stärker als Team agiert und seine Aufgaben je nach Bedarf deckt. Im Tischtennis ist es dagegen beinahe so, als würden sich zwei Einzelspieler koordinieren, die gleichberechtigt ihre Schläge nacheinander ausführen müssen.

Das einzige kleine Gleichberechtigungsdefizit findet sich lediglich beim Auftakt eines Ballwechsels. Sprich: beim Aufschlag und beim Rückschlag. Die Reihenfolge, in der alle vier Spieler am Tisch ins Geschehen eingreifen, ist nicht in jedem Ballwechsel neu zu mischen, sondern bleibt immer einen Satz lang unverändert – und wechselt dann in die jeweils andere Reihenfolge. Die Reihenfolge legt das Paar fest, das zu Beginn eines Spiels mit dem Rückschlag beginnt. Das sieht in der Praxis dann so aus: Wenn Müller und Schultz gegen Meier und Schneider spielen und Müller/Schultz das Paar ist, das die Aufschlagwahl gewonnen hat und mit Schultz als Aufschläger startet, dann dürfen Meier/Schneider entscheiden, wer von ihnen denn der Return-Spieler sein möchte. Mit dieser Entscheidung legt das Rückschläger-Paar die Abfolge für das gesamte Spiel fest. Deshalb ist es im Doppel eine sehr beliebte Entscheidung, zu Spielbeginn nicht den Aufschlag zu wählen – sondern den Rückschlag, um alles weitere selbst in der Hand zu haben.

Im gemischten Doppel, bei dem die Spielstärke der jeweiligen Partner in einem Doppel bis hoch in den Profibereich mitunter stark divergieren kann, führt das abwechselnde Schlagen zu interessanten Konstellationen. Während im Tennis im Ballwechsel oftmals bewusst die nicht so schlaggewaltige Frau für Anspiele gesucht wird, fällt diese Option im Tischtennis weg. In einem Satz spielt die Frau der einen Kombination auf den Mann der anderen – im nächsten Satz genau andersherum. Dadurch fällt der Verlauf aufeinander folgender Sätze mitunter zwar höchst unterschiedlich aus, die Spielanteile von Männlein und Weiblein – anders als im Tennis, wo der Mann bewusst umspielt wird – dafür aber immer identisch. Man könnte die emanzipierte Regel demnach auch als Männerquote im Tischtennis-Mixed verstehen.

54. GRUND

Weil es eben doch auf die Größe ankommt

Zwei Millimeter. Das ist in etwa die Größe einer klein gewachsenen Laus. Oder die Dicke eines dünnen Lineals. Zwei Millimeter sind in den meisten Fällen nicht nur wenig. Zwei Millimeter sind: ziemlich, ziemlich wenig. Mit bloßem Auge sind zwei Millimeter sogar kaum zu fassen, meist sind zwei Millimeter schlichtweg egal. Nicht so in der Welt des Tischtennis: In der haben zwei Millimeter schon einmal für ziemlich große Aufmerksamkeit gesorgt.

Ein Blick zurück: Seit dem Jahr 2000 wird im Tischtennis mit Bällen gespielt, die einen Durchmesser von 40 Millimetern haben. Vorher lag der Durchmesser eines Balls bei 38 Millimetern – also besagten zwei Millimetern weniger. *So what?!* Das klingt in der Kurzfassung erst mal nach einem kleinen, eigentlich fast unbedeutenden Eingriff in die Anatomie der Sportart, könnte man meinen. Das sahen so aber die Wenigsten.

Immerhin handelte es sich um eine Regeländerung, die – anders als viele der anderen, die jüngst über den Tischtennissport hereinbrachen – den sensiblen Kern der Sportart umgestaltete: das Spielgerät. Selbst wenn es dabei nur um zwei Millimeter ging, was bei den Ausmaßen eines Tischtennisballs immerhin ja auch schon eine Vergrößerung um mehr als fünf Prozent ausmacht, wurden die eben dort hinzugefügt, wo zwei Millimeter in einer feingliedrigen Sportart wie dem Tischtennis nicht selten entscheidend sind. Wie sensibel der Tischtennissport an dieser Stelle wirklich ist, verdeutlicht ein Blick ins detailgetreue Regelwerk zum Spielgerät. Früher, bis ins Jahr 2000, klang das so: Der Durchmesser musste 38 Millimeter bei einer Toleranz von 38,2 bis 37,8 Millimetern betragen, die Masse war mit 2,5 Gramm mit einer Toleranz von 2,40 bis 2,53 Gramm vorgeschrieben. Auch das Absprungverhalten war strikt reglementiert: Ein wettkampftauglicher Ball musste 23,5 bis 25,5

Zentimeter abspringen, wenn er aus einer Höhe von 30,5 cm auf einen Stahlblock fiel. Nach dem Jahr 2000 waren die Eckpfeiler die folgenden: ein Durchmesser von 40 Millimetern mit einer Toleranz von 0,5 Millimetern nach oben und unten, ein Gewicht von 2,7 Gramm mit einer Toleranz von 0,3 Gramm nach oben und nach unten sowie eine Absprunghöhe von nunmehr 24 bis 26 Zentimetern. Das ist alles nicht viel – aber deshalb bei Weitem nicht unerheblich.

Die Effekte, die sich der Tischtennis-Weltverband von der Einführung eines größeren Balls versprach, waren dementsprechend ebenfalls nicht unerheblich: Das Tempo sollte sich verlangsamen, weil der größere Ball einen größeren Luftwiderstand erzeugte und durch eine größere Masse auch träger wurde. Die Rotation sollte sind verringern, auch weil der Ball schwerer wurde und die Masse nun weiter entfernt von der Drehachse des Balles lag. Die Kombination aus diesen beiden Effekten sollte einige weitere mit sich bringen: Die Ballwechsel sollten wieder länger werden, das Spiel für Außenstehende dadurch wiederum attraktiver und besser sichtbar. Mit den Außenstehenden waren die Zuschauer gemeint. Und mit den Zuschauern waren wiederum die Zuschauer vor den Fernsehgeräten gemeint. Denn um die buhlte der Weltverband mit seinem damaligen Präsidenten, dem reformfreudigen Kanadier Adham Sharara. Tischtennis sollte wieder präsenter werden im bedeutendsten Medium der Zeit. Und dafür sollten unter anderem ein paar Gramm und Millimeter sorgen.

Zwar wäre das zweifelsohne der Wunsch eines fast jeden Tischtennisanhängers und -spielers, für Begeisterung sorgte die Vergrößerung des Balls an der Basis der Sportart jedoch nicht. Dem gemeinen Amateur machte die Umstellung größtenteils zu schaffen. Der Unmut war, gerade in den ersten Wochen und Monaten, auf Seiten der Basis groß. Das war keine Überraschung. Ebenso wenig die Tatsache, dass sich das alsbald wieder änderte. Dass der Ball größer und schwer wurde, hatten die meisten Aktiven bald vergessen. Erst die Profis, dann die Amateure – und erst recht mit dem zeitlichen Abstand von mittlerweile mehr als zehn Jahren seit der Einführung des größeren Balls. Der größere Ball, der heute längst ein normal großer Ball und eine Selbstverständlichkeit ist.

Doch nicht nur der Unmut über den Ball verpuffte nach und nach, sondern auch die angedachten Wirkungen: Das Spiel verlor weder entscheidend an Tempo noch an Rotation. Denn sowohl die Athleten als auch die herstellende Industrie machten mit ihrer Weiterentwicklung die Effekte des 40-Millimeter-Balls beinahe zu einem Nullsummenspiel. Immerhin: Es kann davon ausgegangen werden, dass Tischtennis in den letzten zehn oder 15 Jahren ansonsten nicht gleich schnell geblieben wäre – sondern noch schneller geworden wäre, als es bis ins Jahr 2000 schon gewesen ist.

Und deshalb sah der Weltverband davon ab, die Maßnahme zu wiederholen und dadurch nachhaltiger zu machen? Eben nicht! Denn die nächste Ballvergrößerung steckte jüngst in einer anderen Neuerung im Reglement: Mit der Einführung des Plastikball hob der Weltverband die Toleranzmaße für die Größe des Balls an – auf einen Spielraum von 40,0 bis 40,6 Millimetern. Diesmal geht es also nur um Zehntelmillimeter. Egal sind sie deshalb im Tischtennis noch lange nicht.

55. GRUND

Weil Tischtennis ohne Zollstock und Wasserwaage eigentlich nicht möglich ist

Es klingt wie die Aufforderung zu einer Geschicklichkeitsübung. Schwierigkeitsstufe: mittel bis schwer. Jemand »wirft [...] den Ball, ohne ihm dabei einen Effet zu versetzen, nahezu senkrecht so hoch, dass er nach Verlassen des Handtellers der freien Hand mindestens 16 cm aufsteigt und dann herabfällt, ohne etwas zu berühren, [...]«[31]. Um all die notwendigen Bedingungen noch mal der Reihe nach festzuhalten: Es geht um einen Wurf a) ohne Effet, b) nahezu senkrecht, c) aus dem Handteller, d) mit einer Höhe von 16 Zentimetern. Da nimmt es aber jemand genau! Die Tischtennis-Regeln nämlich. Dabei ist dieses so strikt reglementierte Prozedere nicht irgendeine Königsdisziplin für Fortgeschrittene, es ist das Grundlegendste überhaupt: der Ballwurf vor dem Aufschlag, ohne den kein Tischtennis-Ballwechsel dieser Welt überhaupt erst beginnen kann.

Tatsächlich ist dieser Passus im Regelwerk nicht einfacher, als er sich liest. Und tatsächlich gehört er zu denen, die am Tisch für den meisten Diskussionsstoff sorgen. Denn streng genommen, und exakt das tut das Regelwerk ja, ist ein regelkonformer Aufschlag ohne Zollstock, Wasserwaage und ein paar weiteren Utensilien aus dem heimischen Werkzeugkasten kaum zu meistern – und erst recht nicht als solcher auszumachen. Welcher Schiedsrichter kann schon unterscheiden zwischen 15,7 Zentimetern und 16,4 Zentimetern Ballwurf? Und überhaupt: Was heißt denn hier *nahezu* senkrecht? Nahezu senkrecht im Vergleich zu einem waagerechten Wurf? Und ohne Effet? Welcher Feinmotoriker hat denn die Gesetzmäßigkeiten der Physik so unter Kontrolle, dass er einen runden und noch dazu recht leichten Gegenstand so hochwerfen kann, dass er sich überhaupt gar kein bisschen dreht? Schwierig, schwierig ...

Dabei hat das Regelwerk, so ist es ja meistens, durchaus seine Berechtigung. Der Ballwurf aus dem flachen Handteller und ohne Effet stellt sicher, dass die Rotation beim Aufschlag lediglich mit dem Schläger selbst erzeugt wird. Die vorgegebene Höhe und Richtung des Ballwurfs legt derweil fest, dass der Ball, den Gesetzen der Schwerkraft folgend, von oben in den Schläger fällt und nicht in ihn hineingeworfen wird, um über die durch den Wurf erzeugte Bewegungsenergie des Balls dem Aufschlag mehr Rotation zu geben.

So kompliziert und findig das Regelwerk an dieser Stelle auch sein mag, in der Praxis – alles andere wäre doch sehr verwunderlich – kommt trotz der kniffligen Regel zum Aufschlag und auch ohne handelsübliches Werkzeug zumeist ein Spiel zustande. Was auf der einen Seite daran liegt, dass der Schiedsrichter, den es ohnehin nur bei professionellen oder zumindest semiprofessionellen Veranstaltungen gibt, die Regel zumeist nur als einen Ermessensspielraum auslegt, in dessen Grenzen er handelt. Was auf der anderen Seite daran liegt, dass die Spieler selbiges tun: Sie nehmen es, manche auch aus Ungeschicklichkeit oder Unwissenheit, zumeist auch nicht so ganz genau. Ob das nun gut ist oder schlecht, sei dahingestellt. Gleiches gilt im Übrigen für die Profis. Auch sie agieren bis an die Grenzen des Erlaubten – und nicht selten auch darüber hinaus. Das aber hat dann nichts mit Ungeschicklichkeit zu tun, sondern wieder mit ziemlich viel Geschick.

56. GRUND

Weil der Dress-Code beim Tischtennis strikter ist als in jedem Nachtclub

Sabrina Moretti meinte es ernst. Keine Frage. Sie zog vor ein Gericht. Die Italienerin machte gerne Sport im Body, einem Einteiler also. Spätestens seit Jane Fonda ja nichts weiter Außergewöhnliches mehr. Kann ja auch jeder anziehen, was er möchte. Moretti und ihre körperbetonte Sportgarderobe hatten nur ein gewaltiges Problemchen: Ihr Sport war eben nicht Aerobic, sondern Tischtennis. Und da waren Bodys um die Jahrtausendwende nicht unbedingt angesagt. Genauer gesagt: Sie waren verboten. Das zumindest besagte das Regelwerk für offizielle Wettkämpfe.

Zwar hätte sich Morettis Problem wenig später auch ohne sportgerichtliche Hilfe in Luft aufgelöst, denn 2003 wandelte sich das

Reglement zumindest diesbezüglich geringfügig, aber eines blieb unverändert: Die Kleiderordnung im Tischtennis ist strikter als die eines jeden Türstehers in den New Yorker Szene-Clubs. »Mit den Schuhen heute nicht für dich, mein Freund. Aber einen schönen Abend noch.«

Das Zauberwort, oder besser: die Zauberworte heißen: sportgerechte Kleidung. Von der gibt es im Tischtennis klare Vorstellungen: »Die Spielkleidung besteht normalerweise aus kurzärmeligem oder ärmellosem Hemd und Shorts bzw. Röckchen oder einteiligem Sportdress (sog. »Body«), Socken und Hallenschuhen. Andere Kleidungsstücke, z.B. ein Trainingsanzug (ganz oder teilweise), dürfen im Spiel nur mit Genehmigung des Oberschiedsrichters getragen werden.«[32] Erst 2003 schlichen sich die Passagen zu ärmellosen Hemden und den Einteilern überhaupt ins Regelwerk – und somit in die Tischtennishallen. Alles andere bleibt verboten: Ein Base-Cap á la Marc-Kevin Goellner, dem Tennis-Profi mit der umgedrehten Kappe als Markenzeichen, eine lange Sport-Tight á la Arjen Robben oder, das wäre ja die Krönung: Sport ohne Socken! Es sei denn, na gut, der Oberschiedsrichter, der Herr über die sportgerechte Kleidung, stimmt zu.

Der Tischtennissport tat sich mit diesem über Jahre und Jahrzehnte strikt geführten und doch leicht angestaubten Dress-Code nicht unbedingt einen Gefallen. Das Bild, das ein Nicht-Tischtennisspieler von einem Tischtennisspieler im Kopf hat? Zu kurze und zu enge Shorts, dazu ein Sporthemd mit biederer Knopfleiste und Kragen, beides ein wenig unförmig. Und die Tischtennisspielerin? Die trägt einfach oben wie unten dieselben Modelle wie die Männer. Passform? Halb so wichtig. Da muss man ganz klar sagen: Stimmt in den meisten Fällen auch noch heute. Der Extravaganz waren – und sind es nach wie vor – ziemlich klare Grenzen gezogen. Darunter hatte und hat Tischtennis im Wettstreit der Sportarten um Öffentlichkeit und mediales Interesse durchaus zu leiden. Tennis und Beachvolleyball machten das Rennen!

Nichtsdestotrotz verspricht die Industrie Besserung – und stellt im Rahmen des Regelwerks mittlerweile etliche Alternativen. Wenn man sich als Spieler nicht selbst schon zu sehr dran gewöhnt hätte, das zu tragen, was schon seit Jahrzehnten da ist. Es hätte wohl doch der einen oder anderen Sabrina Moretti mehr bedurft.

4. KAPITEL
DIE FREIZEIT

57. GRUND

Weil die Steinplatte ihre eigenen Gesetze hat

Sie ist das Mekka des informellen Tischtennis. Sie steht im Park, im Freibad, auf dem Schulhof oder auf dem Spielplatz. Überall dort, wo es nach Freizeit, Sommer und Sonne anmutet. Und sie ist für die Vielzahl derer, die dem Tischtennis eben nicht als organisiertem Vereins- und Wettkampfsport mit starrem Regelwerk frönen, der Inbegriff von Tischtennis: die Steinplatte.

Um vielleicht gleich mit der Terminologie zu beginnen: Eigentlich ist »Platte« in Tischtennis-Kreisen ein Unwort. Zumindest für die, deren zweiter Vorname »korrekt« lautet. Und die dann gerne zum Besten geben, dass es ja »Tischtennis« heißt – nicht »Plattentennis«. Nun, die Steinplatte ist wirklich eine Platte, wenngleich mehr aus Beton denn aus Stein, aber schnörkellos in einem massiven Stück vergossen. Darauf thront – nicht weniger massiv, nicht weniger unverwüstlich – ein Netz aus Metall, meist aus Aluminium. In Gänze macht das ein Gebilde, das selbst mit größter Mutwilligkeit nicht in seine Einzelteile zerlegt werden kann. Und erst recht nicht von Wind und Wetter.

An eben jener Steinplatte passiert nun allerlei, was mit Tischtennis rein gar nichts zu tun hat. Der erste Kuss, die erste Zigarette, das erste Dosenbier – wofür eben Park und Freibad, Schulhof und Spielplatz auch genutzt werden. Aber ihrem eigentlichen Zweck kommen die unverwüstlichen Beton-Machwerke auch nach: Ab und an wird auf ihnen Tischtennis gespielt. Nun mag man meinen, Tischtennis sei Tischtennis – ob nun auf dem Tischtennis-Tisch in der Sporthalle oder auf der Steinplatte im Park. Und doch: So ganz stimmt das nicht. Eigentlich stimmt es sogar überhaupt nicht. Denn wer denkt, er könne seine Kompetenz in der Sporthalle eins zu eins auf die Steinplatte vor der Sporthalle übertragen, der wird in der harten Realität an der Steinplatte eines Besseren belehrt.

Das kann dann nämlich so aussehen: Auf der Vorhandhälfte der Platte haben sich ein paar mittlerweile arg verwelkte Blätter der benachbarten Kastanie gesammelt, deren Geäst ohnehin ziemlich tief über der Platte baumelt. Auf der Rückhandhälfte, gleich neben der kleinen Pfütze vom gestrigen Starkregen, klebt ein bisschen Blütenstaub. Der Wind kommt von schräg hinten. Mal als stramme Böe, mal als leichte Brise. Immerhin: Die Sonne steht mittlerweile so tief, dass sie nur noch ab und an blendet, wenn sie durch die Blätter schimmert. Und die Steinplatte? Auf der tickt ohnehin jeder Ball anders. Beton ist eben nicht nur härter, sondern vor allem auch unebener als die sensiblen Indoor-Tische mit vollkommen gleichmäßiger Spielfläche. So ist es doch mehr als ratsam, sein Vereinsspielertum vor den ersten Schlägen an der Steinplatte nicht zu offenkundig raushängen zu lassen. Gegen geübte Steinplatten-Hasardeure, für die Wind und Laub längst zum Spiel gehören, könnte einem Hochmut doch ziemlich schnell auf die Füße fallen.

58. GRUND

Weil Tischtennis manchmal reine Kopfsache ist

Wenn es heißt, dass im Tischtennis der Kopf von besonderer Bedeutung sei, ist damit meist das gemeint, was sich im Kopf abspielt. Das Mentale, die Konzentrationsfähigkeit, die Motivation, die Auffassungsgabe. Solche Dinge eben. Es geht aber auch ganz anders. Headis heißt die Abwandlung von Tischtennis, die in den letzten Jahren oft von sich Reden gemacht hat. Oder auch: Kopfballtischtennis.

Damit ist eigentlich schon gar nicht wenig erklärt: Beim Headis – halb »Head« (übersetzt: Kopf), halb »Tennis« – geht es darum, einen Gummiball auf die andere Hälfte eines Tischtennis-Tisches zu köpfen. Tisch und Netz haben exakt die Ausmaße wie bei dem Sport, aus dem Headis einst entwuchs. Das war 2006, als Headis wohl in einem Freibad in Kaiserslautern erstmals am dortigen Tischtennis-Tisch gespielt wurde – und seitdem einen achtbaren Zulauf an Aktiven erfahren hat. Es gibt offizielle Turniere als Indoor- und Outdoor-Events, eine offizielle Rangliste, sportartspezifische Produkte – und sogar massig Medienpräsenz. Großen Bekanntheitsgrad erhielt Headis, als dessen Begründer René Wagner gilt, durch Darbietungen bei *TV Total* oder *Schlag den Raab* auf Pro7. Auch durch Messeauftritte auf der Jugend-Messe YOU in Berlin oder der Computerspiele-Messe gamescom in Köln ist Headis zu einer der bekanntesten Trendsportarten aufgestiegen und hat sich vielerorts einen Namen gemacht. Das auch außerhalb der deutschen Landesgrenzen: Zwar ist das Gründungsland Deutschland noch immer das Zentrum der Szene, in Luxemburg, Frankreich, Spanien und England aber wird mittlerweile auch schon eifrig geköpft. Vor allem unter Studenten hat Headis einen enormen Zulauf: An mehr als 15 Hochschulen in Deutschland ist es Teil des Hochschulsports.

Apropos Namen: Ein wesentlicher Bestandteil des sehr eventlastigen Headis sind illustre Wettkampfnamen, die die Spieler mit ins Feld (oder eher: an den Tisch) führen. Die Wettkämpfe, die mittlerweile ein beachtliches spielerisches und athletisches Niveau erreicht haben, gewinnen dadurch zusätzlich an Spektakel, dass es das Regelwerk nicht verbietet, den Tisch nicht nur zu berühren, sondern sich gar auf den Tisch zu legen oder zu stellen. Auch Volley-Annahmen sind erlaubt, wodurch manchmal sehenswerte Sprung- und Flugeinlagen zu sehen sind. Damit wird Headis zu einer Mischung aus Tischtennis, Tennis und Fußball – und lebt von einem simplen, schnell nachvollziehbaren, aber dennoch sinnhaften Reglement.

Die Frage der Frage bleibt beim Headis die übliche Trendsport-Frage. Nämlich die danach, ob aus dem Trendsport auch ein organisierter Sport werden kann. Die Betreiber der offiziellen Homepage *www.headis.com* sind sich da jedenfalls sicher. Auf die Frage, ob ihr Sport jemals olympisch wird, antworten sie: »Ganz bestimmt sogar, in Deutschland alleine gibt es mehr Headis-Spieler, als es Bobfahrer auf der ganzen Welt gibt.«[33] Wofür das echte Tischtennis Jahrzehnte und bis ins Jahr 1988 gebraucht hat, als es erstmals im Kanon der Olympischen Spiele vertreten war, soll bei Headis also deutlich schneller gehen? Bis dahin kann man immerhin über den gelungenen Seitenhieb für die Bobfahrer schmunzeln.

59. GRUND

Weil Dr. Pong jeden heilen kann

Die Eberswalder Straße ist das so ziemlich hippste Fleckchen Erde in der so ziemlich hippsten Stadt Europas. In Berlin. Ehemaliges DDR-Gebiet. Bezirk Pankow, Stadtteil Prenzlauer Berg. Genau dort, wo einst die Bohème und der Punk der DDR zu Hause waren. Genau dort, wo heute die einzige deutsche Metropole so kräftig pulsiert wie fast nirgendwo sonst. Im Epizentrum des Hipstertums, der Schnauzbärte, Jutebeutel, Melonenhüte und Skinny Jeans. Einer Szene inmitten des früheren Ostberlins, über deren Entstehung und Fortgang unzählige Essays und ganze Bücher geschrieben wurden. Und inmitten dieser immer lebendigen Kulisse, direkt am S-Bahnhof Eberswalder Straße, hat Dr. Pong sein Zuhause. Nein, keine Arztpraxis für ostasiatische Heilkunde. Sondern eine Bar, die fast nichts hat – keine ausladende Theke, keine teuren Möbel, eigentlich fast überhaupt keine Möbel, ja, nicht einmal verputzte Wände. Eines aber hat Dr. Pong: einen Tischtennis-Tisch, um den nächtelang bis zum Drehwurm Rundlauf gespielt wird – und der diesen Ort für Besucher aus aller Welt berühmt und berüchtigt gemacht hat.

Aber der Reihe nach: Angefangen hat der Hype um die heutige Szenebar ganz unszenig. Irgendwann im Dezember des Jahres 2000. An einem bitterkalten Wintertag im Monbijou-Park in Berlin-Mitte. Dort spielte Oliver Miller, ein Architektur-Student aus dem kaum minder hippen San Francisco, mit einem Freund Tischtennis auf einer vereisten Steinplatte. Dabei kamen die beiden Jungs ins Plaudern – vor allem über Millers Diplomarbeit an der Universität von Princeton, die den Amerikaner während seines Auslandsaufenthalts auf Trapp hielt. Die Abschlussarbeit sollte später den Titel »Recreating Recreation« tragen, was frei übersetzt so viel heißt wie: das Umdeuten von Freizeitaktivitäten. Miller beschäftigte sich darin mit der Hybridisierung von unterschiedlichen Lebensbereichen, auch mit der Verschmelzung von Sport und Nachtleben. Na, ist der Groschen gefallen? Es ging um eine Ping-Pong-Bar. Und deren Idee wurde wo geboren? Beim Ping Pong natürlich.

Für Miller aber war all das mehr als eine Idee, die ein paar Seiten bedrucktes Papier füllen sollte. Der Amerikaner machte sich alsbald an die Umsetzung. Er fand als Örtlichkeit einen leer stehenden Gemüsemarkt in der Eberswalder Straße, noch bevor dieses Fleckchen von Berlin *the place to be* werden sollte. Auch einen Namen gab es schnell. »Im Amerika der fünfziger Jahre hießen Sandwichläden einfach Dr. Sandwich und Copy-Shops Dr. Copy«[34], hat Miller der *Berliner Zeitung* dazu einmal erzählt. Eine Ping-Pong-Bar heißt dann eben: *Dr. Pong*. Einfachheit blieb auch bei allem anderen das Motto. Die Räumlichkeiten waren und sind mitnichten spektakulär, im Zentrum des Raums steht das, worum es sich im wahrsten Sinne des Wortes dreht: der Tischtennis-Tisch. Ein paar Stühle stehen drumherum, eine Bar hat es – und ein DJ-Pult, denn Musik gehört zum Nachtleben wie der Schläger zum Tischtennisspieler. Nicht viel soll ablenken von dem, was bei Dr. Pong Programm ist: das Spiel und die Leute, die es spielen.

Seit der Eröffnung im Jahr 2002 hat sich *Dr. Pong* zu einer echten Institution des Berliner Nachtlebens entwickelt. Mehr noch: Mittlerweile ist die Bar, die in keinem Reiseführer fehlt, beinahe genauso sehr eine Sehenswürdigkeit für Touristen wie eine Anlaufstelle für das Partyvolk der Hauptstadt. Ein mysteriöses Erfolgsgeheimnis verbirgt sich dahinter nicht. Außer bestenfalls das Spiel an sich: der Rundlauf. Er ist, und wer soll es besser wissen als Miller, das perfekte Freizeitspiel im Nachtleben. Er integriert jeden, braucht kein professionelles Sport-Umfeld, erst recht keine Sportkleidung, lässt eine freie Hand für Bier oder Zigarette – und schafft Anreize für die Gewinner wie die Verlierer. Die Gewinner sind die bestaunten Helden des Abends inmitten des regen Treibens. Die Verlierer sind die, die der Rundlauf nach jeder Runde zwischen andere Leute in der Bar spült. Verlorene Spiele werden zu gewonnener Zeit für neue Bekanntschaften und nette Gespräche.

Mittlerweile gibt es Bars wie *Dr. Pong* quer verteilt über die Weltkarte – in Brasilien, Argentinien, Schweden, der Schweiz, England, Australien oder Amerika. Ihre Gründer waren nicht selten Leute, die es irgendwann mal, ob durch Zufall oder nicht, auf die Eberswalder Straße verschlagen hat. In Amerika hat diese Art der Freizeitaktivität gar einen ganz eigenen Namen bekommen: *Berlin-style ping pong*. In San Francisco tobt gar eine eigene Stadt-Liga. Oliver Miller aber musste erst nach Berlin kommen, damit es seine Idee in seine frühere Heimat schafft.

60. GRUND

Weil Clickball das neue Darts ist

Der Alexandra Palace, den die Engländer beinahe liebevoll nur ihren *Ally Pally* nennen, hat sich einen prächtigen Ruf erarbeitet. Einmal im Jahr, immer zur ansonsten eher sportarmen Zeit über Weihnachten und dem Jahreswechsel, trifft sich dort, auf einem Hügel im Londoner Norden, die Weltelite im Darts. Die kürt im Ally Pally ihren Weltmeister. Darts ist – oder man muss sagen: war – eine Randsportart par excellence. Eigentlich war Darts sogar nur ein Kneipenspiel. Diese Tage aber sind längst gezählt. Dem Ally Pally sei Dank. Die WM im Darts fristet kein Nischendasein mehr, sie ist auch dem Status eines Geheimtipps auf der Sportlandkarte oder gar einem Liebhaberevent längst meilenweit entrückt. Die Darts-WM ist mittlerweile Mainstream, ein weltweites Medienereignis, angekommen auf dem Top-Level in Sachen Sportevents. Spieler wie Phil Taylor, Adrian Lewis oder Raymond von Barneveld sind zu viel Ruhm und nicht weniger viel Geld gekommen. Und all das hat der Ally Pally möglich gemacht.

Nun ist es allerdings nicht so, dass der Alexandra Palace für alle verbleibenden Wochen des Jahres, wenn keine Dartpfeile durch das Rund fliegen, leer steht. Ganz im Gegenteil. Gleich, nachdem der letzte Pfeil das Brett getroffen und der letzte angesäuselte Zuschauer aus der Arena begleitet wurde, geht es ganz ähnlich weiter. Nur werden die Darts jetzt durch einen Tischtennisball ersetzt. Noch im Januar startet die World Championship of Ping Pong (WCPP). Der Eindruck mag beim ersten Lesen täuschen, aber dabei handelt es sich nicht um die offiziellen Tischtennis-Weltmeisterschaften. Vielmehr wird bei der World Championship of Ping Pong, die im deutschen Sprachraum einfach Clickball-WM genannt wird, eine abgewandelte Tischtennis-Version gespielt, die wiederum dem vor allem auf den Philippinen sehr populären Liha-Tischtennis nahekommt. Das Besondere beim Clickball: Alle Spieler gehen mit einheitlichen Schlägern vom Veranstalter an die Tische, bei denen das Schlägerblatt auf beiden Seiten nur mit einer gleichfarbigen dünnen Schicht von feinem Sandpapier belegt ist. Eigene Schläger sind nicht zugelassen. Die Sandpaper-Oberfläche erlaubt es den Spielern kaum, den Ball mit Rotation zu versetzen. Gespielt wird jeder Satz bis 15, danach werden die Schläger gewechselt. Mehr Chancengleichheit geht nicht! Höhepunkt in den WCPP-Regeln: der *double point*. Jeder Athlet hat einmal pro Spiel, bei eigenem Aufschlag und vor dem 13. Punkt eines Satzes, die Möglichkeit, einen Ballwechsel anzumelden, der für ihn doppelt zählt, für den Gegner allerdings nur einfach. Gerade in diesen Momenten tobt im

Ally Pally der Mob, denn anders als beim Tischtennis geht es beim Clickball nicht gerade ruhig und beschaulich zu. Die Atmosphäre im Ally Pally ist nicht anders, als man sie beim Vorbild Darts erlebt: Es herrscht Volksfeststimmung! Der *Master of Ceremony* ruft die beiden Spieler wie Gladiatoren unter Licht- und Laserbestrahlung zum Duell in die Arena, die komplett mit Kameras von Sky Sports UK ausstaffiert ist. Dann kann die Show beginnen!

2011 wurde die World Championship of Ping Pong, für die ein Preisgeld von stolzen 100.000 Dollar ausgelobt wird, erstmals ausgetragen, damals noch im Palms Casino Resort in Las Vegas. Seit 2013 hat die Veranstaltung ihr festes Zuhause im Ally Pally – und blüht seither auf. Die bisherigen Clickball-Weltmeisterschaften wurden zwar von ehemaligen Tischtennis-Profis dominiert, allen voran von *Mr. Clickball*, dem Russen Maxim Shmyrev, der drei Weltmeistertitel in Folge einstrich (2011, 2013, 2014). Dennoch bildet sich immer stärker eine eigene Szene heraus: 2013 wurde in Erfurt erstmals der Deutsche Clickball-Cup ausgespielt, der als deutsche Meisterschaften durchgeht und über den die deutschen Starter im Ally Pally ermittelt werden. Mittlerweile gibt es regionale Quali-Turniere für den Deutschen Clickball-Cup, der mehr und mehr zu einem eigenen Event wird. Eigentlich haben aber schon dort alle Starter nur eines vor ihrem geistigen Augen: den Centre Court im legendären Ally Pally.

61. GRUND

Weil Tischtennis einen vor so manchem Kater bewahren kann

»›Beer Pong‹ (auch Beirut oder Bier Pong) ist ein Trink- und Geschicklichkeitsspiel, bei welchem Ping-Pong-Bälle in Becher geworfen werden müssen.«[35] Das sagt die Online-Enzyklopädie

Wikipedia. Der kann man zwar nicht immer blind vertrauen, bei Trinkspielen aber gewiss. Vor dem geistigen Auge des einen oder anderen werden sich in diesem Moment wohl schon Bilder von Geburtstagen, Mannschaftsfahrten oder Studenten-Partys abspielen – oder wahlweise auch vom Tag danach, wenn sich nach dem Aufwachen allmählich der Kater ans Werk macht.

Für alle, die davon bisher unberührt geblieben sind, erklärt es *Wikipedia* folgendermaßen (denn ein offizielles Regelwerk zur Erläuterung gibt es nicht): »Üblicherweise wird Beer Pong im 1-gegen-1- oder 2-gegen-2-Modus gespielt. Die gegnerischen Teams werfen dabei jeweils auf eine Dreiecksformation von Bechern auf der gegenüberliegenden Seite des Spielfeldes. [...] [Die] gegnerische Mannschaft [muss] jeden Becher, der getroffen wurde, austrinken. Falls in Zweier-Teams gespielt wird, werfen immer erst beide Spieler eines Teams, bevor der Ballbesitz wechselt. Die Mannschaft, die zuerst alle Becher des Gegners treffen konnte, ist der Sieger.«[36] Was die Ausführungen verschweigen: Der Verlierer trinkt im Anschluss in der Regel alles, was da noch an gefüllten Bechern auf dem Tisch steht. Und das kann mitunter schon mal eine ganze Menge sein.

Nun ist die Idee, die hinter Beer Pong steckt, keine ganz taufrische. Im alten Griechenland hatte einst ein Spiel namens Kattabos an Popularität gewonnen, das starke Ähnlichkeit zur heutigen Spielform des Beer Pongs erkennen ließ. Nur ging es dabei nicht um Bier, sondern – es war ja schließlich das alte Griechenland – um Wein. Die Spielgegner, wie beim Beer Pong getrennt durch einen Tisch, tranken aus einem Weinglas, um mit dem Rest des Weins im Glas eine Bronzescheibe in der Tischmitte ins Visier zu nehmen. Welcher Spieler die Scheibe zum Fallen brachte, war der Sieger. Blieb die Scheibe liegen, wurden die Weingläser erneut aufgefüllt – und das Ganze ging von vorne los. Diese Idee keimte im Amerika der Fünfzigerjahre wieder auf: Sie entstand, so der heutige Stand, an einer Privathochschule in New Hampshire – und vorausgegangen war ihr natürlich: ein Tischtennisspiel. Angeblich hatten Zuschauer ihre Bierbecher auf dem Tisch aufgestellt, als zufällig ein Ball in einem der Becher landete. Eine Spielidee war geboren! Wurde anfangs noch mit Schlägern und ganzen Bierflaschen gearbeitet, allerdings bereits unter dem Namen Beer Pong, verschwand der Schläger schon bald. Die Weiterentwicklung in den Siebzigerjahren war offenbar einem Zufall geschuldet: Spieler hatten ihre Schläger vergessen – und entschlossen sich in ihrer Not dazu, die Bälle dann eben einfach zu werfen.

Kein halbes Jahrhundert später ist Beer Pong ein Partyspiel rund um den Erdball. Und sogar mehr als das: Es gibt Beer Pong gar als Wettkampfsport, der in Amerika in einer World Series mit horrendem Preisgeld ausgespielt wird. Und welcher Austragungsort würde zu einem Partyspiel besser passen als, natürlich, Las Vegas. Davon ist die europäische Beer-Pong-Szene zwar noch ein Stück weit entfernt, aber auch hierzulande werden längst nicht nur in Tischtennis-Kreisen zu feierlichen Anlässen die Ping-Pong-Bälle, die eigentlich ja Tischtennis-Bälle heißen, gezückt. Wer also präventiv etwas gegen seinen Kater machen möchte, und das möchte ja so ziemlich jeder, dem kann nur auf eine Art und Weise geholfen werden: regelmäßig in der Tischtennis-Halle vorbei zu schauen und seine Geschicklichkeit mit dem Tischtennisball zu schulen.

62. GRUND

Weil einer der angesagten New Yorker Nachtclubs eine Tischtennis-Bar ist

Die 23rd Street liegt inmitten von Manhattan. Wolkenkratzer links, Wolkenkratzer rechts. Unweit vom Empire State Building, direkt am Madison Square Park. Dort, im Epizentrum von New York City, zwischen der 5th Avenue und der Park Avenue, hat die Hollywood-

Ikone Susan Sarandon 2009 einen Nachtclub eröffnet. Für eine aus der Riege der Stars und Sternchen ist das nicht weiter besonders. Ein Restaurant hier, eine Bar da. Man will sein Geld ja angelegt wissen. Notfalls eben in der hiesigen Gastronomie. So läuft das nicht selten bei den Großen der Branche, zu denen die Oscar-Gewinnerin zweifelsohne zu zählen ist.

Susan Sarandon aber hat – als Mitgründerin, unter anderem gemeinsam mit ihrem damaligen Lebensgefährten Jonathan Bricklin – nicht bloß eine Bar eröffnet, die selbst im Nachtleben New York Citys zu den Hotspots gehört. Sie hat obendrein einen der populärsten Orte auf diesem Planeten geschaffen, an dem man Tischtennis spielen kann. Den SPiN Club New York. Der vereint die Vorzüge einer edlen, hippen Bar mit Tischtennis, um das sich im SPiN Club New York im wahrsten Sinne des Wortes alles dreht. Inmitten der trendigen Bar stehen 17 Tischtennis-Tische aufgereiht. Alles in einem schicken, gediegenen Look. Das nennt der SPiN Club ganz amerikanisch einen *game changer*, der Nachtleben, Events und Sportindustrie verändern soll. Bescheiden ist anders. Poetisch verkünden die SPiN-Clubber: »Die Zukunft, gemalt mit den Farben eines von Natur aus sozialen Spiels, hat nie heller geschienen.«[37] Dieses Spiel heißt Tischtennis.

Und wirklich ist der SPiN Club eine Attraktion, die für sich steht. In der einen Ecke schlagen schon mal Topspieler wie Timo Boll oder Jan-Ove Waldner als Gäste ein paar Bälle vor der staunenden Menge. In der anderen Ecke nehmen ein paar New Yorker Broker einen gemeinsamen Martini, ehe sie nachher selbst noch ein wenig zum Schläger greifen. Im SPiN Club spielen Profis neben ambitionierten Amateuren und ambitionierte Amateure wiederum neben einfachen Club-Besuchern, die von einem Bekannten oder Geschäftspartner an der Bar einen Schläger in die Hand gedrückt bekommen haben. Die Atmosphäre ist schick, aber nicht exklusiv. Es geht um den Spaß an einem gemeinsamen Erlebnis. Wenn am Freitagabend das allwöchentliche und eigentlich seriöse Preisgeld-

Turnier, das *Dirty Dozen*, ausgetragen wird, kann es schon mal vorkommen, dass in den Spielpausen ein Jazz-Konzert stattfindet oder eine Horde leicht bekleideter Models aufkreuzt, um sich auf den Tischen einen Tanz-Contest zu liefern. Amerikanische Topspieler wie Wally Green oder Mike Landers treten dort regelmäßig zu Wettkämpfen, aber auch zu Showkämpfen an. Nicht immer im Sportdress, auch mal im feinen Zwirn oder fast textilfrei. Die US-Profispielerin Lee So-yeon bestreitet ihre Partien in der Regel in ihrem Lieblingsoutfit: im kleinen Schwarzen mit High Heels. Kurzum: Im SPiN Club New York, mit einem offenen Fenster zur New Yorker U-Bahn gelegen, ticken die Uhren anders als anderswo im Tischtennis.

An dem Konzept, das übrigens auch vorsieht, einen Tisch wie in einem Sport-Center für eine normale Trainingsstunde zu mieten, hängt mittlerweile eine Franchise-Unternehmung. Der zweite SPiN Club eröffnete schon bald nach den New Yorker Erfolgen in Milwaukee. Mittlerweile gibt es auch in Chicago, Toronto, San Francisco und Los Angeles Ableger. Und auch Europa haben die SPiN Clubs mittlerweile erreicht: 2015 eröffnete in Knokke-Heist an der belgischen Nordsee-Küste der SPiN Club Belgium. Knokke-Heist ist nicht New York City. Aber mit dem SPiN Club hat es schon ein wichtiges Stück New York dorthin geschafft.

63. GRUND

Weil es auch im Schwarzlicht geht

Licht wird beim Tischtennis regelmäßig zum Thema. Meistens dort, wo es zu wenig davon gibt. Denn im Tischtennis gibt es klare Statuten dafür, was ausreichend viel und was zu wenig Licht ist. Wie viel Licht auf einen Tischtennis-Tisch fallen muss, wie viel auf die umliegende Spielfläche in der Box, wie viel auf den Rest der Sporthalle. Alles bis aufs Lux genau geregelt! Zumindest im offiziellen Wettkampfsport. Es geht aber auch anders: wie etwa beim Schwarzlicht-Tischtennis. Dort ist jedes Lux, das sich in der Sporthalle verirrt, ein Lux zu viel. Dort geht es dunkel und duster zu.

Gespielt wird hier, wie auch beim superpopulären Schwarzlicht-Minigolf, in einem möglichst stark abgedunkelten Raum, in den im Idealfall von außen kein Licht tritt. Die einzig zulässigen Lichtquellen: Schwarzlicht-Leuchtröhren. Die sorgen dafür, dass alle weißen und fluoreszierenden Gegenstände im Raum zu leuchten anfangen. Schaut man sich das genauer an, wird deutlich: Tischtennis ist wie gemacht für Schwarzlicht. Der Ball? Weiß! Die Markierungslinien des Tisches? Weiß! Die Netzkante? Weiß!

Na gut, ein bisschen nachhelfen muss man dann schon. Bei den Kanten der Tische und der Netze, aber auch bei denen des Schlägers wird beim Schwarzlicht-Tischtennis, das auch unter dem Namen *Black-TT* firmiert, mit fluoreszierendem Klebeband gearbeitet. Auch die Spieler bekommen entsprechende T-Shirts, was es überhaupt erst möglich macht, zu wissen, wo sich der Gegner am Tisch befindet. Was schließlich keine ganz unwichtige Information beim Tischtennis ist. Nur bei einem klappt es ohne Nachhilfe: dem Ball. Das Spielen selbst verändert sich durch die umgedrehten Lichtverhältnisse merklich: Bis man sich auf die veränderte Wahrnehmung am Tisch eingestellt hat, vergeht schon mal einige Zeit.

Trotzdem oder gerade deswegen ist Schwarzlicht-Tischtennis stark im Kommen. Für die heimische Sporthalle gibt es das Event Schwarzlicht-Tischtennis zu mieten, um dem normalen Trainingsbetrieb in seinem Verein für einen Abend mal einen neuen Anstrich zu verpassen. In Deutschland finden zudem regelmäßig Turniere statt, bei denen sich nicht selten über 100 Starter versammeln. 2010 wurden in Leipzig gar die ersten inoffiziellen Weltmeisterschaften ausgetragen. Und auch die Profis sind dem Trend längst aufgesessen: Im Internet kursieren spektakuläre Clips, in denen Topspieler wie Ma Long oder Zhang Jike sich im Schwarzlicht die Bälle zuschießen. Allerdings mit Geschwindigkeiten, bei denen man sich wünscht, dass doch mal wieder jemand das Licht anknipst.

64. GRUND

Weil der Konferenztisch der beste Tischtennis-Tisch ist

Der Büroalltag sieht heutzutage nicht mehr aus wie vor 30 Jahren, als die Filterkaffee-Maschine das Aufregendste und Spaßigste im Dunstkreis eines gewöhnlichen Schreibtisch-Arbeitsplatzes war. Heute liegen Arbeitsplatz und Abenteuerspielplatz nicht nur in den legendären Hallen von Google oder Apple besonders nah beisammen. Um ihren Mitarbeitern eine Wohlfühl-Atmosphäre zu schaffen, haben Unternehmen Büroräume längst zu Orten gemacht, in denen sich Sofa-Ecken, Minigolf-Löcher, Kicker-Tische und Espresso-Automaten einen Kampf um die freien Minütchen der Arbeitnehmer liefern. Arbeiten in einer Abenteuerlandschaft! Wer bis spät abends im Büro bleiben und nicht pünktlich um fünf Uhr den Griffel fallen lassen soll, dem soll es ja bloß nicht unbehaglich werden an seinem lieben Arbeitsplatz, der für manch einen interessanter wird als die eigenen vier Wände. Was bietet sich da Besseres an als eine Runde Tischtennis. Spielerisch, aktiv, kurz und kurzweilig. Tischtennis – das ideale Pausenspiel.

Na gut, na gut. Tischtennis ist natürlich eine feine Sache für die Schreibtisch-Pause, mag jetzt der eine oder andere denken. Nur: Wohin nur mit diesem riesigen Tisch mitten im Büro? Gegenfrage: Schon mal einen Büroraum ohne Tisch gesehen? Wohl kaum. Und genau so entstand die Idee vom Büro-Tischtennis, das sich mittlerweile in etlichen Betrieben etabliert hat.

Den Königsweg an den Tischtennis-Tisch im Büro gibt es nicht. Es gibt ganz verschiedene Möglichkeiten, Tischtennis in die Bürowelt zu integrieren. Etwa die spartanische Variante: mit Netzen, die sich über praktisch jeden Schreib- oder Konferenztisch spannen lassen. Den Arbeitsplatz leer fegen, das Netz spannen, Schläger und Bälle zücken. Los geht's! Das ist die Variante, in der der klassische Bürotisch umfunktioniert wird zum Tischtennis-Tisch.

Es geht auch anders. Das haben die Berliner Jan Henning Kuck und Tobias Schwind gezeigt. Der eine, Kuck, ist Künstler. Der andere, Schwind, ist Ingenieur. Gemeinsam haben sie einen Konferenztisch designt und fertigen lassen, der von Beginn an nie einzig und allein als Tisch im herkömmlichen Bürosinne gedacht war: den sogenannten *T.Table*. Der gilt als Musterexemplar für einen multifunktionalen Tisch, über den in einer Pause die Tischtennisbälle geschossen werden können. Und wartet dementsprechend natürlich mit einigen Besonderheiten auf: Mit der sanften Berührung eines Sensors lassen sich die Spielfeldlinien über Hochleistungs-LEDs sichtbar machen und wieder entfernen. Das Netz ist selbstredend nicht aus Stoff, sondern – wie es sich für so ein Design-Produkt im Hochpreissegment gehört – aus edlem Glas. Was alles aber eben nicht nur die Nutzung zu einer sportlichen macht, sondern auch den Preis.

Auch dem, der seinen Schreibtisch lieber Schreibtisch sein lassen möchte, der im Büro aber trotzdem nicht auf seinen Tischtennis-Spaß verzichten möchte, kann geholfen werden. Von Tobias Fränzel. Der Erfurter ist ebenfalls Designer, und er präsentierte 2011 auf der Internationalen Möbelmesse in Köln erstmals die sogenannte *PingPongDoor*. Unschwer zu erraten: Es handelt sich um eine Tür. Die lässt sich mithilfe entsprechender Mechanik in die Waagerechte drehen und dort fixieren. Und siehe da: Fertig ist der Tischtennis-Tisch! Nun gut, der Durchgang bleibt für die Dauer der Spiele dann eben mal gesperrt.

Doch es gibt nicht nur Designer-Lösungen wie diese. Zahlreiche Anbieter sind mit schlichten Produkten am Markt, bei denen etwa der Schreibtisch gleichzeitig auch Tischtennis-Tisch sein kann. Oder eben der Tischtennis-Tisch auch Schreibtisch. Da gehen die

Meinungen zwischen Arbeitgeber und Arbeitnehmer vermutlich auseinander. Im Übrigen geht der sportliche Wettkampf im Büro schon so weit, dass es gar Trainer gibt, die Stunden im Büro-Tischtennis anbieten. Da sollte der Chef allerdings dann mitspielen. Im wahrsten Sinne des Wortes.

65. GRUND

Weil Tischtennis zwar noch Ping Pong genannt wird, aber eigentlich gar kein Ping Pong mehr ist

Ping. Pong. Ping. Pong. Ping. Pong. Wer sich in den Anfangsjahren des Tischtennis (oder besser: dessen, was heute »Tischtennis« genannt wird), also noch bevor mit schwammlosen Belägen der Ball hin und her gepatscht wurde, die Frage gestellt hat, warum der Sport denn »Ping Pong« genannt wird, musste nur mal bei einem Spiel die Augen schließen – und seine Ohren spitzen: Ping. Pong. Ping. Pong. Ping. Pong. Der Ton macht die Musik – und der Klang den Namen.

Der Sport, der Ende des 19. Jahrhunderts zuerst in England aufgekommen war, hatte schnell seinen ersten Namen weg: Ping Pong. Damit war bald Schluss: Ein US-amerikanischer Hersteller ließ sich diese Bezeichnung schon 1901 als Handelsmarke eintragen. Seither darf sie eigentlich nicht mehr frei verwendet werden – weder für Wettkämpfe noch für den Handel. Anstelle des urheberrechtlich geschützten Markennamens, der nur noch auf Produkten der Marke »Ping Pong« zu finden sein durfte, musste also ein neuer Begriff her: Tischtennis. Es bleibt eine Vermutung, aber es ist nicht unwahrscheinlich, dass dieses Buch ohne dieses über ein Jahrhundert alte Urheberrecht *111 Gründe, Ping Pong zu lieben* heißen würde.

Die andere Frage ist, wem das überhaupt auffallen würde. Denn in der Umgangssprache und damit unter Nicht-Tischtennisspielern gilt noch immer: Tischtennis ist Ping Pong – und Ping Pong ist Tischtennis. Für Otto Normal sind das Synonyme. Daran aber stört sich besonders manch ambitionierter Tischtennisspieler, der seinen Sport mit viel Hingabe, Leidenschaft und vor allem Ernsthaftigkeit betreibt. Denn von Ping Pong wird im deutschen Sprachgebrauch zumeist eher dann gesprochen, wenn Hobby-Tischtennis gemeint ist. Ein bisschen Ping Pong im Garten, ein bisschen Ping Pong auf der Steinplatte auf dem Schulhof. Das ist Ping Pong. Freizeit-Geplänkel. Aber doch bitte nicht der offizielle Sport, doch bitte nicht Tischtennis.

Verwendet wird der Begriff »Ping Pong« heute auch noch für eine Abwandlung des Tischtennis, deren Regeln besagen, dass jeder Schlag zunächst auf der eigenen und danach erst auf der Tischhälfte des Gegners aufkommen muss. Sozusagen: jeder Schlag ein Aufschlag. Über den Status eines beliebten Trainingsspiels hinaus hat es dieses »Ping Pong« jedoch nie gebracht.

Gänzlich von der Weltkarte des offiziellen Sports verschwunden ist die Bezeichnung aber auch heute nicht. Ausgerechnet in China heißt der Sport übersetzt nämlich wie? Ping-Pong-Ball. Nur hat das, was die Chinesen mit dem kleinen, weißen Ball anstellen, nicht mehr viel mit dem zu tun, was einst sein Namensgeber war. Ping. Pong. Ping. Pong. Ping. Pong.

 66. GRUND

Weil Tennis und Tischtennis manchmal doch nicht mehr als eine Silbe auseinander liegen

Dass Ann Haydon-Jones ihrer Sportart abschwören wollte, war mehr als verständlich. Die Britin stand 1957 in drei Endspielen der Tischtennis-Weltmeisterschaften von Stockholm. Im Einzel, im Damen-Doppel und im gemischten Doppel. Dreimal verlor sie. Dreimal verlor sie im fünften und entscheidenden Satz. Haydon-Jones ging auf ihre ganz eigene Art und Weise mit der niederschmetternden Flut von Final-Niederlagen um: Sie etablierte sich aus Trotz in der Weltspitze im Tennis.

Nun ja, ganz so einfach und selbstverständlich, wie die Geschichte der hoch veranlagten Linkshänderin in der Kurzzusammenfassung klingt, ist das Switchen von Tischtennis und Tennis jetzt auch nicht. Aber geflunkert sind die Ausschnitte aus der bemerkenswerten Laufbahn von Haydon-Jones, Tochter zweier britischer Tischtennis-Ikonen, trotzdem nicht. Nachdem sie sich in den Fünfzigerjahren sowohl im Tischtennis als noch mehr im Tennis einen Namen gemacht hatte, reichten Haydon-Jones die Erlebnisse von Stockholm, um ihr Augenmerk endgültig aufs Tennis zu legen. Zwar spielte sie noch eine weitere Tischtennis-WM im Jahr 1959, in dem sie auch die britische Rangliste anführte (im Tischtennis wohlbemerkt), doch ihre Mühen und Erfolge verlegte sie fortan auf ein größeres Spielfeld und besaitete Schläger. Bereut haben dürfte sie diese Entscheidung nicht: Ein knappes Jahrzehnt lang sollte das Bewegungstalent später unter den besten zehn Spielerinnen der Tennis-Weltrangliste geführt werden. Auch ihren größten sportlichen Erfolg feierte Haydon-Jones, die zur größten Rivalin der Tennis-Legende Billie Jean King wurde, im weißen Sport: 1969 gewann sie das Wimbledon-Turnier, was sie zur britischen Sportlerin des Jahres machte. Und zu einem Objekt der Begierde der Beatles: Die sollen ihre Aufnahme des Songs *Golden Slumbers* 1969 zugunsten der Radio-Live-Reportage des Wimbledon-Finals zwischen Haydon-Jones und King unterbrochen haben. Ob ihr derartige Aufmerksamkeit mit dem Tischtennis zuteil geworden wäre? Zweifelhaft.

Den Briten waren derartigen Karrieren zu dieser Zeit nicht mal unbekannt. Fred Perry hatte 1929 mit einem Weltmeistertitel seine Tischtennis-Laufbahn beendet, um sie auf dem Tennisplatz fortzusetzen – und zwar noch erfolgreicher: Er gewann in den Dreißigerjahren dreimal in Folge das Turnier von Wimbledon. Was will man mehr?

Wer gerade allerdings schon im Keller nach seinem Tennis-Schläger kramt und sich vor seinem geistigen Auge mit seinem ersten Tennis-Siegerpokal über die rote Asche oder den Hartplatz stolzieren sieht, dem sei zumindest gesagt: Die Übertragbarkeit der Geschichte von gestern auf die heutige Zeit ist doch eher begrenzt. Obwohl Tischtennis und Tennis linguistisch recht nah beieinander liegen, trennen ihre Ausführung mittlerweile Welten. Die Sportarten haben sich in ihrer Evolution derart spezialisiert, dass ihre Schnittmengen deutlich geringer sind als noch vor knapp einem halben Jahrhundert. Es gilt sogar der Rat, vor allem in den Jahren der sportlichen Ausbildung bei Kindern und Jugendlichen, tunlichst die Finger vom Tennisschläger zu lassen, wenn die Kleinen später im Tischtennis etwas werden sollen. Gerade die vermeintliche Verwandtschaft von Tischtennis zu Tennis, wo die Techniken zu gewissen Teilen ähnlich, aber in anderen Teilen, wie etwa dem Einsatz des Unterarms oder des Handgelenks, wiederum vollkommen verschieden sind, hat nämlich ihre Tücken, wenn man beide Sportarten zu mixen beginnt.

Als ein ebenso kompliziertes Unterfangen gestaltet es sich, Tischtennis und Tennis im ständigen Wechsel zu spielen. Montags dies, dienstags das, mittwochs dies und donnerstags wieder das. Zumindest wenn einem die eigene Spielstärke in einer oder gar in beiden Sportarten denn lieb ist, führt das zu ungewollten Nebenwirkungen. Immerhin: Als Ausgleich dient langjährigen Tischtennisspielern allerdings nicht selten die Sommerrunde im Tennis, wenn in den Tischtennis-Hallen die *Off-season* ausgerufen wird und das Wetter ohnehin nicht nach Hallensport schreit. Sobald die Sommerpause im Tischtennis endet, beginnt allerdings im Tennis dann meist wieder die Winterpause. Tischtennis und Tennis trennt eben doch weit mehr als eine Silbe – und aus Timo Boll wird deshalb bei allem Talent mit Ball und Schläger in diesem seinem Leben auch kein Wimbledon-Sieger mehr.

67. GRUND

Weil Rundlauf mehr ist als nur eine Runde laufen

Nach dem Rundlauf ist vor dem Rundlauf. Der König greift, wenn er schon nicht in Besitz eines standesgemäßen Zepters ist, zu seinem Schläger, mit dem er lautstark, möglichst unüberhörbar, auf den Tisch klopft. Dann spricht er bestimmt zu seinem Volke: »Anbau!«. Bei seinem rüden Befehl geht es weder um Kartoffeln noch um Marihuana. Es ist das Signal für die nächste Runde – im wahrsten Sinne. Es geht wieder rund!

Rundlauf ist die wohl am weitesten verbreitete Tischtennis-Freizeitvariante. Wie beliebt und wie verbreitet tatsächlich, das zeigt schon die bloße Ansammlung an Synonymen, die sich nur im deutschsprachigen Raum für diesen Rundlauf finden lässt: Oft auch als Chinesisch bezeichnet (womit man den Chinesen vielleicht ein bisschen zu nahe tritt), ist es vor allem auch als Ringelpietz bekannt. In Deutschland heißt es außerdem noch einfach Runde oder auch Mäxle und Mühle. In Österreich, mit dortigem Zungenschlag versehen, Rundgangerl, Lauferl, Ringerl oder Rennerts. Wie Rundlauf derartige Popularität erlangen konnte, wird mit einem Blick in das nicht vorhandene und trotzdem jedermann bekannte Regelwerk überdeutlich: Es schließt niemanden aus. Egal, wie viele Spieler sich an einem Tisch versammeln. Egal, ob es eine gerade oder ungerade Anzahl ist. Egal, ob gute oder schlechte Spieler am Tisch stehen. Eine Runde Rundlauf, die geht immer und ohne Einschränkungen.

Und zwar so: Die Spieler, seien es drei oder fünf, 103 oder 105, ganz egal, stellen sich so an den Tisch, dass mindestens eine Seite mit mehr als einem Spieler besetzt ist. Richtig erkannt, das ist bei drei oder mehr Spielern ohnehin gar nicht zu verhindern. Dann geht es reihum: Nach einem fehlerlosen Schlagversuch macht sich der Spieler auf den Weg rüber hinter die andere Tischhälfte, wo er sich hinter die anderen einreiht und wieder schlägt, wenn er an der Reihe ist. Und so weiter, und so fort. Wer verschlägt, scheidet aus. Das geht so lange, bis nur noch zwei Spieler übrig bleiben, die schließlich nach gängigen Tischtennisregeln den Sieger ermitteln. Hier variiert das Rundlauf-Regelwerk, das es ja eigentlich gar nicht gibt: Meist geht es bis zum dritten Gewinnpunkt mit wechselndem Aufschlag, der vorher in einem Ballwechsel mit eingeworfenem Ball erstmals vergeben wird (genannt: »Umdie«, für »um die Angabe«) und dann nach jedem ausgespielten Punkt wechselt. Auch die Siegerweihen variieren: Der Sieger (genannt: der König) erhält zumeist und durchaus standesgemäß eine sogenannte Krone, das Symbol des amtierenden Rundlauf-Champs. Die verspricht ihm im schlechtesten Fall lediglich Ruhm und Ehre, die am Rundlauf-Tisch nur eine bedingt starke Währung sind. Vor allem im Verhältnis dazu, dass manche Spielvarianten mit der Krone ein Bonusleben verbinden, das beim Ausscheiden in einer der folgenden Runden gesetzt werden kann. Ein einfacher Ausruf reicht aus zum Glück: »Setze!« – und alle wissen Bescheid. Der König ist tot, lang lebe der König! Nur eben derselbe …

Zwar gilt der Rundlauf vor allem als Gesellschaftsspiel auf Schulhöfen, in Parks oder Kneipen, doch auch beim Rundlauf purzeln die Rekorde. Der Kampf um die deutsche Rundlauf-Krone tobt im hohen Norden. Zunächst legte Bremen vor: Im Rahmen der dortigen Mannschafts-WM 2006 machten sich insgesamt 359 Teilnehmer an eine 62-minütige Rundlauf-Partie, die allerdings an insgesamt 47 Tischen gespielt wurde, an denen sich die Teilnehmer entlang schlängelten. Da ließen sich die Nachbarn aus Hamburg nicht lange bitten: 2013 übertrafen sie die Bremer mit 391 Teilnehmern an 52 Tischen in 65 Minuten in allen Belangen. Noch besser machten es die deutschen Nachbarn in der Schweiz: 2010 versammelten sich im eigens dafür präparierten Luzerner Bahnhof 509 Rundlauf-Spieler – diesmal allerdings an nur einem Tisch. Weltrekord!

5. KAPITEL
DIE BASICS

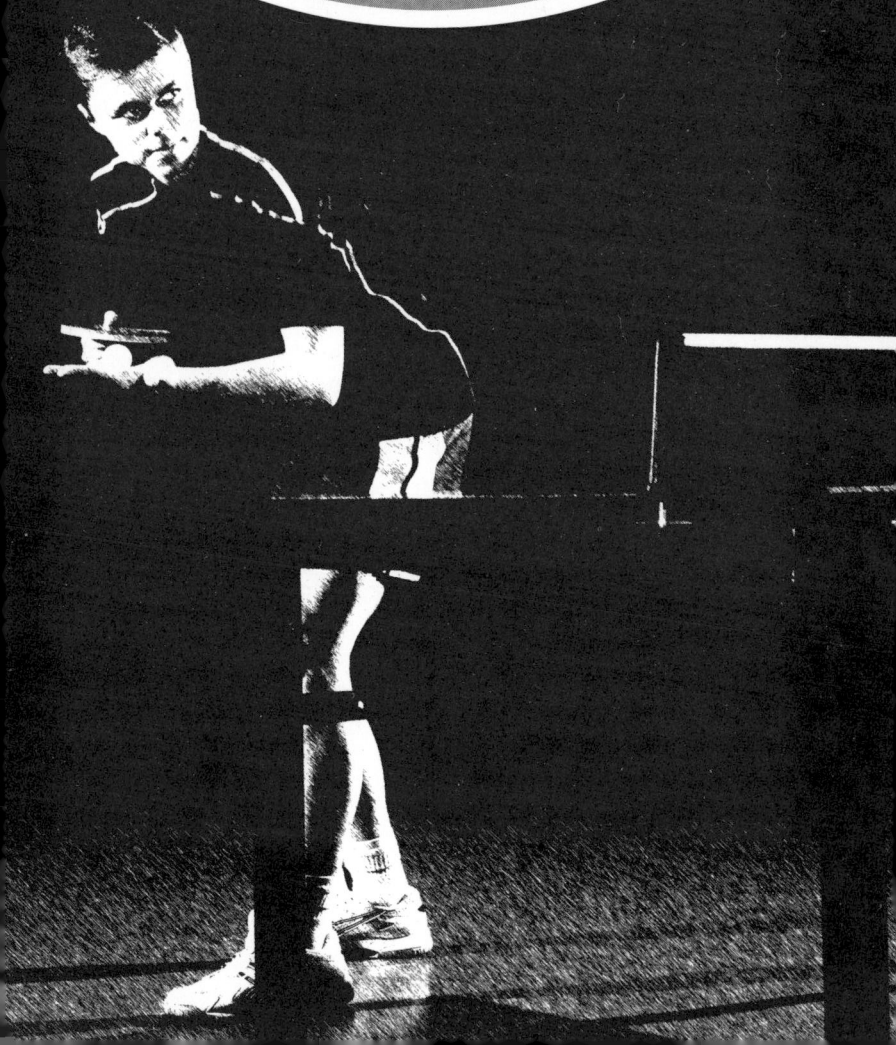

68. GRUND

Weil zwar nicht der Fußball, dafür aber das Tischtennis seine Wurzeln in England hat

Fußball kommt aus England. Tischtennis kommt aus China. Irgendwelche Einwände? Wenn nicht, dann könnte man die Diskussion über den Ursprung des Tischtennis-Sports ja kurz halten. Doch genauso wenig wie der Fußball seine ersten Erscheinungsformen in England hatte, sind die Vorläufer des Tischtennis in China zu finden. Ganz im Gegenteil: Eigentlich ist es nämlich genau umgekehrt.

Gibt es zwar auch Ansätze, dass Vorformen des Tischtennis im 19. Jahrhundert erstmals in Indien praktiziert wurden, gilt heute die Entstehung des Sports in England als die wahrscheinlichere. »Sparistike«, griechisch für: »Lass' uns spielen«, hieß das Spiel, das der englische Major Walter Clopton Wingfield ersten Aufzeichnungen zufolge 1874 bekannt machte. »Tischtennis« konnte es auch deshalb noch nicht heißen, weil es noch keinen Tisch gab: Das Spiel wurde über ein gespanntes Netz mit einem Spielgerät aus Gummi oder Kork im Freien gespielt – und hatte sich aus dem klassischen Tennis entwickelt, an das es auch noch stark erinnerte. Der eigentlich beliebten Outdoor-Aktivität machte eine gerade in England ziemlich wechselhafte Variable nicht selten einen Strich durch die Rechnung: das Wetter. Der ständige Regen machte es naheliegend, das Spiel ins Trockene zu verlegen. Ein Tisch wurde zum Spielfeld, eine Schnur ersetzte die Netzgarnitur – und geschlagen wurde mit allem, was man gerade so fand: mit Federballschlägern, Büchern oder Bratpfannen. Das Ganze bekam den Namen »Raum-Tennis«, für das der englische Ingenieur James Gibb 1875 die ersten Spielregeln veröffentlichte.

Gibb sollte schließlich eine der wichtigsten Personen bei der Weiterentwicklung vom Raum-Tennis zum Tischtennis werden.

Denn es war ebenfalls der Engländer, der 1891 von einer Geschäftsreise bunte Zelluloid-Bälle mitbrachte, mit denen er Raum-Tennis daraufhin spielen ließ. War schon in den späten 1870ern der Begriff »Ping Pong« wegen der klackernden Geräusche des Balls immer wieder aufgetaucht, setzte der sich vor allem mit der vermehrten Verwendung der Zelluloid-Spielgeräte immer mehr durch. Doch auch der Begriff »Table Tennis« tauchte neben anderen – wie »Gossima«, »Whiff Waff« oder »Flim Flam«, je nach Hersteller der Spielgeräte – in dieser Zeit erstmals auf. Letztlich hätte sich wohl der Name »Ping Pong« für das immer populärer werdende Spiel durchgesetzt, wenn der Geschäftsmann John Jacques de Croydon, ein Freund von Gibb, den Begriff beim englischen Patentamt nicht angemeldet und die amerikanischen Rechte schon bald an die Firma Parker Brothers verkauft hätte. Das Spiel, das in England zu Beginn des 20. Jahrhunderts allerdings zunächst an Beliebtheit verlor, firmierte in England, Amerika und anderswo auf der Welt, etwa auch in Ungarn und Deutschland, zunächst zwar noch als Ping Pong. Nicht zuletzt aufgrund der geschützten Namensrechte aber wurde es in der Zukunft immer häufiger als Tischtennis bezeichnet. Spätestens, als es in den 1920ern wieder deutlich an Popularität gewann und sich die ersten Verbände als Tischtennis-Verbände gründeten (so auch der Deutsche Tischtennis-Bund 1925 in Berlin), hatte der Sport seinen offiziellen Namen gefunden. Wann Tischtennis China erreichte, ist derweil nicht exakt geklärt. Wohl im Jahr 1899 kam Tischtennis nach Japan, von dort machte es seinen Weg in die umliegenden Länder. China kam also wohl erst verhältnismäßig spät erstmals mit dem Tischtennis-Sport in Kontakt.

Mit dem Fußball sah das anders aus: Bereits im zweiten Jahrtausend vor Christus soll es in China ein dem Fußball artverwandtes Spiel namens Cuju, was übersetzt so viel heißt wie »den Ball mit dem Fuß stoßen«, gegeben haben. Das Spiel geriet allerdings etliche Jahrhunderte später wieder in Vergessenheit, sodass sich heute England als das sogenannte Mutterland des Fußballs bezeichnen darf. China hat stattdessen seinen Platz beim Tischtennis gefunden. Auch wenn das anfangs alles ganz anders aussah.

69. GRUND

Weil Tischtennis nicht weniger ist als die schnellste Rückschlagsportart der Welt

Tischtennis ist die schnellste Rückschlagsportart der Welt? Mal langsam, mal langsam! Und das im wahrsten Sinne des Wortes. Kann ja gar nicht sein. Schließlich wird im Tennis mittlerweile allein mit über 250 km/h pro Stunde aufgeschlagen, im Badminton erreicht das Spielgerät in der Spitze gar ein Tempo von über 400 km/h, selbst im Squash liegt man bei Spitzengeschwindigkeiten, die nur unweit hinter dem Tennis zurückliegen. Und im Tischtennis? Bei frontalen Schlägen bis zu 120 km/h, Topspins liegen gar deutlich im zweistelligen Bereich. Das sind im Vergleich ja beinahe läppische Zahlen. Dennoch trägt Tischtennis den Ruf der schnellsten Rückschlagsportart der Welt nicht zu Unrecht. Ganz im Gegenteil.

Denn das Besondere im Tischtennis ist die Distanz, auf der sich das Ganze abspielt: ein nur 2,74 Meter langer und nur 1,525 Meter breiter Tisch. Im Vergleich zum Tennis, Badminton oder Squash sind die Strecken zwischen den Balltreffpunkten dementsprechend um ein Vielfaches kürzer: Wenn man den Abstand der beiden Spieler zum Tisch auf jeweils einen Meter bemisst, was einer gewöhnlichen Entfernung zum Tisch entspricht, dann sind es nicht einmal fünf Meter.

Das bedeutet zweierlei: Zum einen hat der Gegner auf der anderen Seite des Spielfelds aufgrund der kürzeren Distanzen deutlich weniger Zeit, um sich auf die ankommenden Schläge vorzubereiten. Geht man von einem Abstand der Balltreffpunkte der beiden Spieler aus, der 4,74 Meter auseinanderliegt, benötigt ein 60 km/h gespielter Ball nicht mehr als 28 hundertstel Sekunden. Zum anderen verliert das Spielgerät in dieser Zeit deutlich weniger an Geschwindigkeit, weil es kürzer dem Luftwiderstand ausgesetzt ist als etwa im Tennis oder Badminton. Ein weiterer Punkt kommt in Sachen Luftwiderstand beim Tischtennis hinzu: die physische Beschaffenheit des Spielgeräts. Ein Tischtennisball bremst aufgrund seiner geringeren Größe und seines geringeren Gewichts deutlich weniger ab als etwa beim extrem schlaggewaltigen Badminton. Die Kombination aus der Geschwindigkeit des Spielballs, der vom Spielball zurückzulegenden Distanz sowie der Beschaffenheit des Spielballs ist im Tischtennis also um ein Vielfaches ungünstiger – nicht nur für die Kontrahenten auf der anderen Seite des Tisches, sondern auch für die Zuschauer, die dem regen Treiben folgen möchten.

Denn aus dem Topspeed entstehen kuriose Fakten: Spitzenspieler kommen auf bis zu drei Ballkontakte pro Sekunde, wobei der Ball pro Sekunde bis zu 50 Mal um die eigene Achse rotiert – und die Kontaktzeit zwischen Ball und Schläger sich auf 1/10.000 Sekunde beläuft. Ähnlich wie in anderen Rückschlagsportarten, gerade denen mit Schläger, ist das hochentwickelte Material die Grundlage für all dieses imposante Zahlenwerk. Denn im Tischtennis bewegt sich der Schläger selten schneller als mit 80 km/h, die Hand sogar nicht mit mehr als 50 bis 60 km/h. Den Rest verrichten die Kräfte, die von der Deformation von Ball und Schläger ausgehen. Gerade die hoch elastischen Schwammgummi-Beläge der Rackets leisten hier ihre Arbeit als eine Art von Hochgeschwindigkeits-Katapult.

70. GRUND

Weil man den Dreh raushaben muss

Man kennt das. Timo Boll kommt in irgendeine der immer gleichen TV-Shows, steht – je nach Sender und Format – mit Thomas

Gottschalk oder Stefan Raab an einem Tischtennis-Tisch und dann beginnt diese kuriose Vorführung: Boll zeigt seinem prominenten Gastgeber ein paar seiner Wettkampfaufschläge. Und es scheint, als wäre er Hellseher. »Den nächsten Ball spielst du ins Netz, Stefan.« – »Der geht jetzt rechts vorbei, Herr Jauch.« – »Jetzt wieder ins Netz.« Gegen einen ungeübten Laien könnte Boll diese Art von Spielchen stundenlang betreiben – und es müsste schon mit dem Teufel oder zumindest mit dem Zufall zugehen, sollte er mal falsch liegen. Wirklich fliegen die Returns wie an einer Schnur gezogen dorthin, wie von Boll vorher angekündigt. Nach unten, nach oben, nach rechts, nach links. Ganz egal. Nichts ist unmöglich.

Es scheint beinahe so, als würde im Tischtennis eine geheimnisvolle Kraft wirken. Etwas Übernatürliches. Eine schwarze Magie. Ja, die gibt es tatsächlich. Sie heißt wahlweise: Rotation, Spin, Effet, Schnitt oder Drall – und hat natürlich mehr mit Physik zu tun, weniger mit Zauberei. Um was es geht, ist die Drehung des Balls um die eigene Achse. Gar nichts Besonderes erst mal. Rotation ist in der Welt des Ballsports nichts, auf das Tischtennis auch nur in irgendeiner Weise Besitzansprüche geltend machen könnte. Wo man auch hinschaut, zwirbeln sich Bälle um ihre Achsen. Topspins von Rafael Nadal im Tennis, Freistöße von Ronaldinho im Fußball, Dreher von Stefan Kretzschmar im Handball. Alles schon gesehen. Warum ist Rotation im Tischtennis denn dann so besonders?

Zum einen, weil es so viel davon gibt. Bis zu 150 Mal pro Sekunde dreht sich Messungen zufolge der Ball beim Tischtennis. Das macht etwa 9.000 Umdrehungen pro Minute. Nicht selten wird gar von noch mehr Umdrehungen gesprochen – im Spitzensport bei Spitzenschlägen natürlich. Die mittlerweile in allen Bereichen, etwa in ihrer Oberflächen-Beschaffenheit oder in ihrer Elastizität, hoch entwickelten Beläge der Schläger machen's möglich. Sie erzeugen eine Reibung, die die Beschleunigung der verschiedenen Schlagtechniken sozusagen in immer besserer Übersetzung in Rotation umwandelt.

Zum anderen, weil die Drehachse der Rotation im Tischtennis in wirklich alle erdenklichen Richtungen stehen kann – und sich das mit jedem Schlag wieder ändern kann. Überschnitt (wenn sich der Ball vorwärts dreht und vom Schläger des Rückschlägers nach oben abspringt), Seitschnitt (wenn sich der Ball zu einer Seite dreht und vom Schläger des Rückschlägers zur Seite abspringt), Unterschnitt (wenn, …na, viel bleibt ja nicht mehr übrig) sind die groben Kategorien. Nur: Mit denen ist meist herzlich wenig erklärt. Meist sind sie vermischt, weil sich der Ball nur in der Theorie unter Laborbedingungen ganz gerade um die Quer- oder Längsachse dreht. In der Praxis jedoch nie. Alles ist erlaubt – alles ist möglich. Bei der Einschätzung darüber, was da auf einen zukommt an Drehung, muss man aus einem großen und bunten Strauß an Möglichkeiten die richtige wählen.

Und wenn man glaubt, ungefähr ausgemacht zu haben, wie oft und in welche Richtung sich der Ball zu drehen scheint, steht da der nächste große, bunte Strauß: der mit den Möglichkeiten, wie die Rotation denn nun richtig zu beantworten ist. Als Schwierigkeit, aber auch als Indikator dafür kommt hinzu, dass derartig hohe Drehmomente natürlich auch in höchstem Maße das Absprung- und Flugverhalten des Balls beeinflussen.

Und um nun auf Stefan Raab zurück zu kommen: Wenn ein Boll-Aufschlag auf ihn zurückfliegt, scheitert er meist bereits an der ersten Hürde. Ein Laie erkennt nicht, mit welcher Rotation er es überhaupt zu tun bekommt. Was man ihm im Übrigen nicht zum Vorwurf machen darf: Auch viele ambitionierte Hobbyspieler würden hier bei Weltklasse-Aufschlägen schon aussteigen. Viele andere, mitunter auch Profi-Spieler gegen andere Profi-Spieler, steigen dort aus, wo es darum geht, die Güte der Rotation einzuschätzen. Wie oft dreht sich der Ball denn nun in etwa? Und mit welchem Schlag reagiere ich adäquat?

Um es kurz zu machen: Rotation ist ein, wenn nicht gar *das* Wesensmerkmal der Sportart. Allerdings hängt an der Rotation eines

Schlags im Tischtennis auch ein Rattenschwanz an potenziellen Fehlerquellen. Sie bringt eine enorme Komplexität in die Sportart, von der man sich eigentlich nur ein Bild machen kann, wenn man sie am Tisch mal selbst erlebt hat. Die Bedeutung der Rotation für den Tischtennissport ist dementsprechend auch ein Fluch. Sie ist für nicht selbst in der Praxis erprobte Zuschauer kaum nachzuvollziehen und zu verstehen. Wer die Möglichkeit hat, darf sich das gerne von Stefan Raab bestätigen oder von Timo Boll zeigen lassen. Ist sicherlich eine Erfahrung wert.

71. GRUND

Weil die Ausrüstung handlich ist

Den Ball flugs in die Hosentasche gesteckt, den Schläger mit einem Handgriff ins Hosenbund geklemmt. Und das war dann auch schon alles. Los geht's! Auf zum Tischtennis! Wo andere Sportarten aufwendige Apparaturen und unzählige Spezialgerätschaften bemühen müssen, ist die Tischtennis-Ausrüstung im wahrsten Sinne des Wortes: handlich. Alles, was man wirklich braucht, um loszuziehen für eine Partie Tischtennis, passt in zwei Hände: In die eine kommt der Schläger, in die andere der Ball. Und sperrig ist beides ja nicht gerade.

Einspruch? Ja gut, stattgegeben. Es fehlt der Tisch? Das stimmt natürlich – und ist dennoch kein arges Problem. Denn Tische gibt es überall. Entweder solche Tische, die umfunktioniert werden für ein Tischtennis-Match. Schreibtische, Esstische, Küchentische. Tische eben. Als Netze eignen sich gleich die verschiedensten Gegenstände – vom Buch über den Blumentopf bis hin zu einem Stapel Bücher. Mit dem nötigen Improvisationstalent geht niemand leer aus. Oder solche Tische, die auch wirklich für Tischtennis gemacht sind. Man braucht nur mit offenen Augen einmal um den Block oder durch die nächste Querstraße zu ziehen – es ist kaum möglich, dabei keinen Tischtennis-Tisch ausfindig zu machen. Im Park, auf dem Schulhof oder auf dem Spielplatz. Steinplatten säumen den Alltag. Und wer als Vereinsspieler beim Training oder bei einem Wettkampf aufschlägt, braucht sich seinen eigenen Tisch ohnehin nicht mitzubringen. Es bleibt dabei: Alles, was es benötigt, um Tischtennis zu spielen, passt in zwei gesunde Hände.

Mehr oder minder gilt das im Übrigen auch für die Profis der Zunft. Auch deren Equipment ist nicht sonderlich auslandend. Eventuell haben die ein paar Schläger mehr oder einige Ersatz-Beläge im Gepäck. Oder Schere und Kleber, um ihr Racket noch einmal umzurüsten. Wenn dafür zwei Hände am Ende nicht mehr ausreichen sollten, dann aber in jedem Fall ein kleiner Rucksack.

72. GRUND

Weil Petrus nur machtlos zuschauen kann

Na klar, manchmal ist da dieser Neid. Und der ist nicht mal klein. Wenn man im Sommer an Tennisplätzen in bester Lage irgendwo am Waldrand vorbeiradelt und die Spieler sieht, mit ihren gebräunten Beinen und dem kalten Hefeweizen in der Tasche, das gleich nach dem letzten Aufschlag unter freiem Himmel geköpft wird. Oder dieses satte Grün eines Fußballplatzes, auf dem an langen Abenden bei frischer Luft gepasst und gegrätscht wird, bis die Dämmerung dem Treiben ein Ende setzt. Von morgendlichen Laufrunden am See oder durch den Park, die gleich den Kreislauf ordentlich in Wallung bringen und einen kräftigen Schub Sauerstoff in die Lungen pumpen, mal ganz zu schweigen. Wer sich die Bilder dazu just durch den Kopf gehen lässt, stellt sich vermutlich die Frage, warum er, verdammt noch eins, in diesem Leben auch nur noch einmal einen Fuß in eine Sporthalle setzen soll, wenn es da draußen ja immer so viel schöner ist. Und die Antwort ist ganz einfach: Da draußen ist es nicht immer so viel schöner.

Da draußen beendet der Platzregen die Tennismatches und macht die Courts für Tage unbespielbar, weil sich im Handumdrehen kleine Seen in die Asche fressen. Da draußen lässt der Frost die Fußballplätze hart werden wie Beton, sodass sich jeder Schritt anfühlt, als würde jemand mit einem Hammer auf die Gelenke einprügeln. Da draußen pfeifen einem Wind oder Sturm um die Ohren, dass man das Gefühl hat, sich bei aller Anstrengung sowieso keinen Zentimeter mehr vom Fleck zu bewegen. Wenn man da draußen ist, will man in den hiesigen Breitengraden an so vielen Tagen des Jahres nichts mehr als: einfach nur ein festes Dach über dem Kopf. Und damit: herzlich willkommen beim Tischtennis!

Tischtennis findet unter nahezu immer gleichen Bedingungen statt: Es ist stets trocken. Der größte Wind, der aufkommen kann, ist der Zug einer offenen Hallentür. Das Thermometer geht, und auch das nur in den seltensten Fällen, herunter auf Temperaturen, die in einer Sporthalle herrschen, wenn mal die ausschließlich solarbetriebene Heizung zu wenig Sonne bekommen hat. Der Boden? Der kann im worst case mal zu rutschig sein, um mit voller Dynamik von A nach B zu hechten. Aber das war's auch schon mit den Unannehmlichkeiten. Die Spannweite dessen, was einem an unliebsamen Bedingungen treffen kann, ist, gemessen an dem, was Freiluftsportarten so für einen parat halten können, doch ziemlich klein. Tischtennis ist natürlich eine weitaus sensiblere Sportart, die outdoor auch schwerlich zu realisieren wäre. Dadurch aber bietet Tischtennis rund um die Uhr und quer durch den Jahreskalender einen gewissen Komfort, eine Wohlfühlatmosphäre – und die ist längst nicht so abhängig von Hoch- und Tiefdruckgebieten oder von Sommer und Winter.

Wer natürlich stolz drauf ist, auf gefrorenen Plätzen zu kicken oder nassgeregnet durch den matschigen Wald zu trotten, und wer sich nur dann so fühlt, als habe er Sport gemacht, dem bleiben natürlich massig viele Alternativen. Eine davon: ein Tischtennis-Match an einem Outdoor-Tisch im Park, mitten im Winter, gerne im T-Shirt und in kurzen Hosen, ohne Handschuhe sowieso. Die waschechten Tischtennisspieler sind derweil dann ganz uneitel in der warmen Sporthalle nebenan.

73. GRUND

Weil Tischtennis in Deutschland ein Volkssport ist

Jeder hat es mal gespielt. Im Garten, auf dem Schulhof, im Freibad. Aber als Vereinssport? So richtig? Mit einer Mannschaft gegen die eines anderen Vereins? Mit festem Regelwerk? Na ja, das dann vielleicht eher nicht. Oder doch? Ja, doch! Tischtennis in Deutschland ist beides. Tischtennis ist eine der meistgespielten Freizeitsportarten, aber auch in einem der mitgliederstärksten Spitzensportverbände des Landes organisiert. Tischtennis ist in Deutschland nicht weniger als ein Volkssport.

Unter den Spitzensportverbänden des Deutschen Olympischen Sportbunds (DOSB) ist der Deutsche Tischtennis-Bund (DTTB) eine ziemlich große Nummer. Mit knapp 590.000 Mitgliedern, verteilt auf circa 9.300 Vereine, zählt die Organisation, unter deren Dach sich der Tischtennissport in Deutschland organisiert und strukturiert, nach wie vor zu den dicken Fischen im Teich des organisierten Sports in Deutschland. Damit ist der Deutsche Tischtennis-Bund nicht nur einer der größten nationalen Verbände in der European Table Tennis Union (ETTU), dem europäischen Dachverband, sondern auch in der International Table Tennis Federation (ITTF), dem Weltverband, und somit im Tischtennis-Kosmos ein ziemliches Schwergewicht. Wenngleich das weniger verwunderlich anmutet, kann sich der organisierte Tischtennissport mit diesen Zahlen eben auch im nationalen Vergleich mit anderen Sportarten sehen lassen: Der DTTB ist der zwölftgrößte unter den deutschen Spitzensportverbänden. Vor den Schwimmern. Vor den Basketballern. Vor den Skifahrern. Wer hätte das gedacht?

Und da wäre ja noch die Dunkelziffer. Derer, die es heimlich tun. Oder mit dem besten Freund. Im Park oder im Freibad. Tischtennis ist ein Sport, oder in diesem Sinne vielleicht eher: ein Spiel, mit dem in Deutschland fast jeder irgendwann, irgendwie oder irgendwo schon einmal in Kontakt gekommen ist. Jeder hat – zumindest in den allergröbsten Zügen – eine Ahnung davon, wie sich Schläger, Tisch und Ball zueinander zu verhalten haben, um es am Ende »Tischtennis« zu nennen. In Deutschland ist es eben nicht nur ein traditioneller Vereinssport, sondern auch ein *social game*, als das Tischtennis im englischsprachigen Raum oft bezeichnet wird. Ein Spiel für alle, für überall, für jede Zeit. Und für nebenbei.

Nun ja, das alles stellt zumindest den Ist-Zustand dar. Mit dem lässt sich geschickt beschönigen, dass der Tischtennissport in Deutschland zwar noch immer in einer für ihn sehr guten Zeit lebt, allerdings aus einer noch viel besseren kommt. »The trend is your friend« ist zumindest keine Redewendung, die die Entwicklung des Sports in den vergangenen Jahren und Jahrzehnten in Deutschland treffend beschreiben würde. Zwar tun sich traditionelle Sportarten, die fest in Vereinsstrukturen verankert sind, derzeit allesamt schwer, so negativ wie im Tischtennis aber ist die Entwicklung fast nirgendwo anders. Noch Ende der Achtzigerjahre lag die Mitgliederzahl bei deutlich über 800.000, was einen Mitgliederschwund von mehr als einem Viertel innerhalb von knapp 20 Jahren macht. Und auch seinen Platz in den *Top ten* der mitgliederstärksten Spitzensportverbände, den das Tischtennis über Jahre abonniert zu haben schien, hat der DTTB mittlerweile räumen müssen. Tischtennis baut derzeit verhältnismäßig stärker ab, als es andere im Verein organisierte Sportarten tun. Erstaunlich mutet diese Entwicklung gerade vor dem Hintergrund der deutschen Erfolge im Spitzensport an. Der erlebt – just in der Zeit, in der es mit dem Breitensport bergab geht – seine Blüte. Nie war das deutsche Tischtennis bei den Männern und Frauen besser, nie war es erfolgreicher. So bleibt dem deutschen Tischtennis zumindest die Hoffnung, dass die Timo Bolls und Dimitrij Ovtcharovs dafür sorgen, dass der Schwund der aktiven Vereinsmitglieder gebremst oder gar gestoppt wird. Alles in allem muss aber ohnehin festgehalten werden: Das ist Meckern auf einem doch noch ziemlich hohen Niveau. Tischtennis war und ist in Deutschland nicht weniger als: ein Volkssport. Er wird es auch noch eine Zeit lang bleiben.

74. GRUND

Weil man die Händeschüttler und Stiftehalter unterscheidet

Eigentlich ist es ja ganz einfach: Ein Tischtennisschläger hat einen länglichen, stilförmigen Griff. Den greift man sich, wie es einem am bequemsten erscheint – und los geht's. Und genau so einfach ist die Sache mit der Schlägerhaltung im Tischtennis natürlich nicht. Ganz im Gegenteil: Die Art und Weise, wie man einen Tischtennisschläger bestmöglich anzufassen hat, ist eine Wissenschaft für sich. Und hier unterscheidet man – um im Bild der Wissenschaft zu bleiben – zwei Forschungstraditionen. Die einen sind die Händeschüttler, die anderen die Stiftehalter. Oder tischtennisspezifisch: Shakehand versus Penholder.

Für Laien geht die Unterscheidung auch nicht selten so: europäisch gegen asiatisch. Und grundsätzlich ist diese Einschätzung sogar gar nicht mal verkehrt. Die Shakehand-Technik ist die, die in Europa fast ausnahmslos gespielt und gelehrt wird. Die Penholder-Technik dagegen die, die dem asiatischen Raum entsprungen und auch heute dort noch sehr populär ist. Nur: In ihrer Ausschließlichkeit stimmt die These von Europa und Asien dann doch nicht. Shakehander gibt es genauso überall auf der Welt wie Penholder.

Beim Shakehander greift man in den Griff des Schlägers hinein wie bei einem – man hätte es sich kaum denken können: Handshake. Es umschließen allerdings nicht alle fünf Finger den Schlägergriff, sondern nur der Mittelfinger, Ringfinger sowie der kleine Finger. Der Daumen liegt auf der Vorhandseite oder am oberen Griff knapp unter der Vorhandseite, der Zeigefinger ausgestreckt auf der Rückhandseite des Schlägerblattes. Genau genommen formt die Hand in dieser Position eher eine kleine Pistole. Aber Händeschütteln klingt da ja schon freundlicher und sozialverträglicher. Warum umgreift man den Griff aber nicht einfach mit der gesamten Hand und allen Fingern? Vor allem deshalb, weil Daumen und Zeigefinger natürlich ihre Aufgabe zu erfüllen haben. Dass das Schlägerblatt von Daumen und Zeigefinger gehalten wird, führt zu einer besseren Kontrolle des Schlägerwinkels, einer besseren Fixierung des Schlägers in der Hand und zu einer deutlicheren Wahrnehmung des Ballkontakts. Die beiden Druckpunkte auf beiden Seiten des Schlägerblatts verhelfen einem Spieler insgesamt zu einer besseren Kontrolle, als wenn man mit allen fünf Fingern den Griff umschlösse. Früher war es gar mitunter üblich, nicht nur den Zeige-, sondern auch den Mittelfinger noch auf der Rückhandseite zu führen. Dann aber blieben kaum noch Finger, um den Griff überhaupt irgendwie festzuhalten.

Beim Penholder – gemeint ist nicht speziell der auf dem Cover dieses Buches – wird es da schon schwieriger. Denn *den* Penholder gibt es nicht. Vielmehr wird zwischen zwei Stilen unterschieden, die sich auch einer leicht abgewandelten Technik bedienen. Zwar umfassen immer Daumen und Zeigefinger, eben wie einen Stift, den Griff des Schlägers und geben der Griffhaltung dadurch auch ihren Namen. Beim japanischen Penholder-Stil, bei dem ein Schläger mit langem, eckigem Griff bevorzugt wird, liegen die Finger des Spielers langgestreckt auf der Rückseite des Schlägers, beim chinesischen Penholder-Stil, der zumeist mit einem Schläger mit kurzem, flachem Griff gespielt wird, dagegen kurz gebogen auf der Rückseite des Schlägers. Die damit verbundenen Spielstile früherer Tage, das spinlastige Spiel mit der Japan-Version und das schusslastige Spiel mit der China-Version, haben sich mittlerweile weitestgehend verflüchtigt. Denn das Penholder-Spiel hat sich in den vergangenen Jahren stark verändert. Mittlerweile dominiert als Schlägerhaltung der chinesische Stil, weil die moderne Schule der Penholder-Stile es vorsieht, dass sowohl mit der Vorhandseite als auch mit der Rückhandseite gespielt wird. Bis in die Neunzigerjahre hinein verzichteten Penholder-Spieler gänzlich auf Schläge mit der Rückhandseite ihres Schlägers und agierten nur mit der Vorhand. So übrigens der erste Tischtennis-Weltmeister überhaupt, der kurioserweise nicht aus Asien kam, sondern aus Ungarn: Roland Jacobi gewann 1926 die WM als Penholder.

Na ja, ist ja alles schön und gut. Aber was ist denn jetzt besser? Das Händeschütteln oder das Stiftehalten? Und da muss man mit aller Klarheit sagen: Das kann man nicht mit aller Klarheit sagen. Derzeit sieht es allerdings so aus, als würde die Shakehand-Technik die (Achtung, Wortspiel!) die Oberhand gewinnen. In der Weltspitze nimmt die Zahl derer, die mit der Penholder-Schlägerhaltung an die Tische geht, seit Jahren ab. Oder besser gesagt: Die Shakehander nehmen zu. Sie besitzen mehr und bessere technische Möglichkeiten für Schlagvarianten auf beiden Schlägerseiten. Sie können beidseitig Tempo und Spin erzeugen, was bei der Geschwindigkeit des heutigen Spiels unabdingbar ist. Und sie besitzen die größere Reichweite. Das sind die Trümpfe, mit denen das Shakehand-Spiel das Penholder-Spiel, dessen größtes Plus vor allem eine hohe Flexibilität im Handgelenk ist, in diesen Tagen oftmals aussticht. Anna Sipos hatte das schon vor knapp hundert Jahren gewusst: Nachdem die Ungarin 1929 und 1931 den WM-Titel knapp verpasst hatte, wechselte sie von ihrem bis dahin bevorzugten Penholder-Spielstil auf die Shakehand-Variante – und sammelte damit Weltmeistertitel noch und nöcher. Im 21. Jahrhundert sind derlei Spontanentscheidungen aber ziemlich sicher ohne Aussicht auf Erfolg.

75. GRUND

Weil im Tischtennis besondere Kräfte wirken

Der Magnus-Effekt beschreibt die Wirkung einer Querkraft, die ein rotierender runder Körper in einer Strömung erfährt. Dabei kann es sich um einen Kreiszylinder handeln, aber auch um Kugeln oder drei- oder viereckige Prismen. Das klingt nach Physik-Grundkurs, Klasse elf. Genau genommen: Es klingt nicht nur danach. Dort müsste sich die Definition nämlich in etwa im Lehrplan finden.

Ein bisschen mehr der Ausführungen braucht es vielleicht noch, um zu erklären, worum es beim Magnus-Effekt geht. Die gehen dann so: »Betrachtet man nun einen rotierenden Körper in einer Strömung, so wirkt auf ihn eine Querkraft. Diese wirkt senkrecht zur Anströmrichtung und auch senkrecht zur Rotationsachse. Aus diesem Grund wird die Kraft auch als Querkraft bezeichnet. Durch die Rotation des Körpers in einer von links nach rechts verlaufenden Strömung werden die Teilchen auf der Oberseite der Kugel beschleunigt und auf der Unterseite abgebremst. Die Geschwindigkeitsverteilung um die Kugel ist somit inhomogen. Nach der Bernoulli-Gleichung ist somit auch die Druckverteilung nicht mehr homogen.«[38] Nicht so spannend? Doch! Nämlich dann, wenn man weiß, wofür: Der Magnus-Effekt ist die Zauberkraft, die im Tischtennis wirkt und ohne die das Spiel nicht zu erklären wäre.

Die beschriebene Kugel ist dabei, na klar, der Ball. Der ist im Tischtennis nicht nur einer Strömung ausgesetzt, sondern rotiert auch mitunter stark. Er erfüllt damit alle Voraussetzungen dafür, dass der Magnus-Effekt zu wirken beginnt. Das funktioniert dann wie? Der Ball reißt dabei die Luft in jene Richtung mit, in die er sich dreht. Ein Topspin dreht sich etwa mit Überschnitt bzw. Vorwärtsrotation. Auf einer oberen Hälfte des Balls kollidiert die mitgerissene Luft auf die entgegen strömende, sodass die Luftschichten abgebremst werden und Überdruck entsteht. Das gleiche passiert auf der anderen Seite des Balls – nur eben umgekehrt. Der Ball rotiert hier mit der vorbeiströmenden Luft, sodass die Luftschichten nicht nur ganz dicht am Ball, sondern auch schneller fließen. Es bildet sich Unterdruck. Der Ball reagiert auf die veränderten Druckverhältnisse – indem er dem höheren Druck zugunsten des niedrigeren Drucks ausweicht.

Der Magnus-Effekt, im Übrigen im 19. Jahrhundert benannt nach dem deutschen Physiker Heinrich Gustav Magnus, ist somit unter anderem für die u-förmige Flugkurve des Topspins verantwortlich. Rotation und Strömung sorgen dafür, dass ein gut getroffenen Topspin-Schlag in einem Bogen in Richtung der Tischhälfte des Gegners fliegt – und nicht, wie es Absprung des Balls vom Schläger vermuten ließe, in einer geraden Flugbahn über den Tisch hinaus. Ist dies sicherlich der häufigste Fall, in dem der Magnus-Effekt im Tischtennis seine fast wundersame Wirkung zeigt, funktionieren seine Mechanismen natürlich auch in entgegengesetzter Richtung: Ein mit Unterschnitt beziehungsweise Rückwärtsrotation geschlagener Ball verformt seine Flugkurve dementsprechend nach unten.

Der größte Profiteur des Magnus-Effekts war trotzdem kein Tischtennisspieler, sondern ein Fußballer: Flankengott Manfred »Manni« Kaltz, der in den Siebziger- und Achtzigerjahren beim Hamburger SV die Außenbahn beackerte. Seine legendären Bananenflanken hätten ohne Magnus-Effekt nämlich eine Flugkurve in Form einer Gurke mit EU-Norm genommen – und wären schnurstracks ins Toraus gesegelt. Was im Fußball allerdings nur die Ausnahmekönner zustande bringen, ist im Tischtennis auch tägliches Geschäft beim Hobby-Trainingsabend. Da würde ohne angewandte Oberstufen-Physik nämlich fast gar nichts zusammengehen.

76. GRUND

Weil Tischtennis Mannschafts- und Einzelsport zugleich ist

»Doppelpass alleine? Vergiss es!« Auf seine ihm eigene Art hat Kult-Fußballer Lukas Podolski in einem populären Werbespot einst die Bedeutung einer Mannschaft im Fußball hervorgehoben. Getreu dem Motto: Alleine geht es nicht. Alle für einen, einer für alle. Man gewinnt zusammen, man verliert zusammen. Elf Freunde müsst ihr sein. Man kennt diese Phrasen. Mannschaftssport eben. Das volle Programm. Mannschaftssport übt einen großen Reiz auf Sportler aus. Zumindest auf einen bestimmten Schlag von Sportlern. Auf solche, die gerne in der Gemeinschaft auftreten, mit und für andere spielen, Verantwortung für eine Gruppe übernehmen, mannschaftaktische Maßnahmen einüben und umsetzen möchten. Und natürlich: die Enttäuschung der sportlichen Niederlage ebenso teilen wie den Genuss des sportlichen Erfolgs. Mannschaftssport ist für viele das ultimative Erleben von Sport.

Es gibt noch einen anderen Schlag von Sportlern: Einzelsportler. Bei ihnen hingegen liegen die Dinge anders. Sie sind ausschließlich für sich selbst verantwortlich. Sie müssen sich vor allem auf eine Person verlassen: auf sich selbst. Im direkten Duell mit einem einzelnen Gegner, dem ebenfalls niemand beisteht. Erfolg und Niederlage werden nicht geteilt. Da muss man alleine durch. Die gibt es exklusiv nur für einen selbst. Auch das ist eine Verlockung für nicht wenige Sportler. Genau das macht Sport für viele interessant.

Jetzt muss man sich nur noch entscheiden. Macht man es lieber alleine? Oder macht man es lieber mit anderen? Passende Sportarten gibt es zur Genüge. Aber gibt es wirklich nur die eine Wahl: das eine *oder* das andere? Geht nicht auch beides? Kein Problem. Tischtennis ist Einzelsport – und Tischtennis ist Mannschaftssport.

Auf der einen Seite ist Tischtennis natürlich eine Individualsportart. Die natürliche Spielsituation ist darauf ausgelegt, dass sich zwei Spieler (oder zwei Doppel, aber das ist auch wirklich das Höchste der Gefühle) in einer Eins-gegen-eins-Situation gegenüberstehen und das direkte sportliche Duell suchen. Das Drumherum spielt da keine Rolle, gruppentaktische Prozesse auch nicht. Es gibt nichts abzusprechen, nichts einzustudieren, nichts zu koordinieren – außer mit sich selbst. Es gibt auch nicht das Gefühl, für irgendjemanden außer für sich selbst verantwortlich zu sein. Sind meine Schläge gut genug? Kann ich sie anbringen? Erkenne ich Schwächen und Stärken des Gegners? Bin ich in den entscheidenden Momenten konzentriert genug? Das alles sind die Fragen, die ich mir am Tisch stellen muss – und auf die ich möglichst auch eine Antwort habe.

Auf der anderen Seite ist Tischtennis doch auch eine Mannschaftssportart. Sowohl im Spitzensport als auch im Breitensport wird Tischtennis vor allem in Teams gespielt. Die Mannschaften fungieren dabei vor allem dazu, den Wettkampf zu organisieren. Sie ordnen den individualsportlichen Wettstreit gewissermaßen, indem sie ihm einen Rahmen bieten. Die eine Mannschaft stellt Einzelspieler und Doppel, die andere Mannschaft stellt Einzelspieler und Doppel – und die Ergebnisse der Spiele werden am Ende addiert. Es geht bis zu einem gewissen Gewinnpunkt. Dann ist Schluss. Natürlich entspricht das nur in Teilen dem, was man sich unter einer Mannschaftssportart vorstellt. Es gibt keine gemeinsame Taktik. Es braucht nicht zwangsläufig gemeinsames Training, bestenfalls für die Doppel. Aber Tischtennis als Mannschaftssport bietet nicht wenig von dem, was Mannschaftssport im Generellen auszeichnet: Den sportlichen Wettstreit in einer Gruppe, in der jeder Verantwortung trägt – auch wenn eben nur in einer Funktion als Einzelspieler.

Tischtennis vereint damit die Vorteile einer Einzelsportart mit den Vorteilen einer Mannschaftssportart. Mit einigen Besonderheiten: Der Anteil am Erfolg oder Misserfolg der Gruppe ist viel direkter abzulesen als zum Beispiel beim Handball oder beim Fußball. Dadurch treten manchmal durchaus spezielle Überlegungen zutage: Wenn meine Mannschaft verliert, ich aber alle Spiele gewonnen habe – bin ich dann überhaupt ein Gewinner? Oder wenn meine Mannschaft gewinnt, ich aber alle Spiele verloren habe – bin ich dann überhaupt ein Verlierer? Willkommen im Tischtennis! Willkommen in einer Mannschaftseinzelsportart!

77. GRUND

Weil Spielstärke ~~einen Namen~~ eine Zahl hat

Die Leidenschaft für eine Sportart kann immer nur so groß sein wie die Anzahl der über sie vorhandenen Statistiken. Das ist zwar weder eine Redensart aus dem alten Rom noch aus dem alten Griechenland, aber sicherlich das Credo eines manchen Sportfanatikers. So bedeutsam wie der Wettkampf selbst ist für viele das Jonglieren mit Zahlen, Diagrammen und Kurven davor oder danach. Keiner weiß das besser als die Schachspieler: Schon seit knapp 50 Jahren dreht sich im Schachsport alles um eine einzige Zahl: die sogenannte Elo-Zahl. Entwickelt vom und benannt nach dem Ungarn Arpad Elo bemisst das »FIDE rating«, so der offizielle Name, die Stärke eines Schachspielers durch ein objektives Wertungssystem. Ist die Berechnung der Elo-Zahl durchaus komplex, ist die dahinter stehende Kernaussage ungleich klarer: Wer eine höhere Elo-Zahl besitzt, ist ein erfolgreicherer Schachspieler. Ganz einfach.

Was es im Golfsport gibt, darf im Tischtennissport natürlich nicht fehlen. Die Elo-Zahl für die Tischtennis-Gemeinde heißt TTR-Wert. Das TTR, das »Tischtennis-Rating«, vollbringt genau die Leistung, die auch die Elo-Zahl vollbringt: Es kumuliert die Ergebnisse aller Spieler in offiziellen Wettkämpfen, die in Deutschland ausgetragen werden, zu einem Wert, der schließlich eine Maßzahl für die aktuelle Stärke eines Spielers liefert. Elo und TTR liegen dabei gar nicht mal weit auseinander, denn die Elo-Zahl galt in den Geburtsstunden des TTR-Werts als Orientierung und Vorbild.

Ein Blick zurück: Die Geschichte des TTR-Werts beginnt, genau genommen, bereits 2005. Damals wurden erstmals in größeren Teilen von Deutschland Ergebnisse von offiziellen Wettkämpfen online erfasst. Seiner Zeit setzte sich mit *click-TT* eine Software durch, die wiederum dem Tennissport entlehnt wurde. Sechs Jahre später, nachdem sich mehr und mehr Landesverbände unter derselben Software zusammengefunden hatten und die eingepflegten Ergebnisse mehr und mehr wurden, startete Jochen Lang, ein ehemaliger Bundesliga-Spieler, gemeinsam mit dem Deutschen Tischtennis-Bund das Projekt, das mittlerweile dem gesamten Spielbetrieb im deutschen Tischtennis von der Kreisklasse bis zur Bundesliga Struktur verleiht. Er initialisierte eine deutsche Rangliste auf Grundlage aller elektronisch erfassten Ergebnisse, in der sich jeder Spieler in Deutschland finden konnte. Auch vorher gab es eine deutsche Rangliste, aber nur für die wenigen, besten Spieler des Landes. Von 2011 an befanden sie sich alle in einem Ranking. Aus 500 wurden 500.000. Frauen wie Männer, aus München wie aus Kiel, Alt wie Jung, Profi wie Anfänger. Und sie fanden sich dort gelistet nach ebenjenem TTR-Wert.

Dessen Berechnungsmethode ist dem Elo-Wert ähnlich – und deshalb in seiner Gesamtheit auch ähnlich kompliziert. Es gibt allerdings einige gut verständliche Basics: Berücksichtigt werden zur TTR-Berechnung nur Einzel und das aus allen offiziellen Mannschafts- und Individualwettbewerben aller Ebenen. Dabei wird jedes Einzel gleich gewertet – sei es das Finale der Deutschen Meisterschaft oder der Ehrenpunkt in einem bedeutungslosen Meisterschaftsspiel in der untersten Kreisklasse. Der TTR-Wert ist dabei stets dynamisch. Er wird nach jeder abgeschlossenen Veranstaltung neu aufgesetzt. Wie viele Punkte ein Spieler gewinnt oder verliert im Vergleich zu seinem Wert vor einem gewerteten Wettbewerb, hängt von ganz verschiedenen Parametern ab: natürlich von den

TTR-Werten der Gegner, den erreichten Siegen aus allen seinen Spielen bei dieser Veranstaltung, aber auch zum Beispiel von der Anzahl bislang gespielter Einzel, zu dem die erspielten Ergebnisse in Relation gesetzt werden. Je weniger Spiele ein Aktiver im Wertungssystem verbucht hat, desto größere Veränderungen seines TTR-Wertes sind möglich.

Mittlerweile ist der TTR-Wert längst die Visitenkarte eines jeden Spielers in Deutschland. Mannschaftsaufstellungen werden auf seiner Grundlage gemacht oder Setzlisten bei offiziellen Turnieren. Und außerdem bietet er natürlich genügend Gesprächsstoff, um nach dem Training in der Kneipe mit dem dazugehörigen Zahlenwerk zu fachsimpeln. Es gibt nicht wenige Spieler, die sich derart tief in das Zahlenwerk des Tischtennis-Rankings eingearbeitet haben, dass sie ihren Mitspielern als wandelnder TTR-Punkt-Berechner erscheinen. Deshalb spielen viele Aktive mittlerweile nicht nur gegen ihre Gegner am Tisch. Sondern auch gegen ihren eigenen TTR-Wert. Sie möchten ihm beweisen, dass sie besser sind, als er es behauptet.

6. KAPITEL
DER SCHLÄGER UND DIE SCHLÄGE

78. GRUND

Weil man auch mit dem Ballon zum Erfolg fahren kann

Es liefen die Weltmeisterschaften 2001 in Shanghai im Tischtennis-Mutterland China, und der dänische Weltklasse-Spieler Michael Maze war gerade dabei, sich in eine lange Reihe einzugliedern – in die Reihe derjenigen nämlich, die gegen übermächtige Kontrahenten aus China bei großen Turnieren die Segel streichen mussten. Der chinesische Dominator auf der anderen Seite des Tisches hieß in diesem Fall Hao Shuai. Nicht der beste Chinese seiner Zeit, aber ein Chinese eben – und damit per se ein bisschen besser als die meisten anderen. Vieles, nein, eigentlich alles deutete darauf hin, dass das auch gegen Maze nicht anders sein würde. 11:5, 11:8, 11:6, 10:7 führte der damals 21 Jahre alte Newcomer auf der internationalen Bühne im Einzel-Viertelfinale gegen Maze. Bei den Welttitelkämpfen vor heimischer Kulisse in Shanghai hätte es für Hao auf der steilen Karriereleiter wieder einen entscheidenden Schritt nach oben gehen sollen. Mit der ersten WM-Einzelmedaille, vielleicht gar mit dem ersten Titelgewinn. Hätte, hätte – Fahrradkette. Das Leben ist kein Konjunktiv.

Denn was folgte, als Hao auf seinem Weg ins Halbfinale scheinbar uneinholbar vorne lag, waren Szenen, die an Kuriosität kaum zu überbieten waren. Der chinesische Linkshänder, wieselflink, dynamisch, mit Topspins wie Kanonenschläge, ein Spieler fast ohne Schwächen, verzweifelte an Schlägen von Maze, die reihenweise die Hallendecke kratzten. Er verzweifelte an seiner Ballonabwehr.

Die Ballonabwehr hat ihren Namen von ihrer Flugkurve. Die ähnelt einem Ballon, weil sie mit mehreren Metern Abstand vom Tisch im hohen Bogen auf des Gegners Tischhälfte gespielt wird. Nicht zuletzt deshalb genießt die Ballonabwehr auch einen durchaus ambivalenten Ruf in Tischtenniskreisen. Hui beim Publikum. Weil sie Spektakel und Außergewöhnliches liefert. Es sind Bälle, die von scheinbar unüberbrückbarer Entfernung gegen knallharte Schüsse wieder auf den Tisch zurückgebracht werden. In den Zusammenschnitten der besten Ballwechsel eines Turniers finden sich eigentlich fast immer einige Ballonabwehr-Kunststücke mit raunendem Publikum im Hintergrund. Pfui dagegen bei Trainern. Die Ballonabwehr gilt nicht gerade als der sicherste Weg zum Punktgewinn. Sie ist vielleicht ein defensiver Notschlag aus der Bedrängnis, wenn einem gegen druckvolle Schläge nichts anderes mehr eingefallen ist, als den Rückwärtsgang einzulegen und sich dadurch ein wenig mehr Zeit zum Reagieren zu verschaffen. Das ist in der Regel kein gutes Zeichen – und wird auch in den meisten Fällen nicht mit einem Punktgewinn belohnt. Und wie sieht es mit den Spielern aus? Auch die lieben zumeist die Ballonabwehr, die immer eine gewisse Faszination und Genugtuung ausübt, die macht, dass man sich zumindest in seltenen Momenten kurz wie der geniale Jan-Ove Waldner fühlen darf. Bis sie dann aber irgendwann doch zu der Erkenntnis kommen, dass der sportliche Erfolg sein Zuhause eher in direkter Tischnähe hat und reumütig zu anderen Schlägen zurückkehren.

Ausnahmen bestätigen jedoch die Regel. Etwa die des legendären französischen Europameisters von 1976, Jacques Secrétin. Der war im Wettkampf mit seiner Ballonabwehr derart erfolgreich, dass er für die Zeit nach seiner leistungssportlichen Karriere daraus ein Geschäftsmodell baute: Secrétin entwickelte sich zum populärsten Showkämpfer in der Geschichte seines Sports, der besonders mit seinem französischen Kompagnon Vincent Purkart vor großen Kulissen rund um den Erdball beeindruckende Kunststücke mit Tischtennisball und Tischtennisschläger zeigte. Sein Paradeschlag noch immer: die spektakuläre Ballonabwehr.

Auch Michael Maze drehte besagtes Spiel gegen Hao Shuai natürlich mit seiner Ballonabwehr. Und ruinierte damit vielleicht eine Weltkarriere, bevor sie begonnen hatte. Hao verpasste in Shanghai damit die Medaillenplätze – und wurde im knallharten Konkurrenzkampf in der chinesischen Nationalmannschaft in der Folgezeit nur noch bedingt berücksichtigt. Eine DVD mit den besten Ballonabwehr-Ballwechseln der Tischtennis-Geschichte wird Hao wird kaum zuhause im Schrank stehen haben. Obwohl er ziemlich sicher auch selbst dort einige Male zu sehen wäre.

79. GRUND

Weil es eine Allzweckwaffe gibt

Es gibt im Tischtennis eine Vielzahl von Schlägen. Schupf, Block, Flip, Konter, Schuss – und, und, und. Wie sie eben alle heißen. Alle haben ihre Bedeutung im Spiel und für das Spiel. Das ist fraglos. Sie werden mal hier gebraucht, mal dort. Von dem einen weniger, von dem anderen mehr. Aber ihre Existenzberechtigung kann man keinem von ihnen absprechen. Nur: Alle gleich sind sie deshalb noch lange nicht. Die gleiche Bedeutung, die haben sie nicht. Ein Schlag nämlich schlägt alle Schläge: der Topspin. Er steht ganz oben in der Schlag-Hierarchie. Er ist der König im Tischtennis-Land. Er regiert mit Milde über all seine Untergebenen.

Auch wenn es keiner genauen Vorstellung mehr bedarf, da sich der Topspin mittlerweile durchaus schon einen Namen gemacht hat, doch vielleicht ein paar einführende Worte: Der Topspin ist ein offensiver Schlag, dessen Bewegungsrichtung mit dem Schläger grob gefasst von hinten unten nach vorne oben geht. Dabei wird der Ball mit einer Bewegung, die mit einer Winkelverkürzung durch einen einknickenden Ellbogen bis auf Stirnhöhe und gewissermaßen auf einer schiefen Ebene durchgeführt wird, tangential getroffen. Das heißt, er wird nicht geschlagen, sondern gestreift, wodurch der Ball eine Vorwärtsrotation erhält. Von der hat der Schlag seinen Namen. Es ist der Spin oder eben: der Topspin. Zwar gäbe es hunderte von Details zum Topspin zu nennen, den es vor allem in verschiedenen Varianten gibt, damit aber soll es zunächst genug der Erklärung sein.

Die Frage ist ja eher, warum gerade dieser Schlag so wichtig für seinen Sport ist und werden konnte? Nun ja, zunächst einmal ist der Topspin im Tischtennis gewissermaßen eine Allzweckwaffe, ein echter Allrounder, ein Nimmersatt. Immer parat, immer einsatzbereit. Er lässt sich gegen fast jeden anderen Schlag, gegen jede Rotation, gegen jedes Tempo, sogar gegen fast jede Platzierung einsetzen. Ein Schupf wird nur gegen Unterschnitt gespielt, etwa gegen einen anderen Schupfball oder einen Unterschnitt-Aufschlag. Ein Block braucht einen Topspin, um überhaupt ein Blockball werden zu können. Ein Konter funktioniert nur gegen einen rotationsarmen Schlag vom Gegner. Alle Schläge sind an nicht gerade wenige Bedingungen geknüpft. So ein Topspin, der ist dagegen weitestgehend bedingungslos. Das liegt vor allem daran, dass der Topspin in seiner Ausführung variabel ist. Das ermöglicht es, ihn gegen alle Rotationsarten einzusetzen. Gegen einen anderen Topspin, gegen Vorwärtsrotation also, geht die Bewegung stärker nach vorne. Gegen einen Schupf, gegen Unterschnitt also, geht die Bewegung mehr nach oben. Mal kann der Fokus beim Topspin mehr auf Tempo, mal mehr auf Rotation gelegt werden. Und wenn es in Richtung Weltspitze geht, dann gibt es auch nicht mehr viele Platzierungen, mit denen sich ein Topspin des Gegners verhindern lässt. Durch extrem flache Bewegungsausführungen, die beinahe einem Diskuswurf ähneln, ist es den absoluten Topleuten mittlerweile gar möglich, kurze Bälle, die eigentlich mindestens zweimal auf der eigenen Hälfte aufkommen würden, mit einem Topspin zu beantworten.

Doch der Topspin, dieser Teufelskerl, oder besser: Teufelsschlag, ist nicht nur flexibel, er ist auch effektiv, weil gefährlich für den Gegner. Er ist der Schlag, über den sowohl fast am meisten Tempo als auch am meisten Rotation von allen Schlägen erzeugt werden kann. Egal in welcher Leistungsklasse man sich umguckt, ein Topspin setzt den Gegner eigentlich immer unter Druck. Ein guter Topspin ist ein Faustpfand auf dem Weg zum Punktgewinn. So bestehen Ballwechsel in der Weltklasse meistens nur noch aus einer Aneinanderreihung an Topspin-Schlägen, weil Topspins des einen nicht selten mit Topspins des anderen beantwortet werden.

Aber damit das alles nicht zu eindeutig wird: Einen Haken gibt es aber natürlich auch noch. Der Schlag ist komplex, schwierig zu lernen, noch schwieriger im Spiel umzusetzen. Gerade ein technisch sauberer Topspin braucht nicht nur viel Training, sondern auch sorgfältiges Training. Wo man viel richtig machen kann, kann man schließlich meist auch viel falsch machen. Ein guter König wird man eben nicht im Vorbeigehen.

80. GRUND

Weil es nicht immer anatomisch sein muss

Der Griff des Schlägers spielt im Tischtennis eine besondere Rolle. Das mag schon auf den ersten Blick nicht als außerordentlich steile These daherkommen. Denn wenn man es mal genau nimmt, stellt er, der Griff des Schlägers, den Übergang oder die Nahtstelle dar vom Spieler zu dessen Spiel. Ein Spieler berührt mit seiner Schlaghand weder den Ball noch das Netz, den Tisch, seine Beläge, noch sonst irgendwas. Das Einzige, was er mit seiner Schlaghand zu fassen bekommt, ist nun mal der Griff seines Schlägers. Das ist es. Den allerdings dann doch ziemlich regelmäßig – nämlich immer, wenn der Ball im Spiel ist, und fast immer, wenn er nicht im Spiel ist. Nur mit ihm wird das Geschehen am Tisch gesteuert. Im wahrsten Sinne: Der Schlägergriff ist das Lenkrad eines Tischtennisspielers.

Da, wo kein Spieler wie der andere ist, verwundert es keineswegs, dass Schlägergriff nicht gleich Schlägergriff ist. Es gibt zunächst einmal Schlägergriffe für die verschiedenen Schlägerhaltungen, für die Penholder-Stile und für den Shakehand-Stil. Darüber hinaus gibt es bei Spielern aber auch Neigungen und Faibles noch und nöcher. Es gibt echte Liebhaberstücke. Und es gibt einer Liebesbeziehung ähnliche Verhältnisse zwischen Spieler und Schlägergriff.

Das mag vor allem daran liegen, dass Tischtennisschläger und besonders ihre Griffe aus einem natürlichen Material bestehen: aus Holz, das höchstens durchsetzt wird mit einigen wenigen Kunstfasern. Und Holz, das sagt nicht nur der Volksmund, das lebt. Und wie. Das gilt in besonderem Maße für das Holz im Griff eines Tischtennisschlägers. Unter dem monate-, jahre- oder gar jahrzehntelangen Einfluss von Schweiß, Reibung oder Wärme wird der hölzerne Schlägergriff mit jeder Trainingsstunde mehr zu einem einzigartigen Exemplar. Meist hat so ein Schlägergriff ziemlich rasch nicht mehr viel mit dem zu tun, wie er nur ein paar Wochen vorher im Ladenregal stand. Nicht für wenige Spieler erweckt es den Anschein, als würden sich Hand und Schlägergriff – im Gegensatz zu vielen zwischenmenschlichen Liebesbeziehungen – mit jedem Tag ihres gemeinsamen Miteinanders stärker einander annähern. Die Hand passt sich dem Griff an, der Griff passt sich der Hand an. Zugegeben: Als flexibler in der Deformation hat sich da der Schlägergriff erwiesen. Nicht zuletzt auch deshalb, weil viele Spieler obendrein auch noch handwerklich tätig werden. Vor allem mit Schmirgelpapier soll hier die Passung zwischen Hand und Griff dem Idealzustand angenähert werden. Wie der aussieht? Am besten so, dass man es als Spieler gar nicht mehr merkt, ob man denn nun einen Schläger in der Hand hält oder nicht.

Die Basis für den handelsüblichen Shakehand-Schläger bilden vier verschiedene Griffformen: konkave, konische, gerade und anatomische Griffe. Konkave und konische Griffe gehen zum Griffende hin breiter zu, die einen gebogen, die anderen gerade. Beide Griffformen sollen dem Spieler einen besseren Halt in der Hand geben, den das deutlich breitere Ende absichert. Das Mehr an Sicherheit geht gerade beim sehr beliebten konkaven Griff allerdings mit einem Weniger an Flexibilität einher: Der Griff liegt relativ fest in der Hand. Dennoch oder gerade deshalb ist er bei asiatischen Spitzenspielern sehr beliebt, deren Schlägerhaltung meist sehr starr ist und die seltener in andere Positionen umgreifen. Gerade Griffe, die mit Abstand beliebtesten, die fast ausnahmslos von europäischen Profispielern verwendet werden, sind das genaue Gegenteil: Sie machen es dem Spieler am einfachsten, die Schlägerhaltung im Ballwechsel minimal zu verändern und etwa für das Spiel von Rückhand und Vorhand andere Druckpunkte am Schläger zu finden. Dementsprechend beliebt sind sie etwa auch bei Abwehrspielern, zu deren Spiel es gehört, ihre Spielseiten im Ballwechsel zu tauschen. Und die anatomische Griffform? Die soll, wie der Name es vermuten lässt, in einem wellenförmigen und meist sehr dicken Schnitt der Anatomie der Hand entsprechen, die sie umgreift. Beliebt ist die anatomische Griffform nicht mehr. Vermutlich auch deshalb, weil sich der Schlägergriff früher oder später ohnehin ein kleinwenig der Anatomie anpasst. Sogar der des jeweiligen Spielers.

81. GRUND

Weil im Tischtennis mittlerweile geschmettert werden darf

Es gibt Sportarten, denen man durchaus ein hohes Verletzungsrisiko nachsagt. Kick-Boxen etwa, Rugby oder Ski alpin, dem Handball oder natürlich auch dem Fußball. Die Gefahrenmomente beim Tischtennis halten sich dagegen in Grenzen. Eine Vollkontaktsportart ist Tischtennis ja nun wahrlich nicht gerade, da bleiben Knochen und Bänder, Sehnen und Muskeln zumeist unbeschadet. Dabei hatte man in den Anfangsjahren doch einen ziemlich riskanten Punkt innerhalb des Tischtennissports ausgemacht: das große Verletzungspotenzial durch Schmetterschläge. Das wurde im England des späten 19. Jahrhunderts gar als so eklatant eingestuft, dass das Regelwerk danach ausgerichtet wurde: Geschmetterte Bälle waren verboten.

Auf dem Weg zu einem Wettkampfsport blieb es dabei natürlich nicht lange. Schon bald setzte ein Umdenken ein, das Verbot von Schmetterschlägen wurde aufgehoben. Schon bald machte der Schmetterschlag Karriere. Heute gilt der Schmetterschlag, zumindest unter Laien, aber dazu gleich mehr, als *der* Schlag im Tischtennis schlechthin. Schmettern. Jemand schmettert etwas irgendwohin. Das klingt nach Tempo, nach Kraft, nach Dynamik. Das klingt fast ein wenig nach Verrohung und Gewalt. Dementsprechend gefährlich ist es für einen Gegner, dieses Schmettern – das allerdings nicht mehr im Sinne einer körperlichen Gefährdung. In Gefahr ist lediglich der eigene Punktgewinn. Wobei ein flehendes »Nicht schmettern, bitte!« noch immer zum guten Ton gehört, wenn ein guter gegen einen schlechten Hobbyspieler an der Steinplatte steht – und manchmal so weinerlich klingt, als wäre das leibliche Wohl wirklich in Gefahr.

Was aber hat es mit diesem Schmettern überhaupt auf sich? Der gefürchtete Ruf des Schmetterballs entstammt vor allem einer Zeit, in der der Schmetterball wirklich noch eine sportliche Waffe war. Vor der Erfindung der Schwammbeläge wurde Tischtennis ausschließlich mit Schlägern gespielt, die heute nur als *Brettchen* bekannt sind. Der Name rührt daher, dass das Brettchen nur mit einem Noppenbelag ohne Schwamm beklebt war, wodurch der Schläger überwiegend aus Holz bestand. Das Tischtennis-Spiel war nicht nur deutlich langsamer und kontrollierter, sondern wurde auch noch beinahe ohne Rotation gespielt. Der Schmetterschlag galt in diesem oftmals auf bloße Fehlervermeidung ausgerichteten Spiel als der Schlag, mit dem ein Spieler die Wahrscheinlichkeit auf einen Punktgewinn deutlich erhöhen konnte, für den er aber auch ein gewisses Risiko eingehen musste. Er war also so etwas wie die Visitenkarte eines jeden Topspielers. Auf diese Weise wurde die *Schöler-Peitsche* geboren, der bekannte Schmetterball der deutschen

Tischtennis-Legende Eberhard Schöler, dem Vize-Weltmeister von 1969, der es als Abwehrspieler verstand, mit einem geschossenen Ball blitzschnell in den Angriff überzugehen.

Zu Zeiten Schölers aber sprach man schon seltener von einem Schmetterschlag denn von einem Schuss. Denn, genau genommen, gibt es den Schmetterschlag im heutigen Tischtennis gar nicht – oder zumindest nicht mehr. Er ist mittlerweile gleichzusetzen mit dem Schuss, einem rotationsarmen Schlag, bei dem der Ball zumeist am höchsten Punkt seiner Flugkurve frontal mit dem Schlägerblatt getroffen wird – entweder mit einer Schlagbewegung von hinten nach vorne oder, bei hohen Bällen, gar von oben nach unten. Selbst der Schuss aber hat im modernen Tischtennis, gerade im Leistungssport, nahezu ausgedient. Das Spielmaterial hat sich derart weiterentwickelt, dass nahezu alle offensiven Aktionen als Topspin gespielt werden, mit dem bei optimaler Technik mittlerweile fast dieselben Geschwindigkeiten erreicht werden wie mit einem Schuss. Das Verletzungsrisiko aber hält sich auch dabei in ziemlich knapp bemessenen Grenzen.

82. GRUND

Weil man auch mal halblang machen sollte

Irgendetwas halb zu machen, ist in der Regel nicht sonderlich positiv besetzt. Da heißt es dann gerne: keine halben Sachen! Mach's ganz oder gar nicht! Nun, nicht so beim Tischtennis. Da darf man Sachen halb machen. Man sollte sogar, wenn man denn kann. Man muss sogar, wenn man denn Erfolg haben möchte. Das Problem ist nur: Das ist gar nicht so einfach. Das ist sogar ziemlich schwierig. Es geht um halblange Schläge, die im Tischtennis eine große Waffe sein können.

Bei einem halblangen Schlag spricht man von einem Schlag, dessen Platzierung weder kurz noch lang ist. Soweit sicherlich kein

Überraschung. Kurz ist ein Ball dann, wenn er so gespielt wird, dass er mehrmals oder mindestens zweimal auf der gegnerischen Tischhälfte auftickt bzw. auftickten würde, wenn er vom Gegner nicht angenommen würde. Ein langer Ball ist genau das Gegenteil. Der tickt einmal auf der Tischhälfte des Gegners – und das möglichst nah an der Grundlinie. Das Besondere an einem halblangen Schlag ist es nun, dass der weder eindeutig kurz noch eindeutig lang gespielt wird. Halblang heißt dann nämlich, dass sich entweder sein zweiter Kontakt auf der Hälfte des Gegners nah an der Grundlinie befindet oder der Ball sich nach seinem ersten Kontakt direkt hinter der Grundlinie und damit der Tischkante senkt.

Aus seiner Beschreibung wird schon deutlich, was so einen halblangen Ball, meist gespielt beim Aufschlag oder beim Rückschlag, besonders macht: Der Gegner weiß nämlich nicht, womit er es eigentlich zu tun hat. Mit einem Ball, der nur einmal tickt und theoretisch mit einem Topspin beantwortet werden kann? Oder mit einem Ball, der direkt an der Grundlinie ein zweites Mal ticken würde – und deshalb mit einem Schlag über dem Tisch gespielt werden muss? Zumal der Tisch und gerade die Tischkante für jede Bewegungsausführung auch noch ein Hindernis darstellen. Wo der Tisch steht, ist schließlich kein Platz für eine Schlagbewegung.

Im Tischtennis, einer Sportart, in der Millisekunden den Unterschied ausmachen und Entscheidungen in Bruchteilen von Sekunden getroffen werden müssen, kann genau dieser Moment der Unsicherheit dazu führen, dass der Gegner eine falsche Entscheidung trifft oder die Wahl der richtigen Entscheidung so viel Zeit benötigt, dass sein Schlag schlechter wird, als er eigentlich hätte werden können. Und alles nur, weil es hieß: Mach' mal halblang.

83. GRUND

Weil Bananen und Schnitzel nicht jedem schmecken

Sport und Ernährung, das gehört ja irgendwie zusammen. Über die vermeintlich idealste Art, sich als Sportler mit Nahrung zu versorgen, entbrennen zwar wild geführte Debatten mit unzähligen und meilenweit auseinanderliegenden Ansichten, in einem aber sollte weitestgehend Einigkeit herrschen: Bananen sind gut, Schnitzel eher nicht so. Nun, im Tischtennis liegen die Dinge mit den Bananen und den Schnitzeln ein bisschen anders. Die Banane und das Schnitzel gehören hier nämlich nicht (oder zumindest: nicht nur) auf den Essenstisch, sondern auch an den Tischtennis-Tisch. Es sind zwei Schlagvarianten beim Rückschlag – und sie sind beide ziemlich aktuell und beliebt.

Vor allem die Banane ist die vielleicht größte Schlag-Entdeckung der vergangenen Dekade. Und wie das bei Bananen im Sport so ist, davon könnte Manni Kaltz mit seiner Bananenflanke ein Liedchen singen: Das Besondere ist ihre Krümmung. Auch die Banane im Tischtennis hat ihren Namen von ihrer Krümmung, besser gesagt: von der gebogenen Flugkurve. Sie ist eine Flip-Variante mit der Rückhand, bei der der Ball seitlich getroffen wird – mit angestelltem Ellbogen und starker Beschleunigung aus dem Unterarm sowie dem Handgelenk. Bei optimaler Vorspannung und Beschleunigung ist die Banane gegen eigentlich jeden Aufschlag zu spielen, weil sie mit der großen Bewegungsamplitude im Unterarm und im Handgelenk deutlich mehr Beschleunigungsweg bietet als für Flip-Varianten mit der eigentlich oftmals beliebteren Vorhand. Die Aufschlagannahme, eigentlich zumeist ein defensiv ausgerichteter Schlag, kann mit der Banane, einem sehr aggressiven und für den Gegner gefährlichen Schlag, somit gleich zu einer scharfen Waffe werden. Wenn man das alles hört, würde man doch sagen: Immer her mit der Banane! Ja, schon. Wenn das mal so einfach wäre. Denn die Banane gilt als einer der schwierigsten Schläge im Tischtennis, weil ihre erfolgreiche Bewegungsausführung von sehr vielen Details abhängig ist. Wer diese Details besonders genau beachtet, sind etwa die chinesischen Weltklassespieler, die den Schlag in Perfektion in ihre Spielsysteme eingepflanzt haben. Spieler wie Ma Long und Zhang Jike, die Besten der Besten also, eröffnen als Rückschläger nahezu jeden Ballwechsel mit einem aggressiven Rückhand-Flip, meist als Banane mit einem seitlichen Balltreffpunkt gespielt. Und das nicht nur aus der Rückhand-Hälfte des Tisches, sondern mitunter auch aus der Tischmitte oder gar der Vorhand-Hälfte. Auch für Spieler, die sich ansonsten zur Vorhand orientieren, ist der Rückhand-Rückschlag per Banane oft das Mittel ihrer Wahl.

An das Renommee der Banane reicht das des Schnitzels noch längst nicht heran. Das gilt nicht nur beim Essen, sondern eben auch beim Tischtennis. Trotzdem ist das Schnitzel sehr beliebt und wird gar zunehmend beliebter. as zumindest gilt gleichsam für das Essen wie für den Tischtennissport. Wie die Banane ist das Schnitzel – das anfangs mit dem Betriff der *Sichel* konkurrierte, der zwar semantisch sinnvoller, aber weniger unterhaltsam ist – eine Rückschlag-Variante mit der Rückhand. Und die geht so: Mit dem Schlagansatz eines Rückhand-Schupfs wird der Ball in einer sichelförmigen Bewegung von unten nach oben seitlich getroffen – und zwar an der anderen Seite des Balls als bei der Banane. Anders als bei einem Schupf mit Unterschnitt, den der Schlagansatz hätte vermuten lassen, kommt auf den Gegenüber ein Ball mit Seitenschnitt oder gar Oberschnitt zu. Das komplette Gegenteil also. Das Ziel ist der Überraschungseffekt. Es gibt weitere Gemeinsamkeiten mit der Banane: Das Schnitzel lebt von der großen Bewegungsfreiheit in Unterarm und Handgelenk und wird auch über die gesamte Tischbreite gespielt – in Rückhand wie in Vorhand. Und auch für das Schnitzel gilt festzuhalten: Einfach ist anders. Was man vom Essen nicht behaupten kann.

84. GRUND

Weil es nicht nur heilige Musikinstrumente gibt

Nach Belgien musste Deutschlands Rekord-Nationalspieler Jörg Roßkopf in seiner langen Karriere des Öfteren. Dort waren Top-Spieler beheimatet, Top-Turniere, Top-Vereine. Alles top. Genau die richtige Umgebung für Mister Tischtennis. Außerdem vertraute Roßkopf dem Vernehmen nach einem belgischen Arzt, den er in seiner Laufbahn mit einer gewissen Regelmäßigkeit aufsuchen musste. Keinem Humanmediziner. Auch keinem Veterinärmediziner. Nein, einem Schläger-Doktor. Der Patient, der dort auf dem OP-Tisch lag, war nämlich das Roßkopf'sche Racket.

Roßkopf und sein Schläger, es ist wohl eine der innigsten Liebesbeziehungen, die es zwischen Mensch und Material im Sport jemals gegeben hat. Details aus dieser Romanze sind nicht viele bekannt, wie das so ist bei intensiven Liebschaften. Eines aber war unschwer zu erkennen: Es war eine Langzeitbeziehung. Mehr als 20 Jahre soll der beste deutsche Tischtennisspieler der Neunzigerjahre ein und dasselbe Holz gespielt haben. Bei seinen ersten Olympischen Spielen 1988 in Seoul, bei seinem WM-Titel im Doppel 1989, beim Gewinn der Europameisterschaft 1992 in Stuttgart oder der Bronze-Medaille bei den Olympischen Spielen 1996. Alles veränderte sich, Roßkopfs Gegner, sogar Roßkopfs Spiel – nur sein Holz, das blieb immer dasselbe. Es reiste, stets im Handgepäck natürlich, mit Roßkopf um die Welt, ließ sich hunderte und tausende Male mit Kleber bestreichen, spielte millionenfach Schläge und sog bei alldem vermutlich literweise Schweiß auf. Auf die Frage, warum er so sehr auf diesen Schläger schwöre, sagte Roßkopf vor den Olympischen Spielen 2004, also schon im Herbst seiner imposanten Karriere: »Ich weiß auch nicht so genau, ich komme mit ihm einfach am besten zurecht. Ich habe immer mal versucht zu wechseln, bin dann aber immer zu diesem Modell zurückgekehrt. Jetzt bleibe ich ihm eben treu und erneuere nur ständig die Beläge.«[39] Wenngleich er durchaus wisse, dass sein Schläger ein bisschen langsamer sei und er mehr Kraft einsetzen müsse. Kurzum: dass es objektiv bessere Modelle auf dem Märkt gäbe. Nur: Die Sache mit dem Schläger, die ist eben keine wirklich objektive. Trotz pflegsamer Behandlung kam Roßkopfs Sportgerät nicht unbeschadet durch die Jahrzehnte. Und immer dann ging es für operative Eingriffe in Richtung belgische Grenze. Roßkopf soll dem Vernehmen nach dort nicht nur einmal aufgekreuzt sein.

Ist die Spieler-Schläger-Beziehung im Fall Roßkopf doch eine recht spezielle, ist der Schläger für den gemeinen Tischtennisspieler weit mehr als ein simpler Nutzgegenstand, der jederzeit auch durch ein baugleiches Modell eingetauscht werden könnte. Viele Spieler würden eher ihre Kreditkarte unbeobachtet in der Sporthalle zurücklassen als ihren Schläger. Der Schläger, er ist das persönliche Heiligtum vieler Spieler, die Stradivari unter den Sportgeräten. So ganz rational aber ist der Schläger-Kult, den die Spieler mitunter betreiben, nicht unbedingt zu erklären. Um es mit zwei Floskeln zu beschreiben: Aberglaube ist auch ein Glaube. Und der Glaube versetzt was – na, Berge natürlich.

Doch über das Psychologische hinaus gibt es durchaus gute Gründe, die dafür sprechen, seinem Holz auch in schwierigen Zeiten die Treue zu halten. Denn ein Holz ist eben wirklich ein Holz. Und unter jahrelangem Einfluss von Schweiß, von Klebern und hunderttausenden von gespielten Schlägen verändert sich Holz. Wie der Volksmund sagt: Holz lebt. Das heißt nichts anderes als: Je länger ein Spieler seinen Schläger nutzt, desto weiter entfernen sich die Spieleigenschaften des Holzes von den ursprünglichen. Das macht ein Holz objektiv eher schlechter als besser, es wird im Laufe der Jahre in der Regel langsamer und weicher, aber seine Nutzung wird eben zunehmend individuell. Das Holz ist auf den Spieler geeicht, aber auch der Spieler auf das Holz. Dementsprechend ungewohnt fühlt es sich nach einigen Jahren an, wenn ein Spieler zu einem anderen Schläger greift – und zügig wieder zur alten Gerätschaft zurückkehrt.

Das gilt auch für Profis, die nicht Jörg Roßkopf heißen. Die spielen meist über viele Jahre einen Schläger oder einen Satz desselben Modells. So passierte es, dass Timo Boll kurz vor den Europameisterschaften 2010 in Ostrava sein Holz wechseln musste, weil sein altes Modell einen haarfeinen Riss bekommen hat, was sensible Spieler wie Boll gleich registrieren. Es fehlt an Präzision. In der Regel, erzählte Boll damals, brauche er mindestens einen Monat, um sich an seine neuen Schläger zu gewöhnen. Diesmal ging es nach zweieinhalb Jahren mit dem alten Schlägersatz schneller: Boll wurde wenige Tage später Europameister.

Manchmal enden Liebesbeziehungen, auch die zwischen Spieler und Schläger, eben auch abrupt. Das hatte auch der Dauerverliebte Roßkopf stets im Kopf: »Wenn mein Schläger seine Karriere beendet, dann höre ich auch auf«[40], sagte er im Stile eines altgedienten Ehepartners. Letztlich ist Roßkopf seinem Schläger aber zuvor gekommen.

85. GRUND

Weil das moderne Tischtennis in einem Keller in der österreichischen Provinz geboren wurde

Große Erfindungen sind meist akribische Detailarbeit, sind ewig währende Tüftelei, Geistesblitze oder Sternstunden eines Genies. Oder sie sind einfach nur: das Ergebnis von plumpen Zufällen. Ein solcher Zufall trug sich im Jahr 1951 im Keller des Österreichers Waldemar Fritsch zu. Fritsch, seines Zeichens als ambitionierter Tischtennisspieler immerhin einer der Besten seines Landes, fiel dort ein circa drei Millimeter dickes, gummiartiges Material in die Hände. Und was lag da näher, als es testweise einfach mal auf einen seiner Tischtennisschläger zu kleben.

Was Fritsch freilich nicht ahnen konnte: Mit diesem Spontanentschluss sollte er für einen riesengroßen Einschnitt in der Entwicklung seiner Sportart sorgen. Er stellte Tischtennis wieder auf die Stunde null. Alle zurück auf Los! Wobei: nicht alle. Fritsch selbst hatte sich gewissermaßen ein bisschen früher auf den Weg gemacht. Er führte einen kleinen Erfinderbonus ins Feld. Der trug ihn durch die Heim-WM im Jahr 1951 in Wien, deren Mannschaftswettbewerb der zuvor international nicht weiter in Erscheinung getretene Lokalmatador sensationell unbesiegt überstand. In der Weltrangliste rückte er daraufhin bis auf Platz neun vor. Was Fritsch im Jahr 1951 erfunden hatte, war das sogenannte Schwammgummi. Mit dem hatte er seine Sportart an allen Fronten revolutioniert. Das Regelwerk, die Schlagtechniken, die Hierarchien im Welttischtennis. All das und noch viel mehr sollte in der Folgezeit wegen Fritsch eine neue Kontur erhalten.

Fritschs sportliche Karriere hatte derweil im Jahr 1951 bereits ihren unerwarteten, aber gleichsam frühen Höhepunkt erreicht. Der Österreicher wurde von der durch ihn selbst in Gang gesetzten Entwicklung schon wenige Monate später selbst überholt. So ist es auch zu erklären, dass weniger der Name Fritsch mit der Revolution der Schwammbeläge in Verbindung gebracht wird, als vielmehr: der des Japaners Hiroji Satō.

Bei den Weltmeisterschaften 1952 in Indien zeigte die *Bombe von Bombay* der staunenden Tischtennis-Welt (die bisher dominiert wurde von Spielern ohne Schwammbeläge, die den sogenannten klassischen Stil fortführten) die neuste Entwicklungsstufe der Schwammgummis, für deren Ausmaße es damals noch keine Beschränkungen gab. Penholder-Spieler Satō, der lediglich als Nummer fünf des japanischen Teams nach Bombay gereist war und im Welttischtennis einen ähnlichen Status hatte wie Fritsch unter Europas Elite im Jahr zuvor, dominierte die gesamte Weltelite nach Belieben. Der US-Amerikaner Marty Reisman, die starken Briten um Johnny Leach und Richard Bergmann ebenso wie die

Ungarn um die Legende Victor Barna waren gegen die neue Art des Spiels heillos überfordert. Die Bälle Satōs entwickelten nicht nur ein Vielfaches mehr an Rotation, die für seine Kontrahenten in keinster Weise einzuschätzen oder gar zu kontrollieren war, sondern gaben außerdem kaum mehr ein Geräusch von sich, wenn sie auf seinen Schläger trafen. Das laute Klacken bei jedem Balltreffen, das über Jahrzehnte zum Tischtennis dazugehörte wie Tisch und Schläger, war plötzlich nahezu verschwunden. Satō ließ eine Horde von orientierungs- und chancenlosen Weltklassespielern zurück – und wurde Japans erster Tischtennis-Weltmeister der Geschichte. Womit er sich gerade bei den arrivierten Spielern wenige Freunde machte. Viele Aktive des klassischen Stils sahen Satōs Schläger weniger als Revolution denn als Betrug, der *ihre* Sportart zu gefährden drohte. Sie sollten nicht Unrecht behalten. Der Tischtennissport vor den Jahren 1951 und 1952 hatte nichts mehr gemein mit dem, was die Sportart vor dieser Zeit gewesen war.

Es waren die Fritschs und Satōs, die obendrein auch den Startschuss gaben für einen Entwicklungs-Wettlauf auf Seiten der Sportartikel-Industrie. Die war fortan bemüht, die Schwammbeläge in einer Massenproduktion herzustellen und ihre Qualität stetig weiter zu steigern. Und sie ist es bis heute. Denn das Tischtennis der Gegenwart ist noch immer das Tischtennis der Schwammbeläge – und wäre ohne Waldemar Fritsch und Hiroji Satō vielleicht nie dazu geworden.

7. KAPITEL
DER KÖRPER UND DIE GESUNDHEIT

86. GRUND

Weil Tischtennisspieler die Adler unter den Sportlern sind

Ein Tischtennisball hat einen Durchmesser von circa vier Zentimetern oder – um in der gängigen Maßeinheit zu bleiben: von circa 40 Millimetern. Nun bewegt sich dieser Ball auf einer Distanz von vielleicht vier, vielleicht fünf Metern mit Geschwindigkeiten, mit denen er innerhalb geschlossener Ortschaften und nicht selten auch auf Landstraßen in jede Radarfalle tappen würde. Was einem Tischtennisspieler in diesem Hochgeschwindigkeits-Szenario gelingt, klingt zunächst äußerst abwegig: Er orientiert sich an einem kleinen Stempel auf dem Ball, in der Regel versehen mit dem Verweis auf den Hersteller, um Rotation und Geschwindigkeit besser einschätzen zu können.

In der Optometrie nennt sich dieses Phänomen *dynamisches Sehen* oder *Bewegungssehen*, die visuelle Wahrnehmung eines sich bewegenden Gegenstands. Im Tischtennis hat dynamisches Sehen nicht nur einen besonders hohen Stellenwert, es ist – einschlägigen Studien zufolge – bei vielen Spielern, gerade bei solchen auf Weltklasse-Niveau, besonders ausgeprägt. Als besonders guter Seher, selbst unter den Kollegen seiner Zunft, gilt Deutschlands Ausnahmespieler Timo Boll, dem Untersuchungen eine dynamische Sehleistung von knapp 280 Prozent bestätigten. Unklar bleibt, was zuerst da war: Das Adlerauge Boll, das zum Tischtennis kam. Oder Tischtennis als der Sport, der Adleraugen macht und mit dem Boll seinen ersten Sinn schulte.

Tatsächlich ist Tischtennis über das dynamische Sehen hinaus eine Art visueller Mehrkampf, in dem Sehen und Sehleistung in den verschiedensten Facetten eine Rolle spielen und der Sehleistung nicht nur zu fordern, sonst auch zu fördern versteht. Während der Ball über das Netz schießt, ist sowohl das zentrale als auch das periphere Sehen beansprucht. Das eher unscharfe periphere Sehen deckt die Bewegungen des Gegners ab, mit denen wiederum die Eigenbewegungen in Einklang gebracht werden müssen. Das zentrale Sehen, auch foveales Sehen genannt, liefert über eine weitaus höhere Auflösung wichtige Detailinformationen, z.B. über die Griffhaltung des Gegners, seinen Balltreffpunkt oder die Drehung des Balls. Nun passiert all das nicht linear und noch dazu in übersichtlichem Tempo, sondern natürlich in der Hochgeschwindigkeit eines Ballwechsels. Und, wie gesagt, immer mit der zusätzlichen Aufgabe, dass es mit dem Sehen alleine nicht getan ist, sondern dass das Sehen nur dazu da ist, selbst mit einem adäquaten Schlag antworten zu können. Sehen ist, genau genommen, eigentlich nur Mittel zum Zweck.

Das Sehen vermittelt dem Spieler die Informationen, die er als Basis für reaktives und vor allem antizipatives, also vorausschauendes Handeln benötigt. Mit einer guten Sehfähigkeit, etwa im Bereich des Bewegungssehens, fällt dem Aktiven am Tisch dementsprechend das visuelle Erfassen und Verarbeiten der Ballflugkurve oder der Position des Gegners zum Ball leichter – und dadurch erhält der Spieler selbst wiederum mehr Informationen, die er für sein Handeln nutzen kann. Die Wissenschaft spricht von einem Informations-Management. Schläge im Tischtennis, denen eine blitzschnelle Reaktion des Spielers zugrunde zu liegen scheint, sind demnach meist nichts anderes als das Ergebnis einer besonders guten Wahrnehmungsleistung und einer optimalen Verarbeitung der Wahrnehmungsinformationen. Und noch etwas korreliert übrigens in hohem Maße mit der Sehleistung: der Treffpunkt des Balls am eigenen Schläger, bei dem es oftmals um Millimeter und Millisekunden geht.

Wer das am Tisch selbst erfahren möchte, wird allerdings an seine Grenzen stoßen: Die Prozesse laufen unterbewusst und somit ohne aktiven Zugriff für die Spieler ab. Das heißt jedoch nicht, dass man seine tischtennisspezifische Sehleistung nicht verbessern kann. Zum umfangreichen Training der Topathleten gehört es längst, dass sie nicht nur ihren Armen und Beinen Aufgaben stellen – sondern auch ihren Augen.

87. GRUND

Weil man nie zu jung dafür sein kann

Jens Lundqvist muss sich – mit Verlaub – so richtig dämlich vorgekommen sein. Damals, im Februar 2015. Im schwedischen Örebro. Also ausgerechnet auch noch in seinem Heimatland. Lundqvist, ein abgebrühter Profi in seinen Dreißigern, spielte dort die Safir Open, ein bestenfalls zweitklassiges Turnier, bei dem er wohl angetreten war, um in seiner Heimat ein wenig Preisgeld oder Wettkampfpraxis zu sammeln. Vielleicht auch nur, um sich mal wieder in die Weiten der schwedischen Landschaften zu begeben. Bestimmt aber nicht, um nennenswerte Erfolge für den Briefkopf zu erzielen. Und dennoch sprachen nur wenige Stunden nach Turnierende die gesammelten Tischtennisexperten dieser Welt über ihn. Wobei, nein, so stimmt das nun auch wieder nicht. Genau genommen: Sie sprachen über Harimoto Tomokazu. Und sie sprachen über den 27. Juni 2003. Das nämlich ist Tomokazus Geburtsdatum.

Tomokazu war im Halbfinale des Turniers der Gegner von Lundqvist, um dieses klitzekleine Detail nicht unerwähnt zu lassen. Der ausgebuffte Top-100-Spieler hatte sich von einem damals elf Jahre alten Kind aus Japan besiegen lassen. Ein anderer übrigens auch noch: Der Ägypter Omar Assar hatte in der Runde zuvor bereits gegen Tomokazu die Segel streichen müssen. Was in anderen Sportarten schlichtweg unmöglich ist, ist es im Tischtennis nicht: Im Handball oder Fußball, wo Zweikämpfe geführt werden. Im Tennis, wo die Schlaghärte entscheidend ist. Im Volley- oder Basketball, wo es ohne eine bestimmte Körpergröße nicht geht. Überall dort wäre ein Elfjähriger in der Weltspitze fehl am Platze. Auch im Tischtennis sind all diese Parameter von Bedeutung. Sie können ein Grund sein, aber sie sind mitnichten ein Hindernis für außergewöhnliche Leistungen bis hinein in die Weltspitze. Siehe Tomokazu.

Tischtennis ist, das weiß jeder, der es auch nur einmal mit dem kleinen, weißen Ball versucht hat, keine sehr stark physische Sportart. Zwar nehmen Schnellkraft in Armen, Beinen und Rumpf, Ausdauer oder Reichweite in nicht unerheblichem Maße Einfluss auf die Leistungsfähigkeit. Zwar sind auch die besten Spieler der Welt seit Jahren Kerle wie Baumstämme mit Oberschenkeln wie von Pferden, die es in Sachen Athletik mit Leistungssportlern aller Disziplinen aufnehmen könnten. Der Anteil vieler dieser physischen Parameter am Erfolg ist allerdings mitnichten zu vergleichen mit dem in anderen Sportarten. Im Tischtennis gibt es nur wenig, wo Kraft nicht mit guter Koordination oder effizienter Technik, natürlich auch mit sinnvoller Taktik, wettgemacht werden kann. Das mag für alle Ballsportarten in Teilen gelten. Im Tischtennis ist es sicherlich besonders nachdrücklich.

Das heißt dann eben auch, dass kleines Alter nicht vor großer Leistung schützen muss. Im Ligabetrieb mischen sich talentierte Kinder und Jugendliche nicht selten unter die erwachsene und ausgewachsene Konkurrenz. Und auch in der Weltspitze sind solche Dreikäsehochs eben längst keine Seltenheit mehr. In den vergangenen Jahren spülen gerade die Japaner in so kurzen Abständen Tischtennis-Wunderkinder in die Weltspitze, dass die Talente immer weniger wundersam erschienen: Mima Itō (Geburtsdatum: 21. Oktober 2000) und Miu Hirano (Geburtsdatum: 14. April 2000), die schon als Neunjährige an internationalen Damen-Wettbewerben an den Start ging, sind mit unter 15 Jahren angekommen in der Weltspitze der Damen. Während zunächst Hirano als *das* Wunderkind der Szene galt, hat ihr Ito wenig später den Rang abgelaufen. Als U-15-Spielerin hatte sie es bereits zu bedeutenden internationalen Titeln und einem Platz unter den besten 15 der Weltrangliste gebracht.

Dem Jugendwahn im Tischtennis, gerade dem japanischen, scheinen dabei zunächst also kaum Grenzen gesetzt. Obwohl, doch. Eine Beschränkung gibt es dann vielleicht doch noch: die Höhe des Tisches. Die beträgt laut Statuten 76 Zentimeter. Die hat ein durchschnittliches Kind in Deutschland in seinem zweiten Lebensjahr mühelos erreicht. Jens Lundqvist hat es dabei auch nicht geholfen, dass Japaner im Durchschnitt ein wenig kleiner sind. Harimoto Tomokazu war jedenfalls groß genug.

88. GRUND

Weil Tischtennis eine ziemlich linke Sache ist

Der Anteil an Linkshändern in der Bevölkerung in westlichen Industrienationen liegt bei knapp zehn Prozent. Auf einen Linkshänder kommen stolze neun Rechtshänder. Das ist der Moment, an dem Tischtennisspieler stutzig werden könnten. Denn mit ihrer Wirklichkeit, zumindest mit der in der Sporthalle, hat dieses Zahlenwerk herzlich wenig zu tun: Der Anteil an Linkshändern in der Weltspitze, wo derartige Erhebungen durchgeführt wurden, liegt seit Jahren und Jahrzehnten bei knapp 30 Prozent. Erfolgreiches Tischtennis ist eine äußerst linke Angelegenheit – ohne dabei etwas anderes als die Händigkeit zu meinen. Wie kann das sein?

Zunächst einmal gilt es, die Zahlen zumindest ein Stück weit zu relativieren. Immerhin liegt der Anteil an Linkshändern unter Sportlern schon einmal grundsätzlich höher als unter Nicht-Sportlern. Besonders hoch ist der Anteil allerdings im Tischtennis – na gut, nicht nur dort. Auch im Tennis, Badminton oder Boxen liegt der Satz an *Lefties* bei 25 bis 30 Prozent der Aktiven. Zufall kann das zumindest keiner mehr sein. Und die Liste der Sportarten mit erhöhter Linkslastigkeit liefert auch schon erste Ansätze für eine mögliche Begründung: Es sind allesamt Sportarten mit Duellen, mit einer Face-to-face-Situation, in der sich die Kontrahenten direkt gegenüberstehen. Überall dort gibt es mehr Linkshänder als im Querschnitt durch die Gesellschaft. Im Tennis die Legenden Rafael Nadal und Jimmy Connors. Im Boxen etwa Henry Maske, der wie der Großteil aller Linkshänder in der Rechtsauslage boxte. Beim Schwimmen dagegen? Keine Spur von übermäßig vielen Linkshändern. Oder beim Golfen? Auch nicht. Billard vielleicht? Fehlanzeige. Im Handball oder Fußball? Da treten Linkshänder oder Linksfüßer vor allem positionsbedingt mit zumindest leicht erhöhter Häufigkeit auf – mehr aber auch nicht.

Warum also gerade in den sogenannten interagierenden Sportarten, von denen Tischtennis eine ist? In der sportwissenschaftlichen Forschung hat sich hier ein Ansatz zur Erklärung durchgesetzt: Da man trotz eines hohen Linkshänder-Anteils beim Tischtennis & Co. noch immer größtenteils Rechtshändern gegenübersteht, bleiben die unterrepräsentierten Linkshänder weiterhin ungewohnte Gegner. Die Bewegungsabläufe sind andere, der Spielrhythmus ist ein anderer – dementsprechend auch die Wahrnehmung und Antizipation ihrer Schläge, wenn man ihnen gegenübersteht. Denn erfolgreiches Vorausahnen von gegnerischen Bewegungen hat auch immer mit Wahrnehmungserfahrung zu tun – und die hat man gegen Linkshänder in der Regel seltener gesammelt. Die Antizipationsfähigkeit ist durch die Überrepräsentation von Rechtshändern auch auf Rechtshänder ausgerichtet, das Einschätzen der Rechtshänder-Bewegungsabläufe gelingt leichter. Das ist nichts anderes als ein Trainingseffekt. Das gilt dementsprechend auch für Linkshänder, die – genauso kurios wie logisch – es auch nicht so mit ihresgleichen haben. Wie das allerdings so ist bei der Antizipation, wo es um Bruchteile von Sekunden geht: Bewusst erleben lässt sich dieses Phänomen am Tischtennis-Tisch oder auf dem Tennisplatz allerdings nicht.

Doch ist das der einzige Grund dafür, warum im Tischtennis ein Linkshänder als Gegner – ohne persönlich werden zu wollen und auf den Charakter abzuzielen – in etwa so beliebt ist wie Fußpilz oder eine Zahnwurzelbehandlung? Und dafür, dass die beiden erfolgreichsten deutschen Spieler aller Zeiten, Timo Boll und Jörg Roßkopf, sowie viele ihrer nationalen und internationalen Kollegen mit links zum Schläger greifen? Vermutlich nicht. Man benötigt zusätzlich andere taktische Überlegungen, die Sportler vielleicht nicht so präsent haben wie die öfter gegen Rechtshänder erprobten. Auch psychologisch kann es ein Nachteil sein, wenn sich denn einmal der Gedanke gefestigt hat, dass es gegen die Linken nicht so klappt wie gegen die Rechten. Gerade der Tischtennissport, die rotationsreichste und schnellste Rückschlagsportart überhaupt, bietet obendrein einige Besonderheiten, die diese Effekte zu verstärken scheinen. So gibt es im Tischtennis etwas wie einen typischen Linkshänder-Spielstil. Das fängt schon beim Aufschlag, einer Spezialität vieler Linkshänder, an. Der Schnitt kommt aus einer anderen Richtung und dann noch zumeist über die andere Diagonale, als man es vom Spiel gegen Rechtshänder gewöhnt ist. Und nach dem Aufschlag? Da geht es gegen Linkshänder auch anders weiter. Die meist starke Vorhand ist mit *Sidespin* versehen und segelt fies in Richtung Rückhandhälfte, die damit nicht viel anzufangen weiß. Die eigene Vorhand dagegen fliegt geradewegs in den guten Rückhandblock des Linken. Probleme über Probleme. Mit der Diskriminierung von Minderheiten hat das alles aber nichts zu tun: Ein Linkshänder wird all das wohl genauso unterschreiben. Er hat nur deutlich mehr Chancen, gegen das Spielsystem eines Rechtshänders zu üben. Am Ende kann der Vorteil, den Linkshänder im Tischtennis offensichtlich genießen, vor allem durch eines ausgeglichen werden: dem guten, alten Training. Aber wer, das mag jetzt mancher Rechtshänder denken, will sich denn freiwillig auch noch während der Trainingsabende dieser linken Nummer aussetzen …?

89. GRUND

Weil Eisen mehr ist als nur ein Schwermetall

Und plötzlich geht gar nichts mehr. In der letzten Trainingseinheit flossen die Schlagbewegungen nur so dahin, fühlte sich noch jeder Schritt so kraftvoll und federleicht zugleich an, saß jeder Balltreffpunkt auf den Millimeter und bis auf die Hundertstelsekunde genau. Und jetzt steht links dieses Zählgerät, gegenüber dieser eigentlich alles andere als übermächtige Gegner. Und es trifft einen wie der Schlag: das Eisen. Nein, also, natürlich nicht das echte Schwermetall. Um Gottes Willen. Nur im metaphorischen Sinne. Da steht »Eisen« für, na ja, etwas ziemlich Schweres. In diesem Fall: den Arm. Wenn es zum Wettkampf kommt oder im Wettkampf besonders brenzlig wird, hat wohl jeder Tischtennisspieler, ganz gleich auf welchem Leistungslevel, schon mal leidgeprüft den berühmten und vor allem berüchtigten Eisenarm mit sich rumgeschleppt. Und das Ding ist wahrlich schwer!

In der Sportpsychologie wird das Phänomen des Eisenarms als *choking under pressure*, also als ein Versagen unter Leistungsdruck bezeichnet. Das unterscheidet sich zunächst einmal nicht sonderlich von dem, was man auch aus anderen sportfernen Lebensbereichen kennt: Prüfungsangst, Versagensangst, Lampenfieber. Kurzum: Wenn man muss, kann man nicht – oder zumindest nicht so gut. Im Sport hat das sowohl psychologische und physiologische Folgen: Ein Spieler verkrampft, und das im wahrsten Sinne des Wortes, wird ängstlich und ist ohne Selbstvertrauen. Tischtennis hat auf dieses bekannte Phänomen keine alleinigen Besitzansprüche anzumelden. Im Tennis hat der Zitterarm schon über diverse Grand-Slam-Titel entschieden, von großen Titeln im Golf oder Eiskunstlauf mal ganz zu schweigen. Immer wieder tritt der Fall ein, dass Sportler ihr eigentliches und aktuelles Leistungsniveau nicht abrufen können, und das gerade in den Situationen, in denen eigentlich ein besonders hoher Anreiz dazu besteht, eine optimale Leistung zu erbringen. Doch auch wenn dies nicht nur beim Tischtennis aufzutauchen scheint: Im Tischtennis gibt es dieses Choking, den *Eisenarm* oder einfach nur das *Eisen*, besonders regelmäßig und besonders durchschlagend zu bestaunen.

Am Tisch gibt es verschiedene Szenarien, in denen Spieler regelmäßig Eisen, und damit ist eben nicht das durchaus nützliche Spurenelement gemeint, bekommen. Bei nicht wenigen reicht dafür bereits die bloße Wettkampfsituation aus. Dem Trainingsweltmeister (der nicht nur am Stammtisch, sondern auch in der Wissenschaft so heißt) ist die Diskrepanz zwischen Wettkampfleistung und Trainingsleistung immanent. Sobald in einem Punktspiel oder einem Turnier um Siege gewetteifert wird, geht ihm die Düse. Viel häufiger passiert im Tischtennis aber noch etwas anderes: dass sich beim Spieler die subjektive Wahrnehmung von Druck im Laufe eines Wettkampfs entwickelt oder verändert. Ein Paradebeispiel: ein hoher Vorsprung bei Satz- oder Matchball. Wenn eine sehr komfortable 10:3-Führung zu einem 10:8-Vorsprung zusammengeschmolzen ist, wirkt die Situation für denjenigen viel bedrohlicher, der vorne liegt – und der sicherlich einen anderen Druck bei diesem Spielstand empfinden würde, wenn er zuvor nicht 10:3 geführt, sondern 6:8 zurückgelegen hätte. Der Spieler nimmt die Situation so wahr, als habe er etwas zu verlieren – und vor allem: mehr als der Gegner, der ja eigentlich schon längst verloren hatte. Im US-Sport wird an dieser Stelle oft vom *Momentum* gesprochen, einem doch sehr abstrakten Begriff, der beschreibt den subjektiven Eindruck darüber, welcher Athlet oder welche Mannschaft in einem sportlichen Wettkampf gerade psychologisch in der Vorlage ist, was nicht in direkter Abhängigkeit zum aktuellen Spielstand zu verstehen ist. Druck wiederum erzeugt Versagensangst – und die hat im sportlichen Wettkampf noch niemandem geholfen.

Die Sportpsychologie diskutiert für das Choking diverse Erklärungsansätze. Einer begründet Choking über Selbstaufmerksamkeit. Über einen Prozess, der stark vereinfacht werden könnte mit der Phrase, dass ein Spieler »anfängt nachzudenken«. Die subjektiv wahrgenommene Drucksituation führt dazu, dass er sich auf seine optimalen Bewegungsausführungen zu besinnen versucht – und ihnen dadurch eine erhöhte, nein, gar überhöhte Aufmerksamkeit schenkt. Es ist ein Paradoxon, dass ausgerechnet diese erhöhte Aufmerksamkeit dazu führt, dass automatisierte motorische Abläufe gestört werden und eigentlich unterbewusst gesteuerte Bewegungsprogramme nicht mehr abgerufen werden können. Ein anderer Erklärungsansatz geht ebenfalls von einer Ablenkung durch Aufmerksamkeit aus. Die allerdings geht auf Kosten der Konzentration. Statt sich zu konzentrieren, lenkt die Drucksituation die Aufmerksamkeit auf irrelevante Hinweisreize und leistungshemmende Gedanken. Das können Erinnerungen an vergangene Misserfolge sein – und auch andere Gedanken an das Versagen oder, im kompletten Gegensatz dazu, vorzeitig an den Triumph. Mit der Konzentration geht demnach nicht nur taktische Vorgabe verloren, sondern nicht selten auch Koordination – und damit das Spiel.

Wie es um die wissenschaftliche Erklärung des Chokings auch bestellt sein mag, ihre Bedeutung für das Tischtennis ist derweil unzweifelhaft. Jeder, der einmal ein Eisen mit sich herumgetragen hat, wird sich gewünscht haben, dass es sich dabei nur um das Metall gehandelt hätte. Denn ein Eisen im Tischtennis wiegt viel schwerer als das.

90. GRUND

Weil Geschlechterduelle im Tischtennis den Frauen durchaus Hoffnung machen dürfen

Karsten Braasch hatte Kultstatus inne. In den Neunzigerjahren war der Tennis-Profi, den alle nur *Katze* nannten, so etwas wie der

Mario Basler seines Sports. Braasch rauchte Kette und genehmigte sich gerne das ein oder andere Bierchen, was einem achtbaren sportlichen Erfolg nicht im Wege stand. Der Lebemann mit der ungewöhnlichen Sportbrille und dem legendären Korkenzieher-Aufschlag zählte in seiner Hochphase zu den Top 40 der Weltrangliste und spielte an der Seite von Boris Becker und Michael Stich für Deutschland im Davis Cup. Besonders in Erinnerung blieb er allerdings für den 27. Januar 1998.

Braasch, der im Spätherbst seiner Laufbahn längst nicht mehr das Top-Level früherer Tage hatte und gerade bei den Australian Open in der ersten Hauptrunde ausgeschieden war, bekam Wind von einer Aussage der damals erst 16 Jahre alten US-Amerikanerin Serena Williams, die später eine der erfolgreichsten Spielerinnen der Geschichte werden sollte. Die freche Newcomerin, schon als Teenager mit einem üppigen Selbstbewusstsein und einem losen Mundwerk ausgestattet, das einer ausgeprägten Arroganz glich, hatte auf einer Pressekonferenz behauptet, dass sie gegen einige Herren aus den Top 200 der Weltrangliste gewinnen würde. Braasch, passenderweise zu diesem Zeitpunkt auf Rang 203 notiert, hörte davon – und bot sich sogleich als Testobjekt an. Gesagt, getan. Wenige Tage später war alles angerichtet: Das Spiel, das zwar unter nur halbwegs ernsten Wettkampfbedingungen ablief und in dem sich Braasch bei einem Seitenwechsel auch mal eine Zigarette ansteckte, brachte ein durchaus bemerkenswertes Ergebnis hervor: Der Deutsche fertigte sowohl Serena (6:1) als auch ihre damals noch leistungsstärkere Schwester Venus (6:2) in jeweils einem gespielten Satz mühelos ab. Die Matches entwickelten sich schnell zum Gesprächsthema Nummer eins in Melbourne.

Duelle der Geschlechter, wie die von Braasch gegen die damals noch blutjungen Williams-Schwestern, kennt man aus etlichen anderen Sportarten. Vor allem aus denen, wo die Unterschiede im Leistungsniveau nicht so transparent sind wie etwa in der Leichtathletik, wo einfach eine Stoppuhr oder ein Maßband herhalten kann. Legendär war zum Beispiel der 3:0-Erfolg der B-Jugend des VfB Stuttgart, einer Mannschaft von 14 und 15 Jahre alten Jugendlichen, gegen die deutsche Nationalmannschaft der Frauen im Fußball.

Was auch immer es im Detail bringen mag, die Ehre seines Geschlechts zu verteidigen, wo es die natürlichen körperlichen Unterschiede zwischen Frau und Mann eben mitbringen, dass ein Mann körperlich immer einer Frau voraus sein wird, sei dahingestellt. Dennoch generiert der Geschlechterkampf im Sport ein gewisses Interesse und mitunter eine enorme Aufmerksamkeit. Und wo die Frauen der Schöpfung nach den Ergebnissen der Williams-Schwestern oder der deutschen Fußballerinnen noch nach Argumenten für die ihren suchen, würde es sich durchaus lohnen, den Blick mal auf den Tischtennis-Sport zu richten.

Vorweg: Auch im Tischtennis sind Männer im Schnitt besser als Frauen. Ob der Weltmeister sich mit der Weltmeisterin oder der Kreismeister sich mit der Kreismeisterin messen würde – gewinnen würde immer das vermeintlich starke Geschlecht. Weil es, nun ja: stärker ist. Zwar gibt es sicherlich Sportarten, in denen die Physis eine bedeutendere Rolle spielt als im technikdominierten Tischtennis – und damit ist nicht nur Gewichtheben gemeint –, doch auch im Tischtennis, und hier gerade im Leistungssport, ist die Physis von nicht zu unterschätzender Bedeutung. Schlaghärte, eine bessere Balance durch mehr Körperspannung und explosivere Beinarbeit haben Männer den Frauen oftmals voraus. Zudem erscheinen die Spielsysteme der Männer, ähnlich wie auch beim Tennis, dadurch variabler und komplexer. Nur wenige Männer spielen Tischtennis wie Frauen. Nur wenige Frauen spielen Tischtennis wie Männer, in deren Spiel Rotation zumeist eine deutlich bedeutendere Rolle spielt.

Allerdings ist der Leistungsunterschied zwischen Frauen und Männern, im Verhältnis zu anderen Sportarten, dennoch eher gering, da Tischtennis eben zu den technikdominierten Sportarten gehört. Was so viel heißt wie: Die Physis ist wichtig, aber die technische Ausführung von Bewegungen ist wichtiger. Zwar sagt man, dass Penholder-Spieler Liu Guoliang, als er noch Spieler und nicht Trainer der chinesischen Herren-Nationalmannschaft war, gegen seine weiblichen Kolleginnen allesamt mit Shakehand gewonnen habe, doch gilt Liu als derart guter Shakehand-Spieler, dass er selbiges auch gegen manches Männer-Nationalteam vollbracht hätte. Doch gibt es einige Testspiele, die durchaus den Schluss zulassen, dass die Leistungen von Weiblein und Männlein keine Lichtjahre auseinander liegen: 2002 etwa behielt der Damen-Bundesligist 3D Berlin im Stadtduell gegen die damals drittklassigen Regionalliga-Herren von Tennis Borussia Berlin deutlich die Oberhand (9:1 Siege), 2006 taten es die Damen des ambitionierten Damen-Bundesligisten TTC Langweid den Berlinerinnen in einem Vorbereitungsspiel gegen die Oberliga-Herren des TuS Pfarrkirchen gleich (9:5). Auch ein dritter Vergleich zwischen einer Damen-Bundesliga-Mannschaft gegen eine Herren-Auswahl ging an die Frauen: 2015 besiegte der TuS Bad Driburg eine Ost-Westfalen-Auswahl mit Regionalliga- und Oberliga-Spielern (12:4).

Wenngleich gegen tieferklassige Gegner, sieht das nach einer durchaus vorzeigbaren Bilanz für die Frauen der Schöpfung aus. So dürften sich auch die besten Tischtennisspielerinnen der Welt mehr als gute Chancen ausrechnen gegen Spieler aus den Top 200 der Weltrangliste. Es bräuchte dann nur noch einen Karsten Braasch, der hierfür den Beweis antreten müsste. Auch wenn in Tischtennis-Hallen zumeist ein striktes Rauchverbot herrscht.

91. GRUND

Weil Tischtennisspielen eine effektive Diät ist

Zeitschriften sind voll davon. »Wie Sie die Pfunde purzeln lassen«, »In 14 Tagen zur Bikini-Figur« oder »Fit für den Frühling«. Austauchbare Diäten, soweit das Auge reicht. Eine Titelgeschichte haben die einschlägigen Blätter wie *Bunte* oder *Für Sie* zwischen Trennkost-Tipps und Low-Carb-Empfehlungen aber bislang verkannt: »Schlank durch Tischtennis!«. Dabei könnte die Tischtennis-Diät zu einem neuen Trend taugen.

Zuerst einmal die Grundlagen: Der Kalorienverbrauch einer Tätigkeit hängt ab von verschiedenen Parametern. Wie etwa dem Alter, dem Gewicht oder dem Geschlecht. Und er hängt davon ab, was nicht unbedingt jedem gelegen kommt, wie intensiv man sich einer körperlichen Betätigung widmet. Das kennt jeder, der schon mal versucht hat, sich dreimal in der Woche gemütlich auf die Hantelbank im Fitnessstudio zu setzen – allerdings ohne die Hanteln dabei in die Hand zu nehmen. Ist nicht so anstrengend, bringt aber auch nicht so viel. Ein Zucker-Milchshake am Ausgang und die Energiebilanz ist keine negative, sondern am Ende eine ziemlich positive.

Deshalb lässt sich eine fixe Summe an verbrauchten Kilokalorien für *den* Tischtennissport schon mal gar nicht bemessen. Grob bewegt man sich, im wahrsten Sinne des Wortes, in einem Bereich von etwa 250 bis 400 Kilokalorien pro Stunde, worin der ohnehin unvermeidliche Grundumsatz an Kalorien natürlich eingeschlossen ist. Für die meisten Aktiven ist ein Wert von knapp 300 Kilokalorien pro Stunde realistisch. Damit liegt Tischtennis im Durchschnitt über anderen vermeintlichen Fettverbrennern wie Fahrradfahren. Das ist schon mal recht ordentlich, wenn der Tagessatz an Kalorien in unseren Breitengraden bei circa 2000 Kilokalorien liegt. Nun ja, nur der Hinweis: Auch dabei gibt es Unterschiede. Manch einer hat schon nach dem Frühstück mit einer ordentlichen Ration Cola die 2000er-Marke geknackt, weshalb auch hier ein Pauschalurteil auf eine immer andere Weise falsch liegt.

Tischtennis hat dabei gegenüber dem Gros an Abnehm-Sportarten den Vorteil, dass es als Spiel einen hohen Aufforderungscharakter besitzt. Das kann man, nichts für ungut, liebe besessene Marathonis oder Triathleten, vom Laufen oder Schwimmen ja nicht unbedingt behaupten. Da gilt es, sich vor allem selbst aufzufordern, sich die Laufschuhe zu schnüren oder die Badekappe überzustülpen. Gegenüber diesen klassischen Kalorienverbrennern hat Tischtennis derweil auch einen Nachteil: Beim Tischtennis verlaufen die Belastungsphasen, in denen unter anderem der Puls steigt, nicht konstant. Wenn der Ball geholt oder sich auf den Aufschlag vorbereitet wird, geht die Kalorienverbrennung, ganz vereinfacht gesagt, zurück. Und ein weiterer Hinweis sei erlaubt: Ob man das erfrischende Weizenbier nach der sportlichen Belastung noch zum Trainingsabend mit dazu zählt oder nicht, macht in Bezug auf die Kalorienbilanz eines Tischtennis-Trainings einen nicht unwesentlichen Unterschied. Das wird in den diversen Zeitschriften mit Abnehm-Tipps und -Tricks aber auch meist ausgespart. Ist auch besser so. Bei Diäten hört man ja am liebsten nur das, was man auch hören will.

92. GRUND

Weil Tischtennis Gesundheitssport ist

»Sport pro Gesundheit«. Was klingt, wie ein Allgemeinplatz aus einer dieser lieblos erstellten Fitnessstudio-Broschüren, ist in Wirklichkeit um einiges gehaltvoller: Es ist das angesehenste Qualitätssiegel im deutschen Gesundheitssport, vergeben von Dachorganisation des deutschen Sports, dem Deutschen Olympischen Sportbund

(DOSB), entwickelt in Kooperation mit der Bundesärztekammer. Das Mandat in Sachen Gesundheit kommt hier also von höchster Stelle!

Und was werden sich da schon für Sportarten finden? Schwimmen, Laufen, Turnen, Gerätetraining und Gymnastik? Ja, richtig, all das sammelt sich unter dem Label »Sport pro Gesundheit«. Es scheint ein wenig so zu sein wie beim Essen: Spaß und Gesundheit führen nicht die innigste aller Beziehungen. Um nicht zu sagen: gar keine. Ausnahmslos? Nein, nicht ganz. Auch Tischtennis kann seit einigen Jahren mit dem Qualitätssiegel »Sport pro Gesundheit« versehen werden.

Dass Tischtennis als sogenannte *Lifetime-Sportart*, die man nicht nur in einem bestimmten Lebensabschnitt, sondern eben lebenslang ausüben kann, das Potenzial zum Gesundheitssport haben könnte, machte sich der Deutsche Tischtennis-Bund bereits in den Neunzigerjahren bewusst. Damals erarbeitete der Verband erste Konzepte zu Tischtennis-Gesundheitssportkursen, die eben nicht auf Vereins- und vor allem nicht auf Wettkampfspieler abzielten, sondern auf eine Zielgruppe, die sich bewusst dem Gesundheitssport verschreibt. Mittlerweile bildet der DTTB den »Übungsleiter P« aus. Das »P« steht für »Prävention« – und befähigt die Übungsleiter und die Vereine, die sie engagieren, Kurse mit dem besagten Label »Sport pro Gesundheit« anzubieten. Der Vorteil: Die Krankenkassen bezuschussen die Teilnahme an solchen Angeboten.

Grundlage und Voraussetzung für die Anerkennung von Tischtennis als Gesundheitssport waren unabhängige Studien, die dem Tischtennissport verschiedene gesundheitsfördernde Aspekte attestieren konnten. Das gelang. Das Institut für Sportwissenschaften der Universität Magdeburg erbrachte zum Beispiel den Nachweis, dass Tischtennis diverse Parameter der Ausdauer verbesserte und die Ergebnisse mitunter über Sportarten wie Walking lagen, das man dem Alltagsverständnis eher als typischen Gesundheitssport sehen würde. Auffällig dabei war, dass Tischtennis dabei keine hohen Laktatwerte bei seinen Spieler produzierte, die ein guter Indikator dafür sind, dass Ausdauer gesundheitsrelevant trainiert wird. Zudem verbesserte sich die maximale Sauerstoffaufnahme der Untersuchten. Ein sinnvolles Ausdauertraining verringert derweil das Risiko einer Herz-Kreislauf-Erkrankung. Doch es ist nicht nur die Ausdauer-Komponente, die Tischtennis im Kontext des Gesundheitssports wertvoll macht: Neben der Ausdauer-Komponente schult Tischtennis nachweislich die Koordination, hierbei vor allen die Reaktionsfähigkeit, kräftigt zudem den gesamten Bewegungsapparat, vor allem in puncto Schnellkraft.

Es gibt durchaus andere Sportarten, die all das für sich beanspruchen können. Nur: Die sind zumeist – mit Verlaub – unspannend, monoton und schnell langweilig. Tischtennis hat im Gegensatz dazu einen klaren Vorteil: Es trägt ein spielerisches Element in sich. Die Bewegungsaufgabe ist in ein Spiel eingebettet, wodurch seine Aktiven weder Intensität noch Umfang der ausdauerrelevanten Betüchtigung direkt wahrnehmen. Mit dem Tischtennis, das zudem ein geringes Verletzungsrisiko in sich trägt, ist es somit weitaus besser möglich, Gesundheitssportinteressierte langfristig an ein Angebot zu binden. Die Königsaufgabe des Gesundheitssports!

93. GRUND

Weil man nie zu alt dafür sein kann

Ihr erster Vereinstrainer, Udo Karkowski aus dem schleswig-holsteinischen Preetz, erkannte es gleich: Er hatte es mit einem Talent zu tun, das sich da erstmals in die Halle verirrte. Körperlich leicht eingerostet, aber ausgestattet mit gutem Ballgefühl und akkuraten Bewegungen. Das war Inge-Brigitte Herrmann beim ersten Vereinstraining ihres Lebens. Das war kurz nach ihrem 76. Geburtstag. Wer erst mit 76 Jahren seine Tischtennis-Karriere beendet, der hat es schon auf eine ziemlich stattliche Marke gebracht. Wer sie, wie Herrmann, erst mit 76 Jahren beginnt, wird sicherlich lange nach seines Gleichen suchen müssen. Eines steht ohnehin: Man kann nicht wirklich behaupten, dass die Spätberufene einen falschen Entschluss getroffen hat. Herrmann kann auf eine Karriere zurückblicken, die manch einem verwehrt geblieben ist, der weitaus frühzeitiger das erste Mal zum Schläger griff.

Inge-Brigitte Herrmann ist zu einer der bekanntesten Tischtennisspielerinnen Deutschlands, wenn nicht sogar der Welt geworden. Wo sie auftritt, reißen sich Medienvertreter aller Art um die rüstige und umtriebige Herrmann. Sie hat Titel und Medaillen bei Senioren-Welt- und -Europameisterschaften gewonnen. Sie reiste mit ihrem Tischtennisschläger kreuz und quer durch die Welt. Etwa 2014 – durch die Unterstützung der beiden deutschen Top-Stars Timo Boll und Dimitrij Ovtcharov – zu den Welttitelkämpfen nach Neuseeland. 24 Flugstunden als Anreise für einen Sport-Wettkampf? Auch nicht unbedingt gewöhnlich für eine damals 93-Jährige.

Bei Herrmann handelt es sich wohlweißlich um ein besonders prominentes Exempel, eigentlich zeigt ihre nicht ganz alltägliche Sport-Laufbahn jedoch vor allem eins: Für Tischtennis wird man so schnell nicht zu alt. Besagte Senioren-Meisterschaften, die es von der Kreisebene bis hoch zu den Weltmeisterschaften gibt, erfreuen sich schier unglaublicher Beliebtheit. Immer bringen es die internationalen Veranstaltungen auf mehrere tausend Starter aus allen Teilen der Welt. Immer sind nicht nur die Jung-Senioren in den Ü-40-Klassen im Feld vertreten, sondern gleichsam auch Starter jenseits der 90. Wie eben Herrmann. Gleiches gilt für den Spielbetrieb in Mannschaften, der nicht zuletzt dadurch besonders wird, dass verschiedenste Generationen und ganze Familien miteinander auf Punktejagd gehen, dass sich wie in kaum einer anderen Sportart Jung mit Alt mischen kann. Oder eben Alt mit Noch-Älter, wie im Fall des niedersächsischen TSV Ottersberg II, einer Kreisklassen-

Mannschaft. Der sorgte in der Spielzeit 2015/16 für Aufsehen. Im Schnitt brachten es die Spieler zum Saisonstart auf ein Alter von 77 Jahren. Wegen mangelnder Routine werden die Ottersberger zumindest so schnell kein Spiel verloren haben.

Ach, und apropos Jungsenioren und Ü-40-Spielklassen: Deren Allerbeste sparen sich nicht selten die Teilnahme an den Senioren-Welt- oder -Europameisterschaften. Was nicht heißt, dass sie der internationalen Wettkämpfe müde geworden sind. Sie treten nämlich noch bei den offenen Titelkämpfen an. Der über 50 Jahre alte Spanier He Zhi Wen gehört noch immer zu einem in Europa gefürchteten Gegner, die Altmeister Jean-Michel Saive (Belgien) und Zoran Primorac (Kroatien), zwei Legenden der Neunzigerjahre, werden ebenfalls ihrer Berufung nicht müde. Das wohl prominenteste Beispiel, das Alter nicht vor Leistung schützt, erbrachte aber wohl der Schwede Jörgen Persson: Angetrieben von dem Wunsch, seine unglaubliche Karriere doch noch mit der ihm fehlenden Olympia-Medaille im Einzel abzurunden, spielte sich Persson bei den Olympischen Spielen 2008 in Peking als 42-Jähriger vor bis ins Halbfinale. Der Gewinn einer Medaille blieb ihm dennoch verwehrt, doch Persson hatte so eindrücklich wie kaum ein Aktiver vor ihm bewiesen, dass auch das athletische und enorm schnelle Tischtennis der Gegenwart jenseits der 30 und gar jenseits der 40 zu spielen ist. Ein Gespräch mit Inge-Brigitte Herrmann würde ihm lehren: Auch jenseits der 90 sieht das nicht anders aus.

94. GRUND

Weil im Tischtennis nicht jeder eine Hand hat

»Der hat eine Hand.« Ja gut, weiter nichts Besonderes. Die Evolution hat es mit den Menschen ja so gut gemeint, dass die meisten gar zwei gesunde Exemplare haben. Da ist eine ja erst recht nichts

Besonderes mehr. Mag man meinen. In der Tischtennis-Halle aber ist »eine Hand«, oder auch »ein Händchen«, längst nicht mehr so gewöhnlich und alltäglich. Sie ist gar vielmehr eine Rarität und Attraktion. Sie ist der Inbegriff von tischtennisspezifischem Talent.

Wenn im Tischtennis nämlich von der Hand eines Spielers gesprochen wird, meint das im Fachjargon dessen Ballgefühl. Ob man es aber nun Ballgefühl oder Hand nennen mag – es bleibt ein Begriff zurück, der überaus schwierig zu greifen und zu beschreiben ist. Ein Versuch ist es dennoch allemal wert. Ballgefühl gibt es überall dort, wo im Sport Bälle ins Spiel kommen. Soweit erst mal logisch. Wenngleich der Begriff gleichsam sperrig wie diskutabel ist, scheint unzweifelhaft: Es gibt Menschen, die stellen sich im Umgang mit einem Ball einfach eleganter, gewandter, geschickter an. Ihre Bewegungen sehen flüssiger und natürlich aus. Sei es mit dem Fuß, dem Kopf oder mit sonst was. Bei Tischtennisspielern steckt das Ballgefühl nun eben in der Hand. Oder, um auf den Normalfall abzuzielen: Es steckt dort eben nicht.

So unzweifelhaft es zu sein scheint, dass das Händchen im Tischtennis eine große Sache ist, so zweifelhaft sind die Annahmen darüber, wie es sich denn überhaupt beschreiben lässt. Das Händchen, das in anderen Sportarten auch gerne *soft hand*, also weiche Hand, genannt wird, verhilft seinem Besitzer im Tischtennis gewissermaßen zu flexiblen, zu weichen Bewegungsausführungen. Die zeigen sich weniger dort, wo auf automatisierte Bewegungsabläufe zurückgegriffen werden kann. Neben vielen weitestgehend automatisierten Abläufen stellt die Sportart ihre Aktiven aufgrund ihrer kurzen Wege und Reaktionszeiten regelmäßig vor solche Situationen, in denen der Körper nicht auf vorgeschulte Bewegungsmuster zurückgreifen kann. Dann hilft das Händchen. Es scheint seinem Besitzer mühelos eine exakte Rückmeldung zu Rotation, Tempo oder Flugkurve zu ermöglichen, wo andere Spieler vor unlösbare Aufgaben gestellt werden. Es scheint in Sekundenbruchteilen neue Lösungen kreieren zu können und Schläge als richtige Antworten zu finden, die für andere Spieler unmöglich zu realisieren gewesen wären.

Im Tischtennis, in dem es im Vergleich zu anderen Rückschlag- oder Ballsportarten möglich ist, ein verhältnismäßig hohes Spielniveau mit verhältnismäßig geringem Bewegungsradius zu erlangen, verhält es sich nun oft so, dass die wenigen Spieler mit einem Händchen es eher nicht in den Füßchen haben. Oder, um es freundlicher auszudrücken: Solche Spieler haben bei anderen leistungsrelevanten Parametern der Sportart durchaus vorhandene und zumeist auch – im wahrsten Sinne des Wortes – offensichtliche Defizite. Ihrer Reputation, sei es in der Kreisklasse oder der Weltklasse, ist dennoch oder gerade deswegen enorm. Spieler wie Tischtennis-Mozart Jan-Ove Waldner, der begnadete Südkoreaner Oh Sang-eun, bei dem es den Anschein hat, als würde er ohne einen angestrengten Muskel im Körper seine Topspins schwingen, oder Aleksandar Karakašević, der trotz des einen oder anderen Zusatzkilos munter in der Weltspitze mitmischte, haben oftmals die Gunst des Publikums auf ihrer Seite.

Dennoch ist das Händchen, das wird bei seiner Glorifizierung im Tischtennis nicht selten übersehen, weitaus weniger erfolgsrelevant, als es sein bombastischer Ruf glauben lässt. Viele der besten Spieler in der Geschichte des Sports, gerade die besten Chinesen wie Wang Liqin in den Nullerjahren oder die heutigen Branchenriesen Zhang Jike oder Ma Long, haben allenfalls mittelweiche Hände – dafür umso härtere Schläge.

95. GRUND

Weil es Beidhänder nicht nur im Tennis gibt

Gaius Julius Caesar, Napoléon Bonaparte, Bill Clinton, Jimi Hendrix, Fidel Castro, Pablo Picasso oder Leonardo da Vinci – und so, so viele mehr. Linkshänder füllen heute quer durch alle Gesellschaftsbereiche die Geschichtsbücher. Das aber vermochte dem jungen Andrzej Grubba im Polen der Sechzigerjahre nicht wirklich weiterzuhelfen. Grubba, Geburtsjahrgang 1958, war zwar auch Linkshänder, nur merken musste das ja bitteschön nicht unbedingt jeder. Gerade in Osteuropa hatte die linke Hand keinen sonderlich guten Ruf. Um nicht zu sagen: einen ziemlich schlechten. Musste sie aber auch nicht haben. Der kleine Andrzej wurde kurzerhand (Vorsicht, Wortwitz!) schon in jungen Jahren auf rechts getrimmt. Schreiben mit rechts, Werfen mit rechts und den Nagel in die Wand hauen auch mit rechts. Und weil seine Leidenschaft nun mal Tischtennis war, wurde natürlich (oder besser gesagt: unnatürlich) auch der Schläger geschwungen: mit rechts. Basta! Da wurde gar nicht lange diskutiert.

Jahre und Jahrzehnte später wurde aus dem kleinen Andrzej der große Grubba, einer der populärsten und erfolgreichsten europäischen Spieler der Achtziger- und Neunzigerjahre. Sein Markenzeichen: Grubba, der sich der Tischtennis-Welt als Rechtshänder mit extremem Ballgefühl und spektakulärem Spiel aus der Halbdistanz präsentierte, wechselte im Match regelmäßig seine Schlaghand. Das erlaubt zwar das Regelwerk, allerdings seltener die Motorik der Athleten, deren Bilateralität sich doch arg in Grenzen hält. Nicht so bei Grubba, dessen Spielniveau mit der falschen (oder eben richtigen, wie man's nimmt) Hand beachtlich war – und so beachtlich, dass er teilweise zur linken Hand griff, wo es gar nicht zwingend nötig gewesen wäre. Gerade bei harten Endschlägen konnte Grubba mit der linken Hand mehr Kraft aufwenden.

War Grubba diesbezüglich ohne Zweifel eine Ausnahmeerscheinung im Welttischtennis, wo Beidhänder deutlich seltener sind als Beidfüßer im Weltfußball, so hat der findige Pole doch auch seine Erben in der Gegenwart. Timo Bolls Handwechsel gegen Weltklasse-Gegner wie den Japaner Jun Mizutani oder den Taiwanesen Chuang Chih-Yuan gehören zu den populärsten Tischtennis-Videos im

Internet. Dabei ist der Handwechsel weit mehr als eine Showeinlage: Boll greift vor allem dann um, wenn er den weiten Weg von der tiefen Vorhand in die tiefe Rückhand nicht allein mit Beinarbeit meistern kann, sondern vielmehr mit Handarbeit meistern muss. Das Mehr an Reichweite ermöglicht es dem deutschen Ausnahmekönner, Bälle zu erreichen, die er sonst nie hätte erreichen können. Auch der hoch veranlagte Iraner Noshad Alamiyan greift öfter mal zur rechten Hand – auch er spielt eigentlich wie Boll mit links. Nur manchmal mit rechts. Ein Beidhänder im besten Sinne.

8. KAPITEL
DIE BESONDERHEIT

96. GRUND

Weil Tischtennis wie Heimatkunde für Fortgeschrittene ist

Der deutsche Profifußball ist ein Großstadtkind. Er ist zu Hause in Berlin oder Hamburg, in München, Köln oder Frankfurt. Alle städtischen Ballungsräume in Deutschland haben einen Bundesligisten – und mit wenigen Ausnahmen sind die Städte, in denen es Bundesliga-Fußball in Liga eins oder zwei oder drei zu sehen gibt, nahezu deckungsgleich mit einer Liste der einwohnerstärksten Städte in Deutschland. Ausnahmen bestätigen die Regel. Aber: Wo die Leute sind, ist der Fußball. Wo der Fußball ist, sind die Leute.

Nun, im Tischtennis und mit den dort führenden Vereinen sieht es ein wenig anders aus. Die Standorte von Bundesliga-Klubs in Deutschland heißen da etwa so: Plüderhausen, Ochsenhausen, Bergneustadt, Grünwettersbach oder Frickenhausen. Plüderwie? Ochsenwas? Noch nie gehört? Nicht viel anders sieht das bei den Damen der Zunft aus: Da spielt Schwabhausen gegen Kolbenmoor, Busenbach gegen Bingen oder Hövelhof gegen Bad Driburg. Es bräuchte schon eine recht großformatige Landkarte, um auf ihr die Top-Vereine der Nation punktgenau verorten zu können. Die besten deutschen Mannschaften sind überwiegend im Hinterland beheimatet – und Sachkenntnis über die Tischtennis-Bundesliga ist gleichbedeutend mit einer Nachhilfestunde in Heimatkunde.

Warum ist das so? Eins ist klar: Sicherlich nicht deshalb, weil Tischtennis nur abseits der städtischen Ballungsräume seine Anhänger hat. Tischtennis wird auch und gerade in Städten gespielt. Allerdings nur nicht bis hoch in den Leistungssport, selten bis in den Profibereich. Dafür gibt es eine Reihe an triftigen Gründen. Oder besser gesagt: einen einzigen in bunter Ausprägung. Tischtennis zieht im Konkurrenzkampf mit anderen Sportarten derzeit oftmals den Kürzeren. Auch im Tischtennis ist Bundesliga-Sport ein kommerzielles Geschäft. Zwar sind die Etats im Vergleich zum Fußball, aber auch zum Basketball oder Handball deutlich geringer, aber für eine Käseplatte plus zwei Gläser vom Hauswein nimmt auch im Tischtennis kein Profispieler mehr den Schläger in die Hand. Dort, wo allerdings Profi-Klubs im Fußball, Basketball, Eishockey oder Handball bereits ihr Territorium abgesteckt haben, findet ein Tischtennis-Verein natürlich erschwerte Bedingungen vor – in Bezug auf Sponsoren vor Ort, auf Zuschauer vor Ort, auf Infrastruktur vor Ort. Zwar gab es immer mal wieder Bemühungen, etwa in Berlin einen Bundesliga-Verein bei den Herren langfristig zu etablieren, so richtig funktionieren aber wollte das nicht.

So weicht das Bundesliga-Tischtennis in der Regel dahin aus, wo es sich behaupten kann: abseits der städtischen Ballungszentren. Die Ressourcen, die die Klubs im Tischtennis benötigen, sind dementsprechend vor allem lokale und regionale. Ein Tischtennisverein, der nicht gerade das Spielzeug eines einzelnen potenten Geldgebers ist, der es mit einer Kosten-Nutzen-Rechnung seiner Geldflüsse nicht so genau nehmen muss, konkurriert dann genau dort um genau das, was er in den Großstädten so schwer bekommen kann: um Sponsoren, um Zuschauer, um Infrastruktur.

Dazu kommt ein anderer Punkt: Tischtennis hat zwar eine breite und stolze Basis an Aktiven und Anhängern, die sich auf das ganze Land verteilen. Aber ein Meisterschaftsspiel werden doch größtenteils nur die besuchen, die aus dem erweiterten Umkreis kommen und die dementsprechend – Tischtennishersteller mal ausgenommen – die spitze Zielgruppe lokaler Sponsoren und Geldgeber sind. Das würde auch in Großstädten funktionieren, in der grauen Theorie sogar besonders gut. In der Praxis aber stehen Vereine ebendort mit einer Vielzahl an ziemlich guten Alternativen in den Startlöchern. Das betrifft natürlich andere Sportvereine und -veranstaltungen, aber auch Events und Sehenswürdigkeiten in Kunst und Kultur. Freizeit ist schließlich begrenzt, das Geld dafür sowieso. Und gegen die Basketballer in Berlin, die Fußballer in München oder die Eishockeyspieler in Köln haben es Tischtennisvereine nie ganz leicht. Übrigens auch schon, was das Werben um den sportbegabten Nachwuchs angeht, aber das steht noch einmal auf einem anderen Blatt Papier.

Tischtennis hat flächendeckend trotz einer hohen Zahl an Aktiven oftmals das Nachsehen gegenüber anderen Top-Sportarten, die besonders in den Städten die Aufmerksamkeit der Leute abschöpfen. Immerhin: Der deutsche Rekordmeister und Vorzeigeverein, Borussia Düsseldorf, kommt aus der siebtgrößten Stadt der Republik. Da braucht es doch nur grundlegende Kenntnisse in Geografie, um den Finger auf der Landkarte richtig zu setzen.

97. GRUND

Weil Zelluloid nicht nur beim Film verschwindet

Es gehört in eine gewöhnliche Laufbahn im Tischtennis, wenn nicht gar in der Grundschule, einmal mit einem Tischtennisball gespielt zu haben. Nicht mit dem Schläger, nein. Sondern mit dem Feuerzeug. Gesund ist das nicht, vernünftig erst recht nicht. Denn der Ball brennt wie trockenes Gehölz und stinkt dabei wie die dicken Schornsteine eines ganzen Chemiewerks. Nur: Welches Kind mag schon gesund und vernünftig, wenn es leicht entflammbar und stinkend haben kann?

Was den Ball für kleine Feuerteufel so spannend macht, ist das Material, aus dem er ist: Zelluloid. Zelluloide können auf ein durchaus ansehnliches Lebenswerk blicken. Die Gruppe von Kunststoff-Verbindungen, erstmals hergestellt bereits Mitte des 19. Jahrhunderts, gilt in der Chemie als das erste Thermoplast, also als ein Kunststoff, der sich beliebig oft schmelzen, verformen und erhärten lässt. Mit dieser Eigenschaft sollte Zelluloid bald den fotografischen Film für Foto- und vor allem Filmaufnahmen revolutionieren oder gar neu erfinden. Zelluloide waren in den Achtzigerjahren des 19.

Jahrhundert als durchsichtige Träger für Filme entwickelt worden und gingen nur wenig später in Massenproduktion. Ihr Name war und ist auch heute noch allerorts geläufig: Zelluloidfilme waren das. Mehr als ein halbes Jahrhundert trieb der Zelluloidfilm die Entwicklung in allen Bereichen der Fotografie und des Films voran. So wäre der erste Kinofilm ohne Zelluloid wohl deutlich später auf die Leinwand gekommen. Und doch hatte der Zelluloidfilm mit dem 1. Januar 1951 ausgedient. Die herstellende Industrie stoppte die Produktion. Der Grund war der bereits genannt: Zelluloid, chemisch gar ein Vorprodukt des hochexplosiven Nitroglycerins, ist ein ziemlich leicht entzündlicher Gefahrenstoff. Seine Verwendung brachte nicht nur mehr und mehr Sicherheitsprobleme mit sich, sondern deshalb in immer mehr Ländern sogar Verbote – ehe alle Hersteller die Produktion von Zelluloidfilmen einfach ganz einstellten.

Warum ist das alles wichtig? Weil die Geschichte dieser Tage eine Art Wiederholung findet. Denn noch in einem anderen Bereich hatten es Zelluloide in die industrielle Massenproduktion geschafft – im Tischtennis. Zelluloid ist dort zwar nicht der Stoff, aus dem die Träume sind, aber immerhin der, aus dem die Bälle sind. Oder genauer gesagt: waren. Noch immer heißt es im Regelwerk zwar »Der Ball besteht aus Zelluloid oder ähnlichem Plastikmaterial«[41], doch Zelluloid gehört mit jedem verstrichenen Tag weiter der Vergangenheit an.

Aber der Reihe nach: Es war das Jahr 2012, als der Weltverband eine Regeländerung beschlussfähig machte. Sie besagte, dass internationale Wettkämpfe nach dem 1. Juli 2014 nicht mehr mit Bällen aus Zelluloid ausgetragen werden, sondern mit zelluloidfreien Plastikbällen. Für alle anderen Wettkämpfe gibt es zwar qua Regelwerk kein Verbot, doch wird die Herstellung der Zelluloid-Bälle auf Bestreben des Weltverbands nach und nach heruntergefahren. Der Zelluloid-Ball darf demnach in den meisten Verbänden, auch im deutschen, weiterhin benutzt werden. Nur wird er irgendwann im

Markt nicht mehr angeboten. Die Gegenwart und die Zukunft sind aus Plastik. Und sie heißen dann wahlweise: »40+«, »cell-free« oder Polyball. Warum, dazu gleich mehr.

Der Grund für die Abkehr vom Zelluloidball jedenfalls war derselbe, der zum Aussterben des Zelluloidfilms geführt hat: Zelluloid brennt wie Zunder. Seine Herstellung gleicht in weiten Teilen des bekannten Sprengstoffs Nitroglycerin, obendrein ist es, einmal entflammt, giftig. Das machte in der Produktion von Tischtennisbällen aus Zelluloid in Summe über Jahre und Jahrzehnte durchaus mehr als ein kleines Sicherheitsrisiko. Sowohl an der Produktion als auch am Transport von Zelluloid hafteten beträchtliche Gefahren. Schon 2001 waren in Hongkong eine halbe Million Tischtennisbälle bei extremer Hitze in einem Container regelrecht explodiert. Hatten die Bälle die Risiken bei der Herstellung hinter sich gelassen, ging es weiter: Im Vertrieb wurden Zelluloidbälle als Gefahrengüter eingestuft. Sie mussten für den Transport speziell verpackt werden – und wurden selbst dann nicht von jedem befördert. In Deutschland erklärte sich etwa der Paketdienstleister DHL nicht bereit, Tischtennisbälle aus Zelluloid auszuliefern. Die Entscheidung des Weltverbands, von Zelluloid abzulassen, war eine längst überfällige. Denn all das sind Probleme, die nunmehr der Vergangenheit angehören.

Was blieb, waren andere Probleme – die mit dem neuen Ball aus Plastik, der im Übrigen laut Regelwerk schon seit Jahren möglich gewesen wäre, als noch mit Zelluloid gespielt wurde. Der hatte in nicht unbedeutenden Bereichen andere Eigenschaften als sein Vorgänger, die sich vor allem im Leistungssport bemerkbar machten: Er war glatter, nahm dadurch weniger Spin an und hatte ein verändertes Absprungverhalten. Er wurde im Mikrometer-Bereich größer produziert, flog und drehte sich dadurch langsamer. Er wurde, zumindest in manchen Produktreihen, nicht mehr aus zwei Hälften zusammengesetzt, sondern in einem Stück produziert, war deshalb instabiler und weniger rund. Er machte ein anderes Geräusch, was für das sehr stark auditiv geprägte Tischtennis einen Unterschied machte. All das sind Kinderkrankheiten einer Regeländerung. Sie werden früher oder später in Gewohnheit übergehen. Nur eines nicht: Gewöhnliches Plastik ist für Kinderhände längst nicht mehr so spannend wie Zelluloid.

98. GRUND

Weil das Einspielen ein beinahe meditatives Ritual ist

Keine Frage, das Einspielen gehört zum Tischtennis wie Ball und Schläger. Ob Training oder Wettkampf, es ist ein Fixpunkt in den Abläufen, eine echte Institution, an der es nichts, aber auch gar nichts zu rütteln gibt. Es ist der Inbegriff eines Rituals. Und wie das so ist bei stets Wiederkehrendem: Es wird nicht irgendwie gemacht – sondern, bitteschön, immer gleich. Man könnte einen chinesischen Profi gemeinsam mit einem Gelegenheitsspieler aus der Karibik zu einem gemeinsamen Warm-up an den Tisch stellen – und die Beiden wüssten ohne Worte und ziemlich zügig, was es zu tun gilt für ein gemeinsames Einspielen. Denn es scheint international vereinheitlichte Regeln und Gesetzmäßigkeiten zu geben, die festhalten, wie so ein Einspielen abzulaufen hat. Nur hat sich scheinbar noch niemand die Mühe gemacht, sie aufzuschreiben.

Wie das aussieht? Über die Vorhand-Diagonale des Rechtshänders, sofern mindestens einer am Tisch steht, wird zunächst Konter gegen Konter gespielt, der Grundschlag schlechthin. Es folgt das Spielchen von Topspin gegen Block und Block gegen Topspin. Das ganze Prozedere noch mal auf der anderen Diagonale mit der anderen Schlagseite. Und fertig ist das 08/15-Einspielen, das zwar für ein wenig sportartspezifische Erwärmung sorgt, aber nicht gerade ein Ablauf ist, der für das folgende Training oder den folgenden Wettkampf unabdingbar notwendig wäre. Es ginge in den meisten Fällen vermutlich auch genauso gut ohne.

Bevor es darum geht, wie dieses Ritual abläuft, ist es ja zunächst einmal verwunderlich, dass sich so ein Ritual überhaupt entwickelt hat: Denn tatsächlich gibt es für das Einspielen ziemlich wenig Regularien. Vor einem Wettkampfspiel darf es nicht länger als zwei Minuten dauern. Ansonsten: alles frei, alles erlaubt. Zeit für Anarchie! Die geht sogar so weit, dass das Einspielen zwar ein gemeinsames Recht der am Tisch wettkämpfenden Parteien ist, mitnichten aber eine festgesetzte Pflicht. Wer nicht will, der muss auch nicht. Wenn ein Spieler keinen gesteigerten Wert aufs Einspielen legt und es gerne überspringen möchte, dann steht ihm nichts im Wege – mal abgesehen von einem möglicherweise verärgerten Gegner. Dann geht es gleich mit dem Spiel los, denn ein externer »Einspieler« kann nicht zur Hilfe genommen werden. Erst recht ist nicht festgeschrieben, was passieren muss, wenn denn etwas passiert. Ein Kurzsatz bis Fünf? Ein paar spektakuläre Ballonabwehrbälle für die Zuschauer? Alle Schläger der Reihe nach durchprobieren, die man so in Griffweite findet? Alles möglich. Macht nur niemand.

Stattdessen ist das Einspielen so dermaßen vereinheitlicht – und das nicht nur im Wettkampf, sondern auch im Training –, dass es ein Art spirituelles, meditatives Element besitzt. Während sie am Tisch das immer selbe Programm abspulen, sind nicht wenige Spieler vollkommen gedankenfrei und gedankenleer. Sie machen eben das, was sie hunderte, tausende oder gar zehntausende Male schon gemacht haben, ohne auch nur einen Moment mit vollstem Bewusstsein darüber nachzudenken, was denn da gerade passiert. Und vielleicht besteht gerade darin der Wert dieses Einspielrituals: Es beruhigt und sammelt, schafft Wohlbefinden, wie es ein Ritual eben tut – und legitimiert sich damit auf seine ihm eigene Weise doch ganz hervorragend. Sonst hätte es auch wohl kaum die ganze Welt erobert.

99. GRUND

Weil im Tischtennis mit Titeln nicht gegeizt wird

Es gibt eine lange Liste an Momenten im Leben eines Profi-Sportlers, auf die es sich zweifelsohne neidisch zu sein lohnt. Einer gehört nicht dazu: der qualvolle Augenblick nach einem verlorenen Wettkampf oder gar nach einem verlorenen Endspiel und Titel. Wenn am nächsten Morgen der Wecker klingelt und der Gedanke hochkommt, am Tag vorher vielleicht nicht Europameister oder nicht Weltmeister geworden zu sein. Eine riesengroße Chance auf die höchsten Weihen seiner Zunft verpasst zu haben. Nicht als erster Sieger in den Bestenlisten aufzutauchen, sondern als zweiter. Das Schmerzhafte daran ist nicht bloß das Verlieren an sich, obwohl das alleine einem Leistungssportler und dessen Ehrgeiz schon mächtig zusetzen kann. Nicht weniger schmerzhaft aber ist wohl das Wissen darum, das nach so einer Niederlage erst einmal die Zeit des Wartens beginnt. Das Warten darauf, bis sich die nächste derartige Möglichkeit ergibt, die Möglichkeit, es beim nächsten Versuch besser zu machen. Bis zur nächsten Europameisterschaft oder Weltmeisterschaft. Das alles dauert. Und zwar jahrelang.

Der Tischtennissport hat es in dieser Hinsicht mit dem Berufsstand des Profisportlers durchaus gut gemeint. Ziemlich gut sogar. Denn im Tischtennis gibt es sozusagen verkürzte Fristen für Titel und Medaillen. In der jüngsten Vergangenheit haben die verantwortlichen Verbände die richtig großen und prestigeträchtigen Wettbewerbe für die europäischen Topathleten, sprich: Europa- und Weltmeisterschaften, in einem deutlich verknappten Turnus austragen lassen. Ja, Europa- und Weltmeister gibt es heuer beinahe in inflationärer Häufigkeit. Die nämlich gibt es aktuell in jedem Jahr neu. Jedes Jahr neue Europameister, jedes Jahr neue Weltmeister. Gar nicht ohne, was?

Bis 2007 fanden die Europameisterschaften alle zwei Jahre statt. Bis 2002 inklusive in den geraden Jahren, von 2003 bis 2007 in den ungeraden Jahren. Ausgespielt wurde immer alles: Die Individualwettbewerbe genauso wie die Mannschaftswettbewerbe. Das reichte dem für die kontinentalen Titelkämpfe zuständigen europäischen Tischtennis-Verband ETTU nicht mehr. Seit 2008 finden jährlich Europameisterschaften statt. Immerhin: 2010 ruderte der Verband insofern zurück, als dass er für die geraden Jahre nur die Individualwettbewerbe, also Einzel und Doppel, ausschrieb. Das klappte 2012 im dänischen Herning. 2014 allerdings schon nicht mehr. Es fand sich bezeichnenderweise kein Veranstalter für die Individualwettbewerbe, sodass kurzerhand doch eine Team-Europameisterschaft in Lissabon initiiert wurde. Außerdem wird der Wettbewerb im gemischten Doppel, der bis 2009 zum festen Kanon der EM gehörte, seitdem in einer gesonderten Konkurrenz ausgespielt – in einer reinen Mixed-Europameisterschaft.

Etwas sortierter geht es da bei den Weltmeisterschaften zu: Bis zu den Welttitelkämpfen 2001 in Osaka sah der Weltverband ITTF vor, dass eine Weltmeisterschaft sowohl aus Mannschafts- als auch aus Individualwettkämpfen stattzufinden hat – und das alle zwei Jahre. Eine Ausnahme bildeten lediglich die Meisterschaften 1999 im politisch seinerzeit unsicheren Jugoslawien, wo Belgrad als Austragungsstätte vorgesehen war und die Absage der dortigen WM zu einer Sondersituation, einer getrennten Durchführung von Mannschafts- und Individualwettbewerben in aufeinanderfolgenden Jahren, geführt hatte. Daran schien die ITTF Gefallen gefunden zu haben. Denn was einst eine Ausnahme war, ist heute die Regel: Mittlerweile gibt es in jedem Jahr Weltmeisterschaften – in den geraden Jahren die für Mannschaften, in den ungeraden die für alle Individualdisziplinen. Auch hier wurde also fleißig gestreckt.

Viele Medaillen helfen viel? Na, vielleicht nicht jedem. Denn wie das bei einer Inflation so ist: Was es häufiger gibt, ist auch weniger wert. Dem Stellenwert der Wettkämpfe hat es zumindest keinen

Schub gegeben, um es mal vorsichtig zu formulieren. Wie heißt es im Volksmund: Willst du gelten, mach' dich selten. Das machen die Olympischen Spiele, in deren Sommer-Version Tischtennis alle vier Jahre im Kanon der Sportarten auftaucht. Es kommt nicht von ungefähr, dass der Olympiasieg im Einzel als die Krone seines Sports gilt. Olympia, so wird dann ganz gegenteilig zur derzeitigen Entwicklung im Tischtennis argumentiert, sei ja schließlich nur alle vier Jahre. Eben. Da haben wir's.

100. GRUND

Weil nicht der gewinnt, der etwas kann, sondern der, der weiß, wie er es zeigen kann

Tischtennis könnte, mal rein schematisch gedacht, nichts anderes sein als simple Mathematik. Man nähme die Güte der Schläge, die der Spieler hinter der einen Hälfte des Tisches beherrscht. Hat man die einmal fein säuberlich aufgerechnet, nähme man schließlich die Güte der Schläge, die der Spieler hinter der anderen Hälfte des Tisches beherrscht – und schon müsste man ihn ja glasklar ausgemacht haben: den Sieger eines Spiels. Und genau so einfach, welch Überraschung, ist es selbstverständlich nicht. Ganz im Gegenteil: Es ist sogar ziemlich kompliziert. Was genau? Die Sache mit der Strategie und der Taktik, die im Tischtennis so oft über Sieg und Niederlage richtet.

Die oben genannten Zutaten für den letztendlichen Ausgang eines Wettkampfspiels aber sind zunächst gar nicht mal so falsch. Es gibt die eigenen Stärken und Schwächen, die in einem Wettkampf in Beziehung gesetzt werden zu den gegnerischen Stärken und Schwächen. Die eigenen Stärken sollten zum Tragen kommen, die eigenen Schwächen möglichst nicht – und gleichzeitig sollte es sich beim Gegner genau andersherum verhalten. So verhält es sich im kompetitiven Sport oft, bei Rückschlagsportarten, bei denen man dem Gegner das Spielgerät in festgelegter Abfolge ohnehin wieder überlassen muss, erst recht. Im Fußball hat man immerhin die Möglichkeit und damit den Vorteil, dass man den Gegner in ganzen Spielphasen vom Ball trennen kann. Die Gegner des FC Barcelona oder des FC Bayern München dürften an dieser Stelle gerne berichten, wie sich das so anfühlen mag. Nun, im Tischtennis geht das nicht. Da kann man den Gegner nur in eine möglichst missliche Lage bringen. Aber genau darum geht es.

Das bringt im Tischtennis – nicht nur dort, aber dort besonders – auf allen Leistungsniveaus ein durchaus skurriles Phänomen hervor: Vor dem eigentlichen Wettkampf, wenn beim Einspielen die Muskeln spielen gelassen werden und krachende Topspins in irrsinnigen Geschwindigkeiten über das Netz pfeifen, ergibt sich meist ein doch arg verzerrtes Bild von der Spielstärke verschiedener Akteure. Denn nicht selten hat im Anschluss derjenige scheinbar überraschend die Nase vorne, der vorher nicht durch großes Spektakel aufgefallen ist, dem es aber besser gelingt, seine eigenen spielerischen Waffen einzubringen und die des Gegners außen vor zu lassen.

Wenn man die auf sich bezogene Betrachtung des Spiels von der auf den Gegner bezogenen Betrachtung trennen möchte, dann ließe sich bei Ersterem von Strategie, bei Letzterem von Taktik sprechen. Und es gilt, beides aufeinander abzustimmen und möglichst unter einen Hut zu bekommen. Besonderes Augenmerk liegt dabei im Tischtennis eben auf der Taktik, unter der man den Einsatz aller konditionellen, technischen und physischen Fähigkeiten sowie theoretischen Kenntnisse versteht, um die Schwächen des Gegners auszunutzen bzw. um zu verhindern, dass er sein Können und seine Stärken entfaltet. Das oberste Ziel der Übung: der Sieg im Wettkampf. Besonders häufig kommt es vor, dass ein Gegner bespielt werden muss, dessen eine Schlagseite enorm viel besser ist als die jeweils andere, der also vorhand- oder rückhandorientiert agiert. Einem solchen möchte man tunlichst die Chance verwehren, etwa seine starken Vorhand-Bälle allzu oft ins Spiel einzuschleusen. Dazu aber braucht es wieder eigene Stärken und eigene Schläge, denn jede Taktik muss schließlich nicht nur theoretisch gut, sondern auch vom jeweiligen Spieler praktisch umsetzbar sein. Das spielerische Potenzial ist dementsprechend alles andere als egal, es ist vielmehr das Werkzeug, um Strategien und Taktiken bestmöglich verfolgen zu können. Wer alles kann, kann schließlich auch alles einsetzen. Das wäre dann wieder Mathematik.

101. GRUND

Weil Fairplay keine Worthülse ist

13:12 im siebten Satz. Matchball Timo Boll. Der eröffnet den Ballwechsel mit einem seiner rotationsreichen Topspins, für die er selbst in der Weltspitze gefürchtet ist. Diesmal segelt der Ball in die Rückhand des Chinesen Liu Guozheng. Der wiederum kann das Spielgerät nicht mehr kontrollieren, blockt den Ball über den Tisch – 14:12, die Entscheidung. Das Achtelfinale der Weltmeisterschaften 2005 zwischen Boll und Liu hat in der Verlängerung des siebten Satzes seinen Sieger gefunden. Und der heißt Timo Boll. Das zumindest glauben die verantwortlichen Unparteiischen, die Boll schon zum Sieger erklärt haben. Das glauben auch die Zuschauer in der Halle in Shanghai, die ihren Lokalmatador als Geschlagenen sehen. Nur einer weiß es besser: der vermeintliche Sieger selbst. Timo Boll korrigiert die Entscheidung der Unparteiischen. Der Schlag habe die Tischkante touchiert, deutet Boll umgehend an, und war dementsprechend kein Fehler, sondern ein unerreichbarer Winner des Chinesen. 13:13 statt 14:12. Ausgleich statt Sieg Boll. Und: Achtelfinal-Aus statt mögliche WM-Medaille. Denn Boll verlor die Partie gegen Liu und schied aus.

Wenngleich Bolls Geste von Shanghai auch für den Tischtennis-Sport eine besondere darstellte, weil sie direkt an das Ausscheiden beim wichtigsten Turnier des Jahres gekoppelt war, steht sie stellvertretend für einen weit verbreiteten Fairness-Gedanken im Tischtennis. Im Tischtennis wird »Fair Play« nicht als Worthülse oder hohle Phrase missbraucht, sondern tatsächlich als eine Haltung der Spieler gesehen, mit der sie den Geist der Sportart respektieren und die sich von der niedrigsten Klasse im Hobbybereich bis in die Weltspitze findet. Tischtennis besitzt den Ruf eines bis in den Kern fairen Sports. Zu sehen am Beispiel Boll.

Doch der befindet sich in bester Gesellschaft: Zu jeder Weltmeisterschaft wird vom Swaythling Club International, einer Vereinigung von und für ehemalige Aktive, der »Richard Bergmann Fair Play Award«, benannt nach dem viermaligen österreichischen Weltmeister, vergeben. Boll reiht sich hier mit seiner Geste von 2005 ein in eine Liste von großen Namen, in der sich der weißrussische Champion Vladimir Samsonov (WM 2013) ebenso findet wie die deutschen Tischtennis-Legenden Eberhard Schöler (WM 1969) oder Wilfried Lieck, der bei der WM 1977 gegen Stellan Bengtsson gar direkt bei dessen Matchball den Schiedsrichter korrigierte und einen Kantenball anzeigte.

Aber warum scheint gerade die Bande zwischen Tischtennis und Fair Play so eng zu sein? Das hat viel mit der Situation am Tisch zu tun, die von den Spielern am Tisch am besten zu beurteilen ist. Die haben das Gefühl für und die Wahrnehmung von minimalen Berührungen zwischen Ball und Tischkante oder zwischen Ball und Netz, die teilweise nur durch Geräusche zu erkennen sind. Daraus hat sich über die Jahre ein Agreement über Fairness ergeben, das etwa auch beinhaltet, dass sich für Netz- und Kantenbälle entschuldigt wird oder Fehlaufschläge des Gegners nicht bejubelt werden. Im Gedanken an das Fair Play im Tischtennis gibt es zweifelsohne schwarze Schafe, aber das Verhältnis von Tischtennis zu Fair Play ist im Vergleich zu anderen Sportarten durchaus bemerkenswert und besonders – wie eben auch das prominente Beispiel von Boll zeigt.

Dessen Geste brachte ihm mehr als nur die bloße Anerkennung seiner Kollegen auf der Tour ein. Neben dem besagten Richard Bergmann Fair Play Award wurde ihm auch der bedeutendste Fair-Play-Preis des Sports überhaupt verliehen: In der Kategorie »Diploma« gewann Boll den Fair Play Award des Internationalen Komitees für Fair Play. In China ist Boll zudem mit der Aktion endgültig zu einem Idol aufgestiegen, dem Fans und Sponsoren nicht nur aufgrund seiner sportlichen Qualitäten gleichsam zu Füßen liegen. Man darf Boll allerdings glauben, dass er all die Gedanken bei seiner vollkommen intuitiven Handlung im Spiel gegen Liu gar nicht im Kopf hatte. Denn Tischtennis und Fair Play, das gehört ja schließlich irgendwie zusammen. In der Kreisklasse. Aber eben auch in der Weltklasse.

102. GRUND

Weil man vielen Tischtennisspielern einen Putzfimmel attestieren könnte

Sie reiben und sie rubbeln, sie wischen und sie putzen. Und das beinahe im Minuten-Takt. Erst mit der rechten Hand. Dann mit der linken. Obwohl sie doch längst zum Alltag in der Tischtennishalle gehören, sind es immer wieder merkwürdige Szenen, die sich da in der Nähe der Netzpfosten eines Tischtennis-Tisches abspielen. Es geht um das Ritual von Spielern, sich die Hände an der rechten und linken Seitenlinie in der Nähe des Netzes abzuwischen. Bisweilen taucht es in einer derartigen Häufigkeit auf, dass man, gerade wenn man nicht regelmäßig eine Tischtennishalle besucht, meinen könnte, es handele sich um einen Tick oder eine Zwangsstörung. Denn leicht neurotisch sieht es schon aus, wenn Spieler mit starrem Blick mit ihren Händen über den Tisch schubbern, als wollen sie dort unbedingt Dreck entfernen, der gar nicht da ist.

Man hätte es sich denken können: Gänzlich sinnlos ist dieses Gehabe natürlich nicht. Nur welcher Sinn es genau ist, der Tischtennisspieler rund um die Welt dazu bewegt, ihre Hände fleißig am Tisch zu reiben, darüber sind sich selbst die Aktiven nicht so wirklich einig. Um vorweg eine Verdacht gleich mal auszuräumen: Mit Sauberkeitsidealen und Ordnungsdrang hat das Ganze rein gar nichts zu tun. Denn dreckig sind die Stellen, an denen die Aktiven putzen, in den meisten Fällen nicht wirklich. Der ursprüngliche Sinn ist ein anderer: Tischtennis ist Sport – und Sport ist schweißtreibend. Besonders ungelegen ist Schweiß immer dort, wo Reibung und Halt von Bedeutung sind. Im Tischtennis gibt es gleich mehrere dieser Stellen – eine davon ist der Übergang von der Hand zum Schläger, an dem man als Spieler nicht ins Rutschen kommen sollte. Deshalb gilt es, die Hand möglichst trocken zu halten. Das Regelwerk sieht dafür immer nach 6 gespielten Punkten eine Handtuch-Pause vor, die natürlich für jedweden Schweiß am ganzen Körper gedacht ist, aber eben vor allem für die Hand. Reichen diese Pausen nicht, um seinen Fittich immer wieder aufs Neue für die nächsten sechs Ballwechsel trocken zu bekommen, muss man zu anderen Mitteln greifen. Genauer gesagt: zum Trikot oder zur Hose. Da auch die meistens nicht frei von Schweiß und Feuchtigkeit sind, bietet sich natürlich der Tisch an – und dort eine Stelle, die gut zu erreichen ist, auf der der Ball allerdings nicht sonderlich regelmäßig landet. So hat es sich über die Jahre eingebürgert, dass sich die Spieler ihres Schweißes am Tisch entledigen, indem sie ihre Hände an ihm abwischen. Das sorgt zwar bisweilen für Schlieren auf dem Tisch, funktioniert aber recht passabel.

Doch von diesem ursprünglichen Sinn hat sich manch Aktiver mittlerweile längst verabschiedet – und reibt dennoch munter am Tisch herum. Und das mit trockenen Händen. Für viele Spieler hat sich der Gang zum Netz, vor dem mit der Hand am Tisch gerieben wird, nämlich zu einer rituellen Gewohnheit entwickelt, die ihrem eigentlichen Ursprung mittlerweile entrückt ist. Sie nutzen die gewohnte Handlung, um Sicherheit zu gewinnen, um sich zu beruhigen oder sich wieder zu konzentrieren. Oder manchmal etwa auch nur, weil sie dort vorne ein Staubkorn haben liegen sehen? Danach sieht es manchmal zumindest aus.

103. GRUND

Weil »Stopp!« mehr als nur ein Wort ist

Zum Spiel gehört die Spielunterbrechung. Und zur Spielunterbrechung gehört ein Passus im Regelwerk. Der wiederum beschränkt sich auf nicht mehr als einen Satz: »Ein Ballwechsel muss wiederholt werden, wenn ein Spieler aufgrund einer Störung, die außerhalb seiner Kontrolle liegt, nicht auf- oder zurückschlagen oder sonst wie eine Regel nicht einhalten kann.«[42] Na gut. Störung. Außerhalb der Kontrolle. Wiederholung. Damit ist ja dann eigentlich alles gesagt und geklärt – und ist es doch nicht. Denn hinter dieser doch ziemlich vagen Formulierung tun sich im Tischtennis Tag für Tag wahre Abgründe auf.

Ausgeklammert werden muss zunächst an dieser Stelle weitestgehend der Profi-Sport. In dem gibt es kein Spiel ohne Tisch-Schiedsrichter, die Tisch-Schiedsrichter heißen, weil sie das Geschehen am Tisch aus nächster Nähe im Blick haben und darüber richten. Was eine Störung ist und was nicht, was außerhalb der Kontrolle eines Spielers liegt und was nicht – das beurteilen die Schiedsrichter und entscheiden danach. Wobei es im Fall der Spielunterbrechungen zu sagen gilt: Wirklich viel stört die Ballwechsel unter den perfekten Bedingungen eines Profi-Wettkampfs ohnehin nicht. Unterbrochen wird das Geschehen am Tisch dort eher selten.

Überall anders ist das anders. Dass im Training oder im Wettkampf das Spiel gestört wird, passiert meist im Minutentakt. Meistens fliegen, ticken oder rollen Bälle in das Spielareal, das mal mit Umrandungen abgegrenzt ist, bei manchen Wettkämpfen oder im Training aber auch nicht. Nicht selten läuft dann noch ein dazugehöriger Spieler hinterher. Und schon ist man bei der Königsfrage: Wann liegt denn überhaupt eine Störung vor? Und wer entscheidet, wenn es keinen Entscheider in Person eines Schiedsrichters gibt, wer sich durch was wann gestört fühlt?

Man könnte es sich einfach machen und sagen: Immer dann, wenn sich ein Spieler gestört fühlt, liegt auch eine Störung im Sinne des Regelwerks vor. Und in der Tat ist die Handhabung so ähnlich. In dem Fall nämlich fällt das doch recht alltägliche Wörtchen »Stopp!«, das tief und fest verankert ist im Wortschatz eines jeden Tischtennisspielers. Das bedeutet: Anhalten, bitte! Aufhören! Darin, dass kein unparteiischer Dritter entscheidet, was stört und was nicht stört, sondern die Spieler selbst darüber Einigkeit erzielen müssen, liegt aber auch gleich das nächste Problem. Von den Spielern am Tisch hat unter Umständen nur einer die Störung wahrgenommen. Vielleicht hat der andere gar nichts bemerkt, war im laufenden Ballwechsel gerade im Vorteil oder hat den Punkt fast genau zu dem Zeitpunkt gemacht, als sich der andere gestört gefühlt hat. Und dann? Dann wird gefeilscht und abgewogen, dann wird gestritten und gezankt. »Wurdest du gestört?« – »Ja klar.« – »Aber der Punkt war doch schon gespielt!« – »Nein, den Ball hätte ich sonst noch gehabt.« Und so weiter und so fort. In den seltensten Fällen sind derartige Störungen unzweifelhaft. Und unterbrochen wird ohnehin niemand gerne. Aber Tischtennis ist ohne das ständige Stop-and-go nun einmal nicht denkbar – und wäre an manchem Trainingsabend auch ein bisschen langweiliger.

104. GRUND

Weil man beim Tischtennis seine verdammte Ruhe genießen kann

»Die häufige Stille ist ein Problem für Tischtennis. Man kann auch einfach einmal ausprobieren, noch im Spiel Musik laufen zu lassen.«[43] Das sind Worte, wie man sie von einem Hobbysportler erwarten würde. Alles mal nicht so genau nehmen. Hauptsache, Spaß haben. Ist ja schließlich Freizeit. Wo gehobelt wird, da fallen Späne. Und wo Menschen sind oder hinkommen sollen, da kann es eben auch mal etwas lauter zugehen. Wird ja wohl keiner was dagegen haben. Nur: Das sind nicht die Worte eines Freizeitspielers. Das sind die Worte von einem Profi, sogar von dem deutschen Tischtennis-Profi schlechthin. Timo Boll äußerte diese Überlegungen in einem Interview mit dem *Sport-Informationsdienst* – und sorgte damit durchaus für Aufsehen.

Denn jeder, der mal einen Tischtennis-Wettkampf aufgesucht hat, sei es eine Weltmeisterschaft oder ein Punktspiel in der Kreisklasse, der wird eines mit an Sicherheit grenzender Wahrscheinlichkeit gemerkt haben: »Ruhe im Saal!« lautet das Motto. Lichtjahre ist der Tischtennis-Sport von Verhältnissen wie im Beachvolleyball oder im Darts entfernt, Jahre von solchen wie im Handball oder Basketball. Dort herrscht um das sportliche Geschehen herum stets reges und auch lautstarkes Treiben. Nicht selten gar eine kleine Party, die um das sportliche Ereignis herum tobt.

Beim Tischtennis liegen die Dinge anders: Vor allem, wenn der Wettkämpft läuft und der Ball im Spiel ist, ist es mucksmäuschenstill. Es wird nicht gesungen oder geklatscht, es wird nicht einmal geschnackt oder gefachsimpelt. Wer es wagt, gegen dieses ungeschriebene Lautstärke-Gesetz in der Tischtennis-Halle zu verstoßen, erntet nicht selten böse Blicke oder fängt sich ein paar deutliche Worte. »Psst, leise da, bitte!« – »Könnten wir ein bisschen Ruhe haben?« – »Hier wird noch gespielt.« Das ist noch das Höchstmaß an Höflichkeit, das man zu erwarten hat. Meistens wird es deutlich ungemütlicher.

Warum aber geht es beim Tischtennis so ruhig zu? Zumindest nicht, weil es das Regelwerk so vorsieht. Auch wenn man es glauben könnte, wenn man einem Wettkampf folgt: Über die Lautstärke, die dort maximal herrschen darf, ist im Reglement mit keinem Wort die Rede. Schon eher greift natürlich das Argument, dass es sich beim Tischtennis um eine sehr sensible Sportart handelt, die einem Aktiven ein hohes Maß an Konzentrationsfähigkeit abverlangt. Und um die kann es schnell mal geschehen sein, wenn der generelle Geräuschpegel zu hoch ist – erst recht dann, wenn man derartige Verhältnisse nicht unbedingt gewöhnt ist. Zudem spielt, wie bereits erwähnt, die auditive Wahrnehmung eine nicht zu unterschätzende Rolle für die Spieler am Tisch, die über die Geräusche des Balltreffpunkts auf dem Schläger wichtige Hinweisreize erhalten – etwa über die Rotation oder die Geschwindigkeit der Schläge des Gegners.

Dem Publikum wird durch den Verhaltenskodex in der Tischtennis-Halle allerdings einiges abverlangt. Manchmal, so scheint es, auch schlichtweg zu viel. Gerade bei Laien, die nicht aus dem Tischtennis-Sport kommen, stößt die geforderte Selbstbeherrschung auf den Zuschauerrängen doch auf arge Ungläubigkeit – und nicht selten auch auf Ablehnung. Und damit ist man wieder bei Timo Boll: Denn der wünscht sich ein Ende der Stille am Tisch vor allem deshalb, weil es die Attraktivität des Sports beim Publikum erhöhen könnte, wenn dort geschunkelt, gesungen und gelacht werden kann, wie es den Zuschauern gerade passt.

Wird Bolls Wunsch wahr, könnten die besten Tischtennisspieler der Welt bald einen Blick rüber werfen zum besten Golfspieler der Geschichte: Eldrick »Tiger« Woods, ein von klein auf gedrillter Golf-Roboter, wurde schon im Kindesalter darin geschult, seiner Konzentration auch bei widrigsten Umständen Herr zu werden. Woods senior, der die Karriere seines Sprösslings früh anschob, begleitete das Training des Sohnes deshalb regelmäßig mit einem Radio. Aufgedreht auf volle Lautstärke, versteht sich. Ein anderes Beispiel: War Woods im Rückschwung eines Schlags, ließ der Vater mit einem lauten Knall seine Tasche fallen. Der Sohnemann sollte davon unbeeindruckt bleiben – und einfach weiter golfen. Immer wieder hört man schon heute, dass sich die chinesische Nationalmannschaft eine Scheibe abgeschnitten hat von solchen Trainingsformen – und ganz bewusst bei extremem Geräuschpegel trainiert. Wenn Bolls Wunsch in Erfüllung geht, könnte sich das schon bald bezahlt machen.

105. GRUND

Weil die Chinesen nicht nur die Besten in ihrem, sondern auch für ihren Sport sind

China ist das Nonplusultra im Tischtennis. Nirgendwo wird besser gespielt als dort. Nirgendwo wird mehr gespielt. Jeder erdenkliche Superlativ dieser Sportart stammt aus dem Reich der Mitte. Und wie das so ist mit denen, die ganz oben angekommen sind in der Nahrungskette einer Sportart: Ganz grundlos stehen sie da nicht. Die Chinesen trainieren die größten Umfänge, spielen die effektivsten Schlagtechniken, haben die beste Athletik, das meiste Wissen über und das beste Verständnis für ihren Sport. Wer die Chinesen deshalb aber für die Heuschrecken des Tischtennis hält, die über die Tischtennis-Landkarte fliegen, sich bei einem Turnier über die Medaillen hermachen und dann nimmersatt zum nächsten weiterziehen, ohne sich um den zurückgelassenen Rest auch nur zu scheren, der liegt falsch. Die Chinesen zeichnen sich, wie keine andere Nation der Welt, dafür aus, dass sie das Tischtennis weiterentwickelt, erneuert und verbessert haben. Der chinesische Verband tüftelt unermüdlich an der Attraktivität seiner Sportart, wenngleich nicht aus vollkommen altruistischen Motiven. Dem Volkssport Tischtennis sitzen auch in China Fußball und Basketball im Nacken, sodass sich das Tischtennis weiterentwickeln muss, um dem Wettbewerb zwischen den Sportarten gerecht zu werden. Viele seiner Ideen testet der chinesische Tischtennis-Verband übrigens gleich in seiner nationalen Liga, der Super League. Beispiele gefällig? Gerne:

Der zweifarbige Ball: In der chinesischen Super League testeten die Chinesen erstmals unter Wettkampfbedingungen einen zweifarbigen Ball. Der sollte die Nachvollziehbarkeit und damit die Attraktivität des Sports für die Zuschauerschaft erhöhen. Denn ein zweifarbiger Ball macht die Rotation des Balls für Außenstehende besser sichtbar – und wirkt somit als erklärendes Moment in einer komplexen Sportart.

Die Balljungen: Die natürlich auch Ballmädchen sein dürfen. Sie optimieren das Verhältnis von Brutto- und Nettospielzeit. In der Regel – und die sieht so aus, dass auch die besten Spieler der Welt mit nur einem Ball spielen, den sie höchstpersönlich wieder vom Boden aufheben und zurück zum Tisch bringen – beträgt die Nettospielzeit nur circa 30 Prozent. In einem 30-minütigen Spiel werden also gerade mal neun Minuten aktiv gespielt. Um den Zuschauern mehr Sport in kürzerer Zeit zu bieten, nahm sich der chinesische Verband für seine Super League ein Beispiel am Tennis.

Der Kurzsatz: Dass Tischtennis-Sätze nicht mehr bis zum 21., sondern bis zum 11. Gewinnpunkt gespielt werden, hat sich mittlerweile bis zum einen oder anderen rumgesprochen. Im chinesischen Tischtennis ist der Satz bis zum 11. Punkt allerdings schon wieder ein alter Hut. Im entscheidenden fünften Satz eines Spiels geht es um alles, im Entscheidungssatz in der chinesischen Super League geht es: noch mehr um alles. Ähnlich wie beim Champions-Tie-

Break im Tennis, wird in Chinas Eliteliga erprobt, den Entscheidungssatz noch einmal zu verkürzen. Es geht nur noch bis 7, um die Dramatik für die Zuschauer noch zu erhöhen.

Das Doppel auf zwei Gewinnsätze: Das Doppel gilt im Tischtennis nicht gerade als zuschauerfreundlich. Es ist sehr stark von Taktik geprägt, dementsprechend höchst komplex – und deshalb nicht gerade ein Augenschmaus für das Publikum. Viele Spielsysteme verzichten mittlerweile deshalb gänzlich auf das Doppel als Disziplin, während die Super League einen anderen Ansatz ausprobiert: Dort wird das Doppel nur bis zum zweiten Gewinnsatz gespielt, sodass es bei enorm verkürzter Spieldauer früh zu den interessanten, weil entscheidenden Spielsituationen kommt.

106. GRUND

Weil Falkenberg mehr ist als ein Fleckchen in der schwedischen Provinz

Irgendwo im Nirgendwo liegt Falkenberg. Südlicher Südwesten von Schweden. Über hundert Kilometer entfernt von Göteborg. Knapp 20.000 Einwohner. So die groben Eckdaten. Es ist ein Fleckchen Erde, diese Gemeinde Falkenberg, das wie gemacht ist für die, denen der Trubel der Großstadt gegen den Strich geht. Dabei ist Falkenberg der vielleicht bekanntest Ort in ganz Schweden – zumindest für Tischtennisspieler.

Denn Falkenberg ist nicht nur jenes besagte schwedische Örtchen, sondern auch der Name einer Trainingsübung, die in den vergangenen zwanzig Jahren wohl zu den meistgespielten überhaupt gehörte. Die Grundform: Spieler A spielt aus seiner Rückhand-Seite erst zwei Bälle in die Rückhand-Seite von Spieler B, dann einen in die Vorhand-Seite, bevor sich dasselbe Spiel wiederholt und wiederholt und wiederholt. Spieler B spielt derweil einen Ball mit der Rückhand, einen mit der Vorhand aus der Rückhand-Seite und schließlich einen mit der Vorhand aus der Vorhand-Seite. Kurzum: Falkenberg ist eine Beinarbeitsübung – und nicht gerade die leichteste.

Warum es gerade diese Übung ist, die es zu solch einer enormen Bekanntheit und Berühmtheit gebracht hat, hat dann wieder was mit dem Städtchen Falkenberg zu tun. Dort war in den Achtziger- und Neunzigerjahren ein Trainingsstützpunkt vieler schwedischer Topspieler angesiedelt – tewa von Erik Lindh und Stellan Bengtsson, der gar gebürtig aus Falkenberg stammt –, die mit dem dort ansässigen Klub BTK Falkenberg große Erfolge auf nationaler und auf internationaler Ebene feiern konnten. Die Übung Falkenberg, die anfangs natürlich noch gar nicht so hieß, wurde im Städtchen Falkenberg regelmäßig gespielt – und schulte die schwedischen Topspieler auf ihrem Weg an die Weltspitze und vorbei an den besten chinesischen Spielern.

Für all das hat sich dieses Falkenberg seine kleine, aber feine Popularität in Tischtenniskreisen zweifelsohne verdient.

107. GRUND

Weil man immer eine Mannschaft zusammenbekommt

Fußball? Spielt man elf gegen elf. Handball? Sieben gegen sieben. Volleyball? Sechs gegen sechs. Basketball? Fünf gegen fünf. Bei der offiziellen Mannschaftsgröße gibt es in den meisten Sportarten nicht viel zu diskutieren. Wer nicht eine Mannschaft mit mindestens elf Spielern zusammenbekommt, der wird in seinem Leben kein offizielles Fußballspiel bestreiten. Es sei denn, er verzichtet freiwillig auf den einen oder anderen Spieler. Wohlbemerkt: Es geht nicht um einen Drei-gegen-vier-Kleinfeld-Kick im Park in der Freizeit. Es geht um Wettkampfsport.

Die offiziellen Wettspielordnungen im Tischtennis meinen es da besser mit ihren Aktiven. Sie sind weniger engstirnig. Ob zu zweit, zu dritt, zu viert oder zu sechst. Fast alles ist möglich! Beinahe für jede Anzahl an Aktiven gibt es das passende Spielsystem, das in offiziellen Wettkämpfen seine Anwendung findet. Um nicht ungenau zu werden: Es gibt sogar fast immer gleich mehrere. Hier nur eine Auswahl der vor allem in Deutschland und im Topsport gängigen Spielsysteme, die in offiziellen Wettkämpfen derzeit gespielt werden. Und, Vorsicht: Übersichtlich ist anders. Weshalb sich der gemeine Tischtennisspieler manchmal, zugegeben, auch nach dem vereinheitlichten Elf-gegen-elf-Fußball sehnt.

Sechser-Mannschaften: Im sogenannten Paarkreuz-System treten Sechser-Mannschaften gegeneinander an. Es geht bis zum 9. Gewinnpunkt mit der Möglichkeit eines Unentschiedens, wenn beide Teams auf jeweils 8 Punkte kommen. Gespielt werden, sofern das Spiel nicht frühzeitig mit dem 9. Punkt zugunsten einer Mannschaft entschieden ist, vier Doppel und nicht weniger als zwölf Einzel. Deshalb heißt es im Herren-Bereich in Deutschland, wo das Spielsystem mit Ausnahme von den Bundesligen Anwendung findet, nicht selten: Wenn's mal wieder länger dauert. Denn nicht selten enden Partien in Sechser-Mannschaften, die sich im Übrigen nur in Deutschland einer derartigen Beliebtheit erfreuen, erst nach vier oder fünf Stunden.

Vierer-Mannschaften: Treten zwei Vierer-Mannschaften gegeneinander an, gibt es ganz verschiedene Möglichkeiten, wie das Ganze ablaufen kann. Das sogenannte Bundessystem war über viele Jahre das Spielsystem in der ersten Bundesliga der Herren. Die spielt mittlerweile mit Dreier-Mannschaften, dazu dann gleich mehr, alle anderen der jeweils drei Bundesligen der Männer und Frauen aber weiterhin mit Vierer-Teams nach dem Bundessystem. In dem geht es bis zum sechsten Gewinnpunkt bei zwei Doppeln zu Beginn und bis zu acht darauf folgenden Einzeln, die in zwei Paarkreuzen gespielt werden. Mehr Spiele gibt es im sogenannten Werner-Scheffler-System, in dem jeder Spieler bis zu drei Einzel bestreiten kann und erst nach acht gewonnenen Punkten der Sieger feststeht. Unterhalb der Bundesligen wird nach dem Spielsystem in Deutschland im Damen-Bereich gespielt. Auch im Nachwuchsbereich geht es fast ausschließlich nach Werner Scheffler um Punkte. Der Hintergrund davon: Die Kids kriegen in diesem Spielsystem in kürzester Zeit die meisten Wettkampfspiele.

Dreier-Mannschaften: In Dreier-Mannschaften werden mittlerweile die großen Titel bei den Herren ausgespielt. Im WM-System, welch Überraschung, werden unter anderem die Mannschafts-Weltmeister der Damen und Herren ermittelt, aber auch die Titel bei den Mannschafts-Europameisterschaften vergeben. Und viel simpler als beim WM-System geht es nun wirklich nicht mehr: Es spielen ja drei Spieler bis zum dritten Gewinnpunkt. Ein Doppel braucht es dafür nicht, lediglich bis zu fünf Einzel, wobei der für das dritte Einzel nominierte Spieler lediglich einmal an den Tisch geht, die anderen beiden eben bis zu zweimal. Eine klitzekleine Änderung findet sich nur in den Spielsystemen der Tischtennis-Bundesliga (TTBL) der Herren, der Deutschen Pokalmeisterschaft oder der Champions League. Das war es aber noch lange nicht mit den Dreier-Mannschafts-Spielsystemen: Das Swaythling-Cup-System war Jahrzehnte weltweit das beliebteste Spielsystem schlechthin. Und auch das mit einer einfachen Formel: drei Spieler, jeder gegen jeden, bis zum fünften Gewinnpunkt. Bis in die Neunzigerjahre wurden auf diesem Weg etwa die Weltmeister ermittelt. Das einzige Problem: Bei bis zu neun Einzeln kann so ein Wettkampf auch mal einige Stunden dauern, in denen Zuschauer ihre Geduld und TV-Sender ihre wertvolle Sendezeit verlieren. In einem viel diskutierten Spielsystem geht es derweil mit Dreier-Mannschaften um die bedeutendste Mannschafts-Medaille überhaupt: das olympische Gold. Anders als bei allen anderen bedeutenden Mannschafts-Entscheidungen gewinnt hier nun wieder das Doppel an Bedeutung. Jeder der drei Spieler des jeweiligen Teams tritt auch hierbei zweimal an, die beiden Spieler, die das Doppel bestreiten, dürfen somit allerdings nur noch ein Einzel spielen. Da die Spielstärke von Akteuren im Einzel und Doppel durchaus variieren kann und ein Doppel mehr ist als die Summe der Spielstärke der beiden Einzelspieler, ist das sogenannte Peking-System oder auch *Olympic System* das taktisch wohl anspruchsvollste aller Mannschafts-Spielsysteme – und das ausgerechnet dort, wo es um die wertvollste aller Medaillen überhaupt geht.

Zweier-Mannschaften: Zu zweit! Es geht natürlich auch zu zweit! Entweder bis zum 3. oder gar nur bis zum 2. Gewinnpunkt. Und da gibt's dann ja nicht mehr viele Möglichkeiten: Im Corbillon-Cup-System, das an das Davis-Cup-System im Tennis erinnert, folgen auf zwei Einzel ein Doppel und wiederum, wenn denn noch von Nöten, zwei weitere Einzel. Verkürzt wird das Ganze im Kings-Cup-System: Es werden zwei Einzel gespielt. Wenn das nicht ausreicht für den 2. Gewinnpunkt, dann gibt es obendrauf ein Doppel. Dann ist aber auch wirklich Schluss!

108. GRUND

Weil nicht nur Hotels eine Sache von Sternen sind

Das Hotel führt fünf, der Koch trägt stolze zwei, der Hollywood-Blockbuster im Fernsehen bekommt nur einen. Wenn es nach simplen Abgrenzungen von »gut« und »schlecht« verlangt, dann sind sie meist nicht weit: Sterne. Viele Sterne helfen viel – sozusagen. Im Tischtennis ist das nicht anders: Da bekommen zwar gute Spieler keine Sterne verliehen oder ans Trikot gepinnt, dafür zieren sie aber die Bälle. Sterne sind hier ein Güte- und Qualitätssiegel.

Es liegt noch keine Jahrzehnte zurück, da war ein Drei-Sterne-Ball an der Steinplatte auf dem Schulhof ungefähr so wertvoll wie ein Sammelbild von Mehmet Scholl. Mit einem echten Drei-Sterne-Ball, der vermeintlichen Krone der Ball-Schöpfung, spielte es sich auf dem Schulhof wie von allein. Das war schließlich Profi-Material! Und wirklich ist das Sterne-System idiotensicher: Drei Sterne sind mehr als zwei Sterne, zwei Sterne sind mehr als ein Stern. Und ein Stern immerhin noch besser als: gar kein Stern.

Wirklich anders als in der Logik eines Sechsjährigen funktionieren die Gütekriterien von Tischtennisbällen wirklich nicht, wenn man sie denn ernst nimmt. Mit drei Sternen werden Bälle gekennzeichnet, die in Gewicht, Härte und Form als außerordentlich gut bewertet wurden. Sie erfüllen damit den höchsten Standard in der jeweiligen Produktion – und sollten dementsprechend für größtmögliche Zufriedenheit beim Spieler sorgen. Denn Bälle sind im Tischtennis höchster Beanspruchung ausgesetzt; sowohl was ihre Rotation als auch ihre Geschwindigkeit angeht. Sie verformen sich um bis zu 25 Prozent beim Schlagen. Ein Drei-Sterne-Ball bringt nun per definitionem die besten Voraussetzungen mit, dieser Beanspruchung gerecht zu werden – und den Spielern damit auch bestmögliche Spieleigenschaften zu bieten. Denn nicht nur Topspieler, sondern auch ambitionierte Hobbyspieler merken, wenn Bälle unrund sind oder zu weich.

Aber ist das wirklich alles eine Sache der Sterne? Nimmt man die Sternen-Kunde im Tischtennis ernst, dann zumindest schon. Zur Erinnerung: Drei Sterne sind besser als zwei, zwei Sterne sind besser als ein Stern. Und ein Stern immerhin noch besser als gar kein Stern. Nun bleibt allerdings das nicht unwesentliche Problem zurück, dass die Hersteller sich ihre Sterne munter selbst verteilen dürfen. Drei-Sterne-Ball ist also mitnichten Drei-Sterne Ball, denn ein offizielles Siegel wird mit der Anzahl der Sterne nicht vergeben. Es gab in der Vergangenheit nicht wenige findige Firmen, die das kreativ genutzt haben – indem sie das erprobte Drei-Sterne-System einfach erweiterten. Wenn ein Drei-Sterne-Ball schon sehr gut sein muss, wie gut muss dann erst ein Vier-Sterne-Ball sein? Ja-ha! Noch besser natürlich! Was liegt also näher, als einfach einen vierten oder fünften Stern auf den Ball zu drucken. Durchgesetzt hat sich das gerade unter etablierten Herstellern nicht. Wo sollte das auch hinführen?

Der Drei-Sterne-Ball ist hingegen in den fixen Sprachgebrauch eines jeden Tischtennisspielers eingegangen, wohingegen seine illustren Weggefährten, der Ein-Stern-Ball und der Zwei-Sterne-Ball bald das Zeitliche segneten. Ein Stern oder zwei Sterne sind mittlerweile aus dem Sprachgebrauch und den Angeboten von Tischtennishändlern verschwunden. Stattdessen heißt alles, was kein Drei-Sterne-Ball, also ein Wettkampfball ist, mittlerweile einfach: Trainingsball. Von Sternen keine Spur. Sie sind eben doch nicht mehr als ein sehr weiches Qualitätsmerkmal.

Ein einziges Gütesiegel gibt es doch. Die Zulassung durch den Weltverband ITTF. Aber wer will auf dem Schulhof schon hausieren gehen? Also heißt es dort wie in Hotels oder Restaurants weiterhin munter: Her mit den Sternen!

109. GRUND

Weil im Tischtennis noch immer der Kaiser regiert

Franz Beckerbauer mag zwar bei vielem seine Finger mit im Spiel haben, beim Tischtennis aber ausnahmsweise nicht. Tischtennis ist, ohne das bewerten zu wollen, eine Franz-Beckerbauer-freie Zone. Und trotzdem: Tischtennis ohne den Kaiser, das ist eigentlich kaum denkbar. Nein, nein, eben nicht diesen Beckenbauer. Den braucht's dafür nicht. Kaiser kann im Tischtennis ganz demokratisch jeder werden. Unter einer Bedingung: Er muss das Kaiserspiel gewinnen.

Das Kaiserspiel ist die beliebteste und bekannteste Spielform für Trainingswettkämpfe im Tischtennis. Es braucht dafür nicht mehr als das, was ohnehin in fast jedem Training vorhanden ist, nämlich eine Reihe von Tischtennis-Tischen mit jeweils einem miteinander wettstreitenden Paar. Die beiden Enden der Tischreihe, sei sie zwei Tische und 20 Tische lang, werden gepolt. Das eine Ende bildet der Kaiser-Tisch, das andere – politisch nicht ganz korrekt – der Bettler-Tisch oder der Verlierer-Tisch. Und schon können die Spiele beginnen, bei denen von nun an alles auf ein Kommando hört: ein lang gezogenes »Stoooooooooooooooopp!«.

Das markiert das Ende einer jeden Spielrunde, wenn ein zuvor vorgegebenes Ziel erreicht wurde. Das Kaiserspiel wird dadurch interessant, dass dieses Ziel so ziemlich alles sein kann. Ein Spieler kann die Runde beenden, wenn das Ziel war, einen Satz für fünf zu gewinnen, einen direkten Punktgewinn mit dem Aufschlag zu erzielen oder mit einem Netzroller zu punkten. Auch ein Spielleiter kann eine Runde beenden: zu jedem beliebigen Zeitpunkt, auch nach läppischen zehn Sekunden, oder einfach nach dem ersten gespielten Punkt an jedem Tisch. Auch kann mit jeder erdenklichen Vorgabe agiert werden: Es wird nur mit der falschen Schlaghand gespielt, im Sitzen oder jeder Ballwechsel bringt einen Punkt mehr als der zuvor. Damit wird das Kaiserspiel zu einer sinnvollen Wettkampfform für wirklich alle Leistungsklassen. Die Stars der chinesischen Nationalmannschaft könnten mit dem Kaiserspiel genauso eine gewinnbringende Trainingseinheit verleben wie eine Gruppe von Anfängern, die zur Schläger- und Ballgewöhnung erstmals eine Tischtennishalle betritt.

Zurück aber zum eigentlichen Spiel: Wer also eine Spielrunde gewinnt, wie auch immer diese nun ausgesehen haben mag, der rückt in der Tischreihe einen Tisch nach oben Richtung Kaisertisch. Für den Verlierer geht es in Richtung Verlierertisch. Das kann beliebig lange so weitergehen, bis irgendwann die letzte Runde ausgerufen und am Kaisertisch der Kaiser gekrönt wird. Der muss seinen

Thron aber vielleicht schon am nächsten Trainingsabend wieder zur Verfügung stellen. Das käme für Franz Beckenbauer schließlich ohnehin nicht infrage.

110. GRUND

Weil Tischtennis lehrt, sich zu entschuldigen

Sich zu entschuldigen, hat gemeinhin einen guten Leumund. Einen Fehler zuzugeben und zu sagen, dass es einem leid tue. Reue zeigen. Buße tun. Sorry! Entschuldigung! Tut mir leid! War nicht so gemeint! Und alles ist wieder gut – oder kann es zumindest wieder werden. Nur gibt's da dieses Problem mit dem Entschuldigen: Es ist nicht immer so ganz einfach. Weil es bedeutet, dass man es selbst ist, der für ein Vergehen gerade stehen und die Verantwortung übernehmen muss. Wer damit ein Problem hat, dem kann leicht Abhilfe geschaffen werden: Er sollte einfach anfangen, Tischtennis zu spielen. Denn als gemeiner Tischtennisspieler tut man sich mit dem Entschuldigen nicht schwer. Tischtennis ist die Sportart der Entschuldigung. »Sorry!« hier, »Entschuldigung!« da. So weit das Auge reicht. Entschuldigungen sind überall.

Im Tischtennis hat sich eine für Außenstehende doch sehr seltsame Kultur entwickelt. Wann immer ein gespielter Ball auf seinem Weg in die gegnerische Hälfte das Netz touchiert oder an den Tischkanten der gegnerischen Hälfte landet, entschuldigt sich ein Spieler für seinen Schlag dorthin. Das steht in keiner Regel – und wird trotzdem wie eine behandelt. Warum gerade bei diesen Schlägen? Weil sie durch ihre Netz- oder Kantenberührung eine Flugbahn nehmen, die für den Gegner auf der anderen Seite des Tisches kaum mehr abzuschätzen ist. Sie gelten als ungeplante Glücksschläge, als Zufall und als ungewollt. Aber sind sie das wirklich? Dazu später mehr.

Dieses Diktum der Entschuldigung nimmt mitunter skurrile Formen an: Es geht in unteren Spielklassen nicht selten so weit, dass es als Affront und gar Unsportlichkeit gilt, wenn sich der Gegenüber nach einem Netz- oder Kantenball nicht entschuldigt. »Das war Netz, verdammt!«, schallt es dann von der anderen Seite des Tisches. Getreu dem Motto: Wenn du schon so viel Glück hast, dann kannst du dich wenigstens dafür entschuldigen. Noch giftiger werden die Blicke und Sprüche, wenn nicht nur die artige Entschuldigung ausbleibt, sondern auch noch gejubelt oder geklatscht wird für den Netz- oder Kantenball. Übersieht ein Zuschauer einen Netzball und jubelt über den Punkt, trifft ihn mit an Sicherheit grenzender Wahrscheinlichkeit die Missachtung der gegnerischen Partei. Passiert dies in den Niederungen der Spielklasse Wochenende für Wochenende, ist es gerade im Spitzensport eine Seltenheit geworden. Da gilt das ungeschriebene Entschuldigungs-Gesetz. Eine Ausnahme bildeten lange Jahre die Chinesen: Die behandelten Netz- und Kantenbälle einfach wie alle anderen Bälle, Klatschen und Anfeuern inklusive – und machten sich damit am Tisch nicht selten unbeliebt.

Die Frage ist nur: Warum denn eigentlich? Genau genommen, könnte man die Schläge an Netz- und Tischkante doch auch als das Optimum des Möglichen betrachten. Bei einem Netzball ist der Ball so knapp über die Netzkante gespielt worden, wie es eben geht. Gleiches bei einem Kantenball: Schläge sollen eine möglichst gute Länge haben, aber wenn sie die perfekte Länge haben, dann wird eine Entschuldigung fällig? Wäre das nicht in etwa so, als wenn sich ein Freistoß-Schütze beim Fußball für einen millimetergenau getretenen Schuss an den Innenpfosten erst einmal beim Torwart entschuldigt? »Sorry, hätte ja auch an den Pfosten gehen können.« Ja, eigentlich ist das so. Das Kriterium »Netzkante« oder »Tischkante« heranzuziehen, um Glück von Können zu unterscheiden, ist doch ein ziemlich weiches. Geht ein Ball knapp am Tisch vorbei, entschuldigt sich der Begünstigte ja schließlich auch nicht. Dabei ist der Fall eins zu eins mit einem Kantenball zu vergleichen – nur mit vertauschten Rollen.

Im Tischtennis kommt noch hinzu, dass das andauernde Entschuldigen nicht selten wenig authentisch wirkt. Die anständig zur Entschuldigung gehobene Hand, das mitleidig über den Tisch geworfene »Sorry, tut mir echt, echt leid!«, am besten noch garniert mit einem Unschuldsblick – frei nach dem Motto: »Wäre mir auch lieber gewesen, der Ball wäre am Netz kleben geblieben und du hättest den Punkt gemacht. Aber kann ich ja nix für.« Ganz ehrlich: Wen stören die eigenen Kantenbälle denn so sehr, dass er sich weniger ärgern würde, wenn die Bälle ein paar Millimeter weiter ins Aus segeln würden? Ziemlich sicher niemanden. Da wird aus guter Erziehung schnell Heuchelei. Und manchmal ist weniger ja auch mehr. Etwa bei Entschuldigungen – aber wirklich auch nur im Tischtennis.

9. KAPITEL
DAS WICHTIGSTE

111. GRUND

Weil es noch ein bisschen besser ist, es zu spielen, als darüber zu lesen

Und deshalb jetzt bitte das Buch gegen den Schläger tauschen. Geht's raus und spielt's: na, Tischtennis natürlich! Viel Spaß dabei!

Anmerkungen

1 www.spiegel.de/spiegel/vorab/hoeness-im-spiegel-heynckes-darf-nicht-alles-an-sich-heranlassen-a-859828.html
2 www.tz.de/sport/fc-bayern/tischtennis-debatte-lahm-verraet-lieblingsgegner-meta-2550495.html
3 www.faz.net/aktuell/sport/euro-2008/deutsches-team/die-besten-deutschen-em-sprueche-mit-harald-gehe-ich-in-die-sauna-aber-11450662/arne-friedrich-11466996.html
4 www.tz.de/sport/fc-bayern/tischtennis-debatte-lahm-verraet-lieblingsgegner-meta-2550495.html
5 http://content.time.com/time/specials/packages/article/0,28804,1852747_1854195_1854175,00.html
6 http://ttc-weimar.de/Wuerzburg.pdf
7 www.welt.de/sport/article1549170/Wuerzburg-sorgt-fuer-Eklat-gegen-Boll-Team.html
8 www.zeit.de/wissen/geschichte/2011-03/ping-pong-diplomatie/seite-2
9 https://www.facebook.com/KUKA.Robotics/posts/370941956381825?stream_ref=10
10 www.welt.de/sport/article3258013/Timo-Boll-gibt-den-Chinesen-ein-Zeichen.html
11 www.welt.de/lifestyle/article13706835/Die-Brillies-von-Liz-Taylor-unter-dem-Hammer.html
12 Sportfreunde Stiller (2006) – You Have to Win Zweikampf (erschienen auf Vertigo/Universal Music)
13 www.spiegel.de/spiegel/print/d-26384008.html
14 www.zeit.de/2003/22/Sport_2fTimo_Boll
15 www.welt.de/sport/olympia/article13944223/Timo-Boll-Begnadet-aber-nicht-besessen.html
16 www.tischtennis.de/media/downloads/satzung_ordnungen/2015/17_Internationale_Tischtennisregeln_A.pdf
17 www.tischtennis.de/media/downloads/satzung_ordnungen/2015/17_Internationale_Tischtennisregeln_A.pdf
18 www.tischtennis.de/media/downloads/satzung_ordnungen/2015/17_Internationale_Tischtennisregeln_A.pdf
19 www.tischtennis.de/media/downloads/satzung_ordnungen/2015/18_Internationale_Tischtennisregeln_B.pdf
20 www.tischtennis.de/media/downloads/satzung_ordnungen/2015/17_Internationale_Tischtennisregeln_A.pdf
21 www.tischtennis.de/media/downloads/satzung_ordnungen/2015/17_Internationale_Tischtennisregeln_A.pdf
22 www.tischtennis.de/media/downloads/satzung_ordnungen/2015/18_Internationale_Tischtennisregeln_B.pdf
23 www.tischtennis.de/media/downloads/satzung_ordnungen/2015/18_Internationale_Tischtennisregeln_B.pdf
24 www.ttvwh.de/113-medien/meldungen/8832-Nicole_Struse_im_Interview

25 www.tischtennis.de/media/downloads/satzung_ordnungen/2015/17_Internationale_Tischtennisregeln_A.pdf
26 www.tischtennis.de/media/downloads/satzung_ordnungen/2015/17_Internationale_Tischtennisregeln_A.pdf
27 www.tischtennis.de/media/downloads/satzung_ordnungen/2015/17_Internationale_Tischtennisregeln_A.pdf
28 www.ittf.com/museum/TTC36.pdf
29 www.tischtennis.de/media/downloads/satzung_ordnungen/2015/17_Internationale_Tischtennisregeln_A.pdf
30 www.tischtennis.de/media/downloads/satzung_ordnungen/2015/17_Internationale_Tischtennisregeln_A.pdf
31 www.tischtennis.de/media/downloads/satzung_ordnungen/2015/17_Internationale_Tischtennisregeln_A.pdf
32 www.tischtennis.de/media/downloads/satzung_ordnungen/2015/18_Internationale_Tischtennisregeln_B.pdf
33 www.headis.com/index.php?fragen
34 www.berliner-zeitung.de/archiv/ping-pong-im-club--mal-geht-es-um-eine-philosophie--mal-um-ein-kleines-party-extra-mit-kelle-und-flasche,10810590,10619810.html
35 https://de.wikipedia.org/wiki/Beer_Pong
36 https://de.wikipedia.org/wiki/Beer_Pong
37 http://wearespin.com/about/
38 https://lp.uni-goettingen.de/get/text/3773
39 www.berliner-zeitung.de/archiv/joerg-rosskopf-ueber-seinen-staendigen-begleiter--ich-sage-immer-nur-schlaeger-zu-ihm-,10810590,10202690.html
40 www.berliner-zeitung.de/archiv/joerg-rosskopf-ueber-seinen-staendigen-begleiter--ich-sage-immer-nur-schlaeger-zu-ihm-,10810590,10202690.html
41 www.tischtennis.de/media/downloads/satzung_ordnungen/2015/17_Internationale_Tischtennisregeln_A.pdf
42 www.tischtennis.de/media/downloads/satzung_ordnungen/2015/17_Internationale_Tischtennisregeln_A.pdf
43 http://vid.sid.de/2015/05/21/sid-1-5/

SCHWARZKOPF & SCHWARZKOPF

TIMO BOLL: MEIN CHINA

DER BESTE DEUTSCHE TISCHTENNISSPIELER AUF DER REISE SEINES LEBENS:
NACH CHINA, INS WUNDERLAND DES TISCHTENNIS

TIMO BOLL: MEIN CHINA
EINE REISE INS WUNDERLAND DES TISCHTENNIS
Von Friedhard Teuffel
350 Seiten, 32 Seiten Bildteil
Gebunden mit Schutzumschlag
ISBN 978-3-86265-063-7 | Preis 19,95 €

»TIMO BOLL: MEIN CHINA zeigt, wie viel Hochachtung zwischen Boll und dem ›Tischtennis-Wunderland‹ herrscht und zeichnet nach, wie aus dem wohlbehüteten Odenwald-Buben der Athlet werden konnte, vor dem die Supermacht zittert. Autor Friedhard Teuffel betreibt eine detaillierte Spurensuche und schafft so ein umfassendes Bild des Europameisters. En passant liefert Teuffel köstliche Anekdoten, regelmäßig eingestreut werden tiefe Einblicke ins Tischtennisspiel an sich. Eine Pflichtlektüre für jeden, der diesen Sport wirklich erfassen will.« *kicker*

»Autor Friedhard Teuffel hat es verstanden, ein einfühlsames Portrait von Timo Boll zu zeichnen und gleichzeitig auch die enorme Bedeutung des Tischtennissports für China zu zeigen – auch die politische.« *Frankfurter Rundschau*

WWW.SCHWARZKOPF-SCHWARZKOPF.DE

SCHWARZKOPF & SCHWARZKOPF

111 GRÜNDE, HANDBALL ZU LIEBEN

EINE LIEBESERKLÄRUNG AN DIE FASZINIERENDSTE SPORTART DER WELT,
DIE IN DEUTSCHLAND SCHON LANGE KEIN GEHEIMTIPP MEHR IST

111 GRÜNDE, HANDBALL ZU LIEBEN
EINE LIEBESERKLÄRUNG AN DIE
GROSSARTIGSTE SPORTART DER WELT
Mit einem Vorwort von Bundestrainer Dagur Sigurðsson
Von Julia Nikoleit
240 Seiten, Taschenbuch
ISBN 978-3-86265-557-1 | Preis 9,99 €

Schnell, torreich, attraktiv: Handball ist ein begeisternder Sport. Wer einmal die mitreißende Atmosphäre erlebt hat, die landauf, landab in den Hallen herrscht, wird nicht wieder darauf verzichten wollen.

In den vergangenen 100 Jahren hat der Handball viele Geschichten geschrieben – dieses Buch bündelt 111 davon. Es vereint Weltmeister und Olympiasieger mit dem Handballalltag von nebenan, umfasst unterhaltsame Anekdoten, berührende Schicksale und Rückblicke in die spannende Geschichte.

Deutschland ist das Mutterland des Handballs, es ist seine Heimat. Nicht nur deshalb gibt es viel mehr als 111 Gründe, Handball zu lieben – doch 111 sind zumindest ein Anfang. Ein Anfang, der einen tiefen Einblick in die faszinierende Welt des Handballs gewährt.

WWW.SCHWARZKOPF-SCHWARZKOPF.DE

 JAN LÜKE, Jahrgang 1985, ist weder mit dem sportlichen Talent eines Jan-Ove Waldner noch mit dem Trainingsfleiß der Chinesen gesegnet. Seine Tischtenniskarriere führte ihn bis in die 2. Bundesliga. Er arbeitet und promoviert derzeit am Institut für Kommunikations- und Medienforschung der Deutschen Sporthochschule Köln. Dort ist er u. a. auch Lehrbeauftragter im Fachgebiet Tischtennis.

Jan Lüke
111 GRÜNDE, TISCHTENNIS ZU LIEBEN
Eine Liebeserklärung an die großartigste Sportart der Welt
Mit einem Vorwort von Tischtennis-Profi Dimitrij Ovtcharov

ISBN 978-3-86265-559-5
© Schwarzkopf & Schwarzkopf Verlag GmbH, Berlin 2016
Alle Rechte vorbehalten. Dieses Werk ist urheberrechtlich geschützt. Jede Verwendung, die über den Rahmen des Zitatrechtes bei korrekter und vollständiger Quellenangabe hinausgeht, ist honorarpflichtig und bedarf der schriftlichen Genehmigung des Verlages. Autorenfoto: © Kai Oberhäuser, www.ko-foto.de | Coverfoto: © MikeOrlov/depositphotos.de; Hintergrund: © iDyMax/depositphotos.de | Fotos S. 11, 95, 199, 181, 223: © MikeOrlov/depositphotos.de; S.49: © chenws/depositphotos.de; S.137: © seenaad/depositphotos.de; S. 159, 257: © rbvrbv/depositphotos.de

KATALOG
Wir senden Ihnen gern kostenlos unseren Katalog.
Schwarzkopf & Schwarzkopf Verlag GmbH
Kastanienallee 32, 10435 Berlin
Telefon: 030 – 44 33 63 00
Fax: 030 – 44 33 63 044

INTERNET | E-MAIL
www.schwarzkopf-schwarzkopf.de
info@schwarzkopf-schwarzkopf.de